U0035005

莓苔上的月光

二十世紀南方文人生活側影

趙柏田──著

歷史上都寫著中國的靈魂，
指示著將來的命運，
只因為塗飾太厚，廢話太多，
所以很不容易察出底細來。
正如通過密葉投射在莓苔上面的月光，
只看見點點的碎影。

——魯迅

序一

敬文東

《莓苔上的月光——二十世紀南方文人生活側影》以近乎於講故事的方式，語調低沉、節奏平緩地講述了十四個南方文人生命中許多個富有包孕性的時刻。它是一部二十世紀南方文人的微型生活史。書中寫到的有些人至今還大名鼎鼎（比如沈從文、陳布雷），有的人則在我們這個愈來愈浮躁、越來越充滿語言縱欲術的時代差不多快被徹底遺忘了（比如邵洵美、應修人）。

即便是那些至今還大名鼎鼎的人，我們對他們的瞭解也幾乎全部來自道聽塗說，而那些怪模怪樣的道聽塗說差不多都來自於過往的歷史教科書上幾條乾巴巴的、社論性的評介。我們從中看不到他們的血肉，體察不到他們的心跳，感受不到他們的喜怒哀樂，因為我們習見的歷史向來都是「大歷史」。歷史的「宏大敘事」在操作技術上是粗線條的，在操作綱領上是總結式和倫理化的，在能否進入歷史之公墓的錄取標準上是捨小取大的。總而言之，它既抽象，又以故意的刪除為癖好。《莓苔上的月光》打破了這些清規戒律，或者說，它打心眼地瞧不起這些清規戒律；它讓我們觸摸到了十四位南方文人的生活內裡，因為它是一部「小歷史」，正如它的作者趙柏田先生在書中所說：「我相信真實的歷史就潛行在這些細枝末節裡。」的確，小歷史的材料是從夾縫中得來的，它的方法是收集事情的剪影，但它的目的是盡可能利用歷史上遺留下來的、進不了大歷史的邊角廢料，為一個陰暗而又轟轟烈烈的大時代找到它的側影、它的疆界、它的隱形輪廓，所以它的指向卻是歷史整體的龐大與神秘。

書中寫到的十四個人，邵洵美、蔣夢麟、陳布雷、翁文灝、沈從文、巴人、蘇青、穆時英、柔石、殷夫、應修人、張壽鏞、吳經熊、徐訏，正好構成了這部小歷史意欲完成的目標的最好解剖標本。乾巴巴的大歷史教科書隱隱約約告訴過我們，他們都不是大人物，他們都是南方文人，他們都處在一個激劇動盪的歲月，他們都有文人的共同特點：軟弱，多愁善感，唯美，時而激進時而頹廢，時而熱血沸騰時而萬念俱焚，就像他們陰霾、多雨、潮濕的南方。他們以文人的身份行走在寧波、湘西、上海、北京甚至美國和歐洲，在那個動盪的年月，他們身上不可避免地沾染了、分有了那個時代應該具備的內容。在小歷史眼中，他們幾乎就是那個時代的全息圖；而將全息圖破譯出來，正是小歷史的題中應有之義，是小歷史能否成立的命脈之所在。

趙柏田在《莓苔上的月光》一書中堪稱完好地實施了這一昂貴而又合乎人情的理念。為了對大歷史的暗中對抗顯得更有力道，他在對許多人的敘述中不惜採用小說筆法；我們看得很清楚，小說筆法在這裡正好構成了破譯全息圖的最佳方式之一——何況那些充滿過多歧義、充滿了太多曖昧和晦澀特性的包孕性時刻，正需要小說筆法才能得到較為詳盡地呈現。在趙柏田偶爾不無虛構的敘述中，一個動盪的大時代曾經長期被大歷史忽略、被大歷史遺忘的側影出現了——這幅側影十分重要，因為它讓我們真正地、有血有肉地看見了一個大時代的邊際。有了這幅側影，意味著我們有了一幅地圖：那是關於一個時代的地圖。這幅地圖不僅給出了被大歷史遺忘的時代的邊界，也重新搜集了過往的、孤苦無告的事件的細節，從而讓邊界有了淡淡的光暈，就像我們在宣紙上看到的月亮周邊的那些光暈。正是這些光暈充分顯示了大歷史的偏見和無聊，因為我們無法想像，沒有光暈，一件事物究竟會是一副什麼樣子，一個人最後會不會是乾癟的。

我們大致上願意相信，歷史或許確實是一些梟雄級別的人物在歪打正著中設計出來的，但大歷史只願意總結歷史被設計出來所遵從的規律，歪打正著的特性在大歷史的總結中被消除了，並代之以必然性。大歷史不屑於承認支撐歷史存在的那些凡人、那些些微小事的意義與價值。於是我們看到了，大歷史給出的歷史疆域是直線式的，是整齊化一的，明晰得有如沒有紛爭的國境線。它排除了時代邊界本應具有的光暈，而光暈意味著：歷史並不是清晰的，事件和事件之間的關係，並不是大歷史所抽象的那樣，完全被同一個革命目標所聯結。光暈同時還意味著，必須把具體的、活生生的個人重新喚起，因為正是生活中的那些單個的人，構成了光暈得以存在的建築材料，儘管那些單個的人不是大人物，可即使是梟雄級別的人，他們在設計歷史時的歪打正著也正是他們渺小的象徵，也應該構成時代之光暈的一部分。

文字技藝十分高超的趙柏田在領會了小歷史就是個人生活史這一精湛含義後，和小說筆法相搭配的，是他特有的江南語調——這或許是因為他是個寧波人。在《莓苔上的月光》中，江南語調顯然是非社論化的、非道德化的、非板正和非中庸的。和江南的地貌、氣候相一致，江南語調輕柔、溫婉、在頹廢中現出溫情，滋長出對筆下人物的充分理解，並為光暈的最後成型提供了方便。因為江南語調和小說筆法的搭配，使趙柏田沒有機會放過任何一個人物身上的任何一個有用的生活細節，更沒有機會讓全息圖中應該包納的任何一條資訊遺漏出去。江南語調和小說筆法按照一定比例的混合，最終使得一個時代的地圖充滿了陰霾之氣，充滿了悲劇、頹廢與憂傷相雜呈的調子。

但千萬不要以為江南語調和小說筆法是《莓苔上的月光》的全部，恰恰相反，它們不過是解剖工具，而工具的天職，就是必須以它面對的目標為圭臬；目標的戒律，則是必須以解剖材料提供的資訊為準繩。趙柏田在完成這種名之為「碎影」的小歷史的過程中，處處以史實為依據，讓那些曾經在歷史教科書裡無限乾巴的事情與生活，馬上鮮活起來。他筆下的人物，都戴著他們各自的音容笑貌和時代特徵來到了我們跟前。他們由此成了我們這些活人的生活的一部分。而我們，這些活人，對那些乾巴巴的歷史規律沒有興趣；我們更願意對那些不清晰的東西懷有好感，因為不清晰就意味著神秘，意味著可能性。

過往的人、物、事曾經遵循過哪些被虛構出來的歷史規律，是不重要的，哪怕它叫必然性或者歷史的車輪；歷史寫作的目的是要讓過往的人、物、事重新活過來。但太多的歷史寫作與此剛好相反：它讓過往的人、物、事再次死去。滑稽的是，它又是以指名道姓的隆重方式讓它們死去的，活像一個蓄謀已久的儀式。這就是說，它點了張三的名，張三馬上就會咽氣。因為在它那裡，張三不過是論證歷史規律之存在的木乃伊，張三究竟如何走完他或坎坷或順當的旅途則是毫無意義的。《莓苔上的月光》之所以要使用不入「大歷史」法眼的小說筆法與江南語調，就是因為它想從側面偷襲大歷史的命門。我認為它的偷襲是相當成功的；不過，可能是這部從日常生活的基石上構建的小歷史實在

序二

柯平

上世紀八〇年代前期，《萬曆十五年》在大陸出版，所帶來的散文文體的革命性意義，怎麼形容都不過分。很多作家從那時開始，才知道歷史題材的文章原來還能這麼寫。這本書的作者、美國華裔作家黃仁宇的名字，從此也廣為人知，並受到國內同行發自內心的尊重。隨後《撒遜河邊談中國歷史》、《明代的漕運》、《中國大歷史》等書一本本印出來，視野廣博、思慮深遠，但由於黃的明史學者身份，專業性強是一個方面，另外文體上也屬研究著作。因此，真正對文學界產生影響的，恐怕還得數上面提到的那本。說句不恭敬的話，現在散文隨筆界寫得比較好的那些人，可以說大多受此書啟蒙後才開始發力，擺脫以前那種老派學人的艱澀和流行作家的輕滑，在不斷的摸索與吸取中，各有所悟，各行其道，逐步形成自己的風格。

二十年的時間轉瞬即逝，隨著散文隨筆風行和歷史題材書籍的日漸走俏，讀者的閱讀興趣也被調動了起來。但從總體成績上看，仍然讓人不敢過於樂觀。儘管除了出版業和盜版商，黃仁宇的名字現在已很少見人提起，遺憾的是他的優秀之處，事實上我們並沒完全學到家。且不論文采的蘊秀斐然，讓人可望而不可即，他作品裡隨處可見的那種理性、思辨和慎密的考據學功夫，到了今天作家筆下，也許避重就輕、虛晃一槍就帶過去了，或被詩意的渲染和空洞的感喟所替代。包括時下坊間流行的文化散文這一命名，實際上也並不科學，考諸文壇公認的那些大家，其主要敘事模式，大多還是從歷史事件或人物中，抽取所需要的部分，加以主觀的描摹和渲染。給歷史身體強行套上文化的時尚紗麗，固然省時省力，事半功倍，而一旦歷史不存，文化又如何焉附？毋庸諱言，學者南帆嘲諷過的那種「三錢引文，二錢議論，一撮聯想」的所謂文化散文，在眼下坊間仍然大有市場。

現在，作家趙柏田拿出了他耗時多年寫就的《莓苔上的月光——二十世紀南方文人生活側影》一書，他似乎要以自己的才華向我們表明，風格即人這句古老的箴言，在現實的書寫中依然有著強大的生命力。正如歷史的真實，取決於史家立場和持論的公允，那麼，除了眼下已經看到的和正在流行的，歷史散文的寫作，同樣也應該存在多種可能性。這裡，作者原先的小說家身份應該說起了相當關鍵的作用。在書裡，我們閱讀經驗中熟悉的、期待的詩情和高蹈，突然變得有點不大管用了。一種音調適當、富有磁性的敘述——舒緩中帶有幾分尖銳——從頭到尾貫穿其中。嚴肅的詢問式語句取代了大段大段的議論，而在最容易煽情和卒章顯志的地方，出現的也只是內省、冷峻、和恰到好處的停頓。此外，史料佔有上的豐富和貨真價實，也成為此書顯著的特色。作者似乎很願意扮演觀察者的角色——不是從高倍望遠鏡裡窺視的那種，而是直接走進筆下人物的內心裡去。我不知作者對黃仁宇的著作持何態度，至少字裡行間，還是能看出某種師承，尤其是對寫作材料精到的處理方式，我相信讀者閱畢全書會產生類似的感覺：噢，原來歷史散文也可以這樣寫。

從內容方面來說，以十一位現代知識份子為考察對象，試圖在傳統意識形態觸角止步的地方——即日常生活視野下，作一次發現式的書寫，讓中國新文學史上這批先驅人物一生的悲歡衰榮得以真實展示，是本書精心擷取的獨特視角。即使我們再進一步，將它看成作者文本上的一個小小野心，也未嘗不可。從蔣夢麟、陳布雷、翁文灝、邵洵美，到蘇青、柔石和穆時英，書中這些人物一個有意思的共同點是：年齡經歷相仿，幾乎都生活在二十世紀前期這一社會變動劇烈的年代，而且大多出生名門、衣食無憂，年輕時受過高等教育，對革命和社會平等有著發自內心的嚮往。他們都曾有過各自輝煌的人生片斷，或才高八斗，或名滿天下，或身居要職，然而，讓人意想不到的是，一生的春風得意、功名事業，到頭來卻無一不以失敗告終。這是命運的乖戾？還是時代的不公？這個問題，可惜要到他們身後才能找到答案。而在當年，歷史曾粗暴地作弄他們，擠兌他們，簡化他們，直到最後一個個黯然謝幕，在政治這架龐大機器的縫隙間，或永遠消失，或掉臂斷腿一一碾成片片碎影。

一個旨在拼湊起歷史真實面目的長達數年的文學考古，但並未因傳主和資料的湮沒而放棄努力。多年來，作者一直沉潛而自足地生活在他的浙東古城，有一份固定的工作，作風低調、目光敏銳，傳統士大夫的生存方式加西方文明薰陶的頭腦，在他身上形成一種很奇特的組合。大量的閱讀拓寬了他的精神視野，良好的、惟陳言務去的文字功力，又讓他在面對任何題材時，都能顯得從容而綽綽有餘。此書除在文體上對散文界有所貢獻外，其他方面也多有可資借鑑之處。儘管成書前，裡面的主要部分都在《江南》雜誌發表過，但此次重讀，感覺上衝擊力仍然很大。在本書《鋒面之舟》裡，趙柏田先生說到，蔣夢麟於西南聯大飄泊期間寫作《西潮》，是「希望能以史為鑑，從歷史的碎影斷片中找出一點教訓」。應該說，這是相當艱巨的工作。

目錄

004 序一／敬文東
009 序二／柯平
019 新月的餘燼
——詩人邵洵美的一生
019 一、華麗家族
023 二、希臘鼻子
026 三、新月，新月
033 四、異域美人
039 五、「老娘舅」在難中
041 六、奶油老虎與兩點聲明
046 七、去往神仙的宮殿
051 附記：餘燼的餘燼
054 相關連結・人物小傳
056 流水十年
——沈從文一九二二～一九三一
056 一、苦悶的北京城
059 二、三人行
066 三、「鄉下人，喝杯甜酒吧」

071 四、上海恩怨
074 相關連結

076 **鋒面之舟**
——蔣夢麟和他生活的時代
076 一、父親的船
081 二、變化年代中的家族史
087 三、新文化的怒潮
095 四、大學風暴
109 五、一切堅固的東西都煙消雲散了
111 相關連結・人物小傳

113 **革命者應麟德一九二三年的經濟生活**
——應修人短暫一生中的一個切片
113 一、玩笑
115 二、一個文藝青年一九二三年的行狀
119 三、上溯一年
123 四、金錢傳
127 五、丁九的死
128 附記一：廢名的話
129 附記二：一個冷酷的人
130 相關連結・人物小傳

131 **兩種生活**
——一個現代「文青」的經濟和愛情生活，以柔石為例
131 一、一個左翼自由撰稿人的經濟生活
153 二、青年趙平復的愛情生活
162 附記：柔弱與堅硬
163 相關連結・人物小傳

165 紅色少年
——殷夫的親情與愛情
165 一、紅色戀人之少年
171 二、多餘的話
173 三、一本家世的流水帳
174 四、親情地獄，溫情羅網
180 五、少年血
180 附記一：兄弟
182 附記二：何其不堪
183 相關連結‧人物小傳
185 舞，舞，舞
——穆時英一生中的十一個詞
185 一、模仿
186 二、香港
187 三、舞廳
189 四、尤物
191 五、女體
193 六、狐步舞
196 七、南北極
198 八、劉吶鷗
201 九、穆妹妹
203 十、慈溪
205 十一、檔案
205 相關連結‧人物小傳
207 生如夏花
——民國女子蘇青
207 一、大屋裡的女孩
209 二、一個新女性的婚姻生活
219 三、十二姻緣空色相

226 四、單身女子公寓
231 五、不穿旗袍的日子
235 附記一：現世中過活
238 附記二：胡蘭成說蘇青
241 附記三：脆弱的心
242 相關連結・人物小傳

243 書生有病
——陳布雷的悲劇人生

243 一、金陵王氣黯然收
247 二、一根假辮子
249 三、人生斷崖
253 四、文章與病與經濟之關係（上）
259 五、文章與病與經濟之關係（下）
261 六、父女殊途同歸
264 附記一：被背叛的絕筆
265 附記二：「葬在黑暗裡」
266 相關連結・人物小傳

268 死在繭中
——翁文灝的晚年

內篇
268 一、非墨磨人人磨人
269 二、一隻忍受著鞭打的陀螺
274 三、卻道天涼好個秋
277 四、死於憂患
外篇
278 一、一個徹底的經驗主義者
280 二、被一場車禍改變的人生
284 三、「治世之能臣，亂世之飯桶」
285 相關連結・人物小傳

287 **說寂寞，誰最寂寞**
——徐訏在一九五〇年後
287 一、《鬼戀》裡的黑衣女子
289 二、上海情愛故事
292 三、都市裡的遊魂
295 四、滿抽屜的寂寞
297 相關連結・人物小傳

299 **愛國者之血**
——被碾碎的巴人
299 一、一份刪節的自傳
304 二、血的神話的建立和潰敗
312 三、瘋癲：受難的一種形式
314 四、進入歷史的寫作
316 五、生命最後居留的小屋
318 相關連結・人物小傳

321 **百年約園**
——張壽鏞的傳奇一生
321 一、消失的石榴樹
326 二、「茫茫三十年，不堪回首顧」
331 三、日月光華
334 四、當書癡遭遇戰爭
341 相關連結・人物小傳

343 **法官和他的另一個角色**
——關於吳經熊的一樁公案
343 一、一腳踩上了一個好時代？
344 二、一個理想主義者與一個經驗主義者的通信
349 三、從「約翰・吳」到「若望・吳」
356 四、一個天主教徒的安魂之所
357 相關連結・人物小傳

新月的餘燼
詩人邵洵美的一生

一、華麗家族

本文主人公邵洵美，生在上海，死在上海，中間六十二年的生活，除了年少時的歐遊和戰亂時期短暫的避禍，也大都在上海展開，他的籍貫地，卻是在姚江邊上的一座小城。浙江餘姚——到過的人都說——真是個好地方啊，安靜，閉鎖，自足，山川靜美。又不無女性的陰柔，自古就出漂亮的女人和有學問的讀書人。姚江邵氏，向為望族，邵洵美的曾祖父邵燦，是大清的浙江省團練大臣，後來做過漕河總督。祖父邵友濂，早年因祖績蔭任工部員外郎，同治四年起，任總理各國事務衙門章京，後來還當過上海道台（屬蘇、松、太兵備道管轄）、臺灣巡撫一類的官職。他還是個不錯的談判家，先是陪同曾紀澤出使俄國，談判索還新疆伊犁，甲午戰敗後又作為「欽命全權大臣」，與張蔭桓一起赴日本和談。只是那次他們一到日本就被伊藤博文這隻老狐狸扔回了證件，說他們「全權不足」。看過電視劇《走向共和》的我們知道，後來是李鴻章去鑑了個《馬關條約》回來，背了個千古罵名。在今藏於廣島博物館的一幅畫作上，被驅逐回國的邵友濂和張蔭桓，頗為漫畫化地坐在一輛奔赴碼頭的人力車上，表情灰黯，背後是一片同樣灰黯的浮雲。

邵友濂的非凡才幹，並不在他於近世中國的外交風雲中有多少出色的表現，而在於他與當世的兩個大人物結成了姻親。這兩人，一個是被時人稱之為「東洋第一政治家」的李鴻章李大人，另一個是曾任皇族內閣郵傳部大臣的盛宣懷。邵友濂有兩個兒子，長子邵頤，娶的是李鴻章的侄女兒，即李鴻章的六弟李昭慶的三小姐。次子邵恆，娶的是盛宣懷的四女兒盛樨蕙。盛四小姐最為盛老爺子所疼愛，其地位之特殊，即使是同胞姐妹也不敢對其陪嫁之多稍置微詞。本文主人公邵洵美，就是邵恆和盛氏的兒子。不過他那時候還不叫「洵美」，祖父給他取的名字是「雲龍」。誰也不能否認這是一個漂亮的男孩，問題是他好像是漂亮得有點過份了，柔滑的黑髮從中間整齊地分成兩綹，鼻隆高挺，水汪汪的眼睛像是一個婦人，臉也白淨得有點女相了。八歲那年，邵雲龍隨賦閒的祖父回了一趟原籍，此行主要是收東水閭「邵氏義莊」（邵氏辦在餘姚城的一處地產）一年裡的租金，順便也讓孩子認認鄉下的老宅子和老親戚。餘姚城裡住在老學宮一帶的街坊們，不知是怎樣從這個漂亮的男孩身上看出邵家敗落的氣象的，他們暗地裡都說，看面相就是個浪蕩子啊。

邵氏的氣脈看來真的是將盡了。那個嫁給邵頤的李鴻章李大人的侄女兒，過門不久就生了一場不明不白的病死了。又續了個史姓人家的姑娘，這回是邵大公子自己病了，而且病得不輕，秋天發的病，連冬天也沒能捱過去就追隨亡妻去了。邵家下人回憶大少爺病時的情境，說就像有隻鬼手卡著他的脖子，一到雨天他總是發出野獸一般的低吼，喊著透不過氣了透不過氣了。看來真的有一隻可怕的無形的手要把邵家的氣數給掐斷了，自知大限將至的邵友濂把無限的期望寄託在了長孫身上，把還沒滿六歲的雲龍早早送進了私塾。邵友濂躺在病榻上豎起指頭立下的三個遺囑中，其中一個就是把雲龍過繼給守節不嫁的大兒媳史氏。這樣，我們小小的主人公除了生母盛氏，又多了一個嗣母。以後我們的主人公的教育費用，很大一部分是靠他的嗣母收取房租支付的。

一九〇六年，當邵洵美降生在這樣一個氣數將盡的華麗家族，一開始他就註定了要被寵壞。六歲那年，和民國元年的新版《國文教科書》一起到來的是他的生命中的一個重要女性。她叫盛佩玉，長他一歲，因出生在十一月茶花盛開之際，小名又叫「茶」。她是盛宣懷長子盛昌頤的女兒，雲龍的嫡親表姐，說起來，雲龍的母親盛樨蕙還是她的四姑母。給他們開蒙的是同一個先生。雖然他不喜歡外祖父那張蒼白的、緊繃繃的臉（這張臉老是讓他想到陰雨天氣的天空），但顯然，「茶姐」和盛家花園的假山、池塘對他有著更大的吸引力。特別是盛老爺子那個藏滿了古董的書房，成了他們的秘密樂園。他們在裡面玩一種「藏貓」的遊戲，書房厚重的布幔和陰暗的光線使這種遊戲顯得格外刺激。七歲，她讓他滿足了探究裙子底下秘密的好奇心。十三歲，他嚐到了她紅草莓般的嘴唇上的奶味。十五歲，她有事沒事開始避他。其實也不需要刻意躲避了，因為這年秋天他被送進了學校，成了上海南洋路礦學校的一個寄宿生（就那學校也是盛老太爺搞洋務時出錢辦的）。他實在算不上是個好學生，算術、幾何如聽天書，儘管這學校是他外祖父創辦的，教員們還是不隱瞞他的愚頑。同時他開始學寫那種五言七言的詩句，案上堆滿了一大疊《婦女》、《秋光》、《申報》等時尚報刊，對惜春傷懷淺薄情調的小文人生活充滿了嚮往。

十六歲，他崇拜起了周作人先生、冰心女士和劉大白。他把冰心女士想像成了一個可愛的小母親，鼓起勇氣給她寫了一封熱情得過火的長信，不知她是嚇壞了還是郵路的那個環節出了毛病，反正他沒有收到過回信。十七歲，他喜歡上了一種傳說中的飛禽：雲雀，可是他跑遍了上海的大街小巷也沒有發現一隻。他開始對雲雀飛翔的國度充滿嚮往。十八歲，他遂願了。一次大戰的煙味剛剛消散，他說，我要出國，我要去劍橋。於是他便出國了。前朝洋務運動的中堅分子盛老爺子說，出國好，實業救國，師夷長技才好制夷嘛。十二月的行期，十月裡便和「茶姐」訂了婚。這張八十年前的訂婚照片上，盛佩玉一綹劉海齊眉垂下，嘴角翹抿，彎成好看的月牙，一襲大紅緞面質地織錦旗袍，鬆鬆地籠著，兩隻寬袖，堪堪遮住肘際。這摩登的模樣今天在《上海的風花雪月》這樣的出版物裡還能夠找到。而我們的主人公，穿著一件白竹布長衫，只是羞澀澀地笑，一雙眼中流露出了遠行的憧憬。

盛佩玉不知從哪兒聽來的，英國是個冷得要凍掉鼻子的地方，織了一件白毛線背心送給他。得到這件意料之外的禮物，雲龍很吃驚，他不知道表姐是什麼時候學會針織女紅的。看來短短幾年光景，這個女子身上發生了很大改變。這個垂髫之年的玩伴在他眼裡一下子變得陌生起來。他好像是在和一個不認識的女性開始新的交往，心頭一下子湧上了新奇的甜蜜之感。作為回贈，臨行前他寫下一首小詩《白絨線馬甲》，後來這首小詩發表在當時有名的《申報》（注：舊中國出版時間最久的日報，一八七二年由英商在上海創辦）上：

白絨線馬甲呵！
她底濃情的代表品，
一絲絲條紋，
多染著她底香汗；
含著她底愛意；

吸著她底精神。
我心底換來的罷？

白絨線馬甲呵！
她為你，
費了多少思想；
耗了多少時日；
受了多少恐慌。
嘻，為的是你麼？

冬日的光陰總是那麼短暫，太陽在這邊時萬物還是明亮的，一滑到山牆的那一邊整個天地便都蒼茫了，少年突然對他待厭了的這座城有了依戀，對身邊這個熟悉而又陌生的女孩起了憐惜之意。可是船票的日期已經定下不可更改。他衝動地翻開《詩經》，說了一句：「佩玉鏘鏘，洵美且都。」表姐不明就裡，茫然地看著他。他說，我要改名了，就叫洵美，你知道嗎，這樣我們的名字就永遠嵌在這本有著植物的清香的詩集裡了。

二、希臘鼻子

從照片來看，邵洵美的臉相有點像時下電視晚會上經常出現的一個長得很帥專唱主旋律歌曲的歌星，一副很討女人喜歡的臉型。最引人注目的特徵是他高挺的鼻子。從同時代人所有的記述來看，這個富家公子顯然也是個美男子。「面白鼻高，希臘典型的美男子」——文學史家趙景深這樣記載道。而他對自己的「希臘鼻子」也一直很引以為驕傲。一個相士曾這樣說他的鼻子，「準頭豐滿，金甲齊完」；照相士的說法，人的五官中，鼻主財星，邵在四十一歲到五十歲之間將會有大財運。在他結婚前的一幅自畫像上，鼻子奇怪地成為了畫面的中心——顯然在臆想中他把鼻子的尺寸放大了許多——他還在畫的右下角加蓋了一枚私章，內容是一匹馬、他的出生日還有他的一個英文名Sinmay。

邵洵美是坐「雨果・斯汀絲」號郵輪赴歐洲的，因為隨身帶了一架老古董般的牛門牌相機，每到一處都拍些人物和風景，寄給他在國內的未婚妻。有一張是在龐貝古城的廢墟上，他戴著一頂鴨舌帽，像個站在街角陰影處的小開。還有一張在但丁雕像下的留影，矯情地拿著一本詩集，照片有背面有一行字：「民國十四年手持Paradiss在Dante像旁攝」。

當他考進劍橋的依曼紐學院，立馬寄給他的「茶姐」的是他在學院教室旁的一幀立照。「穿著英式的高級西服，雙手交叉在腹前，很有紳士風度。」（盛佩玉，《盛氏家族・邵洵美與我》，人民文學出版社，二〇〇四年，頁六一）半個世紀後，垂老的盛佩玉還能清楚地憶起他當時照片上春風得意的模樣。

當他暑期來到巴黎，寄給她的是同住在拉丁區的幾個畫家朋友為他畫的半身素描像。一張是徐悲鴻畫的，一張是張道藩畫的。作為友誼的紀念，他很喜歡這兩張畫，說以後打算印出來貼在書的封面上。

歐遊到了第四個年頭，邵公子像亨利・詹姆斯筆下那個可笑的信使一樣不思家國。異邦頹廢的空氣最適於他慵懶的天性，酒、咖啡、枝形吊燈下的閒談這些於生活並非必須的東西，使生活顯得愈其的可愛，何況還有一幫過從甚密的狗友（他們那個鬆散的組織叫「天狗會」），徐悲鴻、徐志摩、謝壽康、劉海粟、張道藩這些日後在現代中國聲名赫赫的人物。據說在「天狗會」中他和謝壽康、徐悲鴻、張道藩結拜了兄弟，謝是老大，徐是老二，張是老三，邵居末位。然而到了冬天，父親的一封家書把他召回了上海。邵恆在信中描繪了不久前家中的一場大火（這把火燒掉了他留學歐洲的唯一的經濟來源），和大火後分家的風波，沒有說出的一層意思是他應該撐起門楣了。這樣，他僅差一年沒有得到劍橋的學位證書回到了上海。

有什麼最能拴住一個男人的心？還沒等他回來，一場盛大的婚禮就在等著他了。邵、盛兩家的長輩在他還在歸國的輪渡上時就謀劃了婚禮的種種細節。十二月的一天，婚禮在上海路的大光明舞廳開辦，主婚的是新郎的父親邵恆和新娘的四叔父盛恩頤，擔任婚禮司儀的則是有名的震旦大學校長馬相伯。考慮到邵盛兩家的聲望，又考慮到新郎是來自劍橋的文學士，整個儀式是不中不西，新舊合璧的，這邊才領了聖餐、馬上脫下西式禮服，換上中式的袍子馬褂、鳳冠霞帔，用老式禮節向長輩們一個個的磕頭。他們的結婚照上了最新一期的《上海畫報》封面，底下還有一行說明文字：留英文學家邵洵美君與盛四公子侄女盛佩玉新婚儷影。那上面，新娘的眼圈是紅腫的。

是親戚們最早發現了他臉上的異相，準確地說，是發現了他高挺得出奇的鼻子。他們的記憶裡，這個白皙、圓臉的男孩，鼻子一直是扁平的，怎麼一回來就帶來個西洋鼻子了？一個上了年紀的從餘姚來的遠房嬸娘暗地裡還可笑地嘀咕新姑爺是不是被人掉包了。也有頗具見識的客人私下裡說，這鼻子是整過容的，裡面填塞著一種叫矽膠的化學材料。但很快，所有賓客的視線都讓新娘豐厚的嫁妝吸引過去了。天哪，到場的也都算是見多識廣的，卻沒有一個人見過如此豐富的嫁妝！真應了一句娶妻當娶富家女。

是男人總要出去做事吧，何況是一個劍橋的高材生，婚期過後，劍橋織識的「狗友」徐志摩有事回鄉，就舉薦他任了上海光華大學教席。邵恆長舒了一口氣，這也不算辱滅先祖了。為了壓住陣腳，邵公子特地去配了副金絲邊平光眼鏡，穿上長衫，使得自己看上去老成些。可是我們的才子一上講臺就會犯暈。平常三二朋友聚會，他會滔滔不絕，舌綻蓮花，但一站上講臺，他簡直不知說些什麼好。後來情形稍微好了一點，可在學生們聽來，他講的王爾德和柯勒律治無疑是天書一般難懂。第二年春天，他辭去了教職，在南京西路斜橋總會隔壁租房子開了一家金屋書店。店面只有一開間，雇了一個店員，自己做編輯，也兼管事務。還仿照王爾德的《黃皮書》的樣子辦了一本黃色封皮的雜誌《金屋》。放著好好的大學老師不做偏要去賣書，邵恆雖然受過西式教育也有點看不下去了。向家裡頭要錢沒了指望，所以他只好去動用妻子的陪嫁了。

「金屋」沒有撐到一年就倒閉了。有人笑話他，留洋也就墊高了個鼻子回來嘛。

三、新月，新月

一九二八年，北方的文人像候鳥一樣受一種神秘的力量驅使向著上海進發，他們的遷徙或許只是為了尋找政治或是經濟上的庇護，實際造成的則是中國現代思想文化陣地的一次大轉移。這年三月，徐志摩的小舅子張禹九來看邵洵美，說是新月書店要招新股，請邵參加，其實是新月書店虧損太大，想到邵洵美反正有錢，又很大方，就有意讓他出來「接盤」。邵想反正辦書店都是一回事，於是關了「金屋」，至力於辦「新月」了。於是南來的胡適、徐志摩等與邵洵美在上海開始籌擘新月書店，出版《新月》月刊。

這是時代給邵洵美的一次機緣。做不來好的

文章家，做個出版家總可以吧。邵洵美把祖屋出售，在平涼路二十一號辦起了時代印刷公司，把家產幾乎都投在了出版上。那時的「新月」出版《論語》、《詩刊》、《新月》等雜誌，麾下彙集著胡適、林語堂、羅隆基、沈從文、潘光旦、葉公超、梁實秋、梁宗岱、曹聚仁、卞之琳這些大將，在三十年代初期的文壇可稱風頭獨健。邵洵美是最早注意書籍設計和外觀的出版家，不光注意品質和裝幀，也留心每一頁的外觀。他還從德國買來了當時最先進的印刷機器和油墨，以採用當時最先進的「照相凹版印刷術」。據說當時著名的《良友》就是他的一大主顧，後來還承印了鄒韜奮的《生活週刊》。邵洵美那個時期推出的三份流行雜誌《時代畫報》、《時代漫畫》和《時代電影》集合了當時最有才華的一批藝術家：魯少飛、劉吶鷗、張光宇、葉淺予和張振宇。此外還推出了巴金、張資平、沈從文、廬隱等人的自傳。

接下來是一個雜誌的黃金時代，上海被稱為「雜誌的麥加」，據說每天有二三十種、一個月內有近千種雜誌在出版，它們像百貨公司裡井然有序的陳列商品一樣供大眾所需。創辦上海雜誌公司的張靜廬說，「農村的破產，都市的凋閉，讀者的購買力薄弱得很，花買一本新書的錢，可以換到許多本自己喜歡的雜誌」。但邵的所有雜誌幾乎都賣得不好，搞得他「鈔票總兜不過來」。多年以後，他的這些「昔日輝煌之殘餘」還可以在他開在蘇州路上的一家小書店裡找到，那些過了期的封面女郎和分行的詩句一起塵垢滿面地堆在書架上。

朋友章克標這樣說他：「洵美先生對辦一份畫報，很感興趣，他有高度鑑賞能力。他不知拿出了多少鈔票來解決困難。我覺得這像是一件濕布衫脫給他穿，邵仁兄倒是很高興地穿上了。」（章克

標，《回憶邵洵美》，南京師大編，《文教資料簡報》一九八二年第五期）

多年以後，也是這個朋友這樣說他對邵洵美的印像：一是詩人，二是出版家，三是大少爺（章克標，《〈海上才子邵洵美傳〉序》，上海人民出版社，二〇〇三年）。邵的少爺作派從當時朋友們給他的兩個諢名就可以得到印證：一是「少爺」，二是「孟嘗君」。一個人不讓人吃他白食、沒有一點一擲千金的氣魄，哪能那麼容易得到孟嘗君這樣的諢名。但說邵是一個詩人很多人就想不通了。他們說，我們雖然知道邵公子曾與泰翁同席，與奧登同車，與徐詩人（志摩）同學，他那些詩嘛，嘿嘿。甚至還有人公開激烈地說，如果他的是（詩），那麼我們的就不是，如果我們的是，那麼他的就不是。究其原因，一般說來詩人從來都是窮的，我們的主人公很不幸的成了詩人們仇富心理的一個犧牲。

事實上他們最看不得的是邵的「下流」。他對女性身體的「耽於肉慾的褻神行為」和性感的展示讓他博得了一個巨大的惡名。因為他創造的是一個感官的世界，他的中心意像總是女人，以及對女性身體的色情的暢想。他有一首詩，把花變成了色情慾望的載體，花的「紅膚」、「潮濕柔軟的軀體」，被轉換成了女性性器官的意象。另有一首《頹加蕩的愛》，以雲的聚合來描述做愛。邵最有名的一個比喻是把「處女新婚之夜的眼淚」比作了「蕩婦下體的熱汗」（《花一般的罪惡》），他們由此斷定他是一個不僅在現實中追逐妓女般的人物更在詩歌中幻想妓女般的人物的傢伙，——「愛蕩婦勝於處女，愛薩樂美勝於聖母瑪麗亞」。那年頭創造社和太陽社的一幫年輕人正在高喊革命，而這個人年紀不大卻過著那樣腐朽沒落的生活！左翼人士指責他的這些東西不過是一個性感詞彙的集中營：火、肉、吻、毒、舌、唇、蛇、玫瑰、處女，等等。頹廢——這是他們安給他的一頂在當時頗不名譽的帽子。

啊欲情的五月又在燃燒，
罪惡在處女的吻中生了；
甜蜜的淚汁總引誘著我，
將顫抖的唇親她的乳壕。

這裡的生命像死般無窮，
像是新婚晚快樂的惶恐；
要是她不是朵白的玫瑰，
那麼她將比紅的血更紅。

啊這火一般的肉一般的，
光明的黑暗嘻笑的哭泣，
是我戀愛的靈魂的靈魂；
是我怨恨的仇敵的仇敵。

天堂正開好了兩爿大門，
上帝嚇我不是進去的人。
我在地獄裡已得到安慰，
我在短夜中曾夢著過醒。

——邵洵美，《五月》

這首為後人多次徵引的《五月》，收在他的第二本詩集《花一般的罪惡》中。這本毛邊、大三二開、米色道林紙印刷、封面上一朵大紅玫瑰的詩集是他自行設計的，其肉感的氣息就像書名中暗示了的一般。集子裡的三十一首詩作，都是——套用一句當下流行語——「那麼罪，那麼醉」：

啊這時的花香總帶著肉氣
不說話的雨絲也含著淫意
沐浴恨見自己的罪的肌膚
啊身上的緋紅怎能擦掉去

——邵洵美，《春》

或許是這些人在道德上的優越感激怒了他，他回應說他們並沒有真正讀懂。他暗示說，自己有著源自高貴譜系的美學原則，一是來自波德賴爾和法國詩歌（他的集子《花一般的罪惡》就讓人聯想到波德賴爾的《惡之花》）；一是來自布姆斯伯裡圈子的影響。在他書房的牆上掛著兩幅畫，一幅是羅塞蒂繪的史文朋的肖像畫，還有一幅是古希臘女詩人莎弗的肖像畫。他的朋友不知有多少次聽他講過這個故事：那是在他去劍橋的路上，在拿波里（今譯那不勒斯），他下船參觀了一個博物館，在那兒他發現了一幅畫著美麗女子的壁畫，那女子的眼神像情人一般召喚著他，「向我走來吧，我的洵美！」，於是他完全被她蠱惑誘引了。他一次次地講述這個故事，最後自己也相信了這個故事是真的，並把它記入了一本詩集的序裡：

在義大利的拿波里上了岸，博物館裡一張壁畫的殘片使我驚異於希臘詩人莎弗的神麗，輾轉覓到了一部她的全詩的英譯……我的詩的行程也真奇怪，從莎弗發現了她的崇拜者史文朋，從史文朋認識了先拉斐爾前派的一群。又從他們那裡接觸了波特賴爾、凡爾侖（現通譯作波德賴爾，魏爾侖）。

——《詩二十五首·自序》

從對莎弗的崇拜，再到史文朋，再到波德賴爾和魏爾侖，邵洵美在這裡為自己劃了一條非常清楚的美學的系譜線。他在金屋書店出版的散文集《火與肉》——這個異域色彩的書名不無史文朋的詩句「雙手火一般灼熱」的影響——則可以視作他在劍橋所受西方文學教育的總匯：六篇文章裡一篇寫莎弗，兩篇寫史文朋，另外三篇寫魏爾侖和戈蒂耶。如此自報師承，曾引得朋友徐志摩在背後微哂：「中國有個新詩人，是一百分的凡爾侖。」

那些亭子間文人總喜歡拿著他的「頹廢」說事。一個人寫的詩是頹廢的，連帶著他這個人也是頹廢的了。在這種道德邏輯下，也難怪中國的文人都拿腔捏調要作君子狀。其實「頹廢」又有什麼不好？它是一種風格、一種色澤、一種態度，它傾向於多彩的奇異的一面，又帶著波希米亞式的自以為是。何況在當時的中國語境裡，頹廢，其實與先鋒相去不遠。

邵洵美的朋友、《獅吼》雜誌的創辦人章克標（邵也是這本雜誌的贊助人），在一篇回憶文章裡寫到他從前的共事圈子，這也可以作為對邵和他氣質相近的一幫都市詩人作家的一個定評：

> 我們這些人，都有點「半神經病，沉溺於唯美派——當時最風行的文學藝術流派之一，講點奇異怪誕的、自相矛盾的、超越世俗人情的、叫社會上驚詫的風格，是西歐波特賴爾、魏爾侖、王爾德乃至梅特林克這些人所鼓動激揚的東西。我們出於好奇和趨時，裝模作樣地講一些化腐朽為神奇，醜惡的花朵，花一般的罪惡，死的美好和幸福等，拉攏兩極、融合矛盾的語言。……崇尚新奇，愛好怪誕，推崇表揚醜陋、惡毒、腐朽、陰

暗；貶低光明、榮華，反對世俗的富麗堂皇，申斥高官厚祿大人老爺。

——章克標，《回憶邵洵美》（南京師大編，《文教資料簡報》一九八二年第五期）

一九三三年，魯迅到上海已經住了六個年頭了。他租住在虹口大陸新村裡的一幢三層的樓房裡，他不再寫《阿Q正傳》和《傷逝》這樣的小說了，可是手裡的一支筆還是有力地牽引著讀者的視線。他自嘲，但也憤怒著，對世態炎涼和民族痼疾的憤怒夾雜著自己私人的憤怒，公私合營，構成了魯迅那一時期毫不寬恕的性格。比如，從邵洵美辦出版的事他就說了開去，對把文藝當作休閒的唯美派的學徒們極盡挖苦之能事，「要登文壇，須闊太太，遺產必需，官司莫怕」，「最好是有富岳家，有闊太太，用賠嫁錢，作文學資本，笑罵隨他笑罵，惡作我自印之」，「但其為文人也，又必須是唯美派，試看王爾德遺照，盤花鈕扣，鑲牙手杖，何等漂亮」（魯迅，《登龍術拾遺》，最初發表於一九三三年九月一日《申報・自由談》，後收入《偽自由書》）。此文一出，「幫手立即出現了」——魯迅這樣自嘲，論爭的情形像極了今天BBS上的無厘頭式的口水仗，這些話都登在當時官方的主流媒體《中央日報》上，擇其要點如下：

(1)拿老婆的錢出來做文學資本，不應被指責，倒是應該佩服的，因為凡事都需要資本，文學也不能例外。用老婆的錢做文學資本，總比拿這錢去嫖要好一些。

(2)做富家的女婿並非罪惡。

(3)文壇無時不在招「女婿」，比如現在有些人，就快變成俄國的「女婿」了。

⑷狐狸吃不到葡萄，說葡萄是酸的，自己娶不到富妻子，便對一切有富岳家的人發生了妒忌，妒忌的結果是攻擊。

魯迅匆忙之際，只來得及說下一句「官可捐，文人不可捐，有裙帶官兒，卻沒有裙帶文人的」，就潛水了。

事實上一九三〇年代之初邵的日子並不好過，先是家門連遭不幸，繼生母去世後，嗣母又去世了。像他這樣的大家庭辦喪事講排場，開銷很大，祖父留下來的「楊慶和」錢莊也倒閉了，兩個弟弟又要結婚等著用錢，而這些年來他的出版事業總在貼錢，因此錢袋就越掏越空。到一九三三年六月，他實在撐不住了，只好把「新月」也結束了。在這種情況下，邵仍是「一條胡同走到底」，再次辦出版。到後來只好將房產作為抵押向錢莊借貸，再到後來，就只能將房產全部出售給錢莊。邵家的老房子沒有了，他只好租房子住。然而他待人處世的派頭依舊故我，朋友們出書有困難，甚或窮得揭不開鍋了，都會想到這位詩人「孟嘗君」。邵為出版業，耗去了大半生的精力和幾乎全部的家產，問題在於他自己不善經營，也沒有一個懂得經營的人做助手，就只能苦了他自己，還落不得一個好。

四、異域美人

一九三五年來到上海、後來又走進邵洵美的生活的那個美國女人叫埃米麗・哈恩，她後來還有個中國名字叫項美麗。這一年她三十歲，來中國的身份是《紐約客》特約撰稿人。她是一個精力充沛的女人，喜歡探險，身材健壯，臀部龐大，剪一個秀蘭・鄧波兒式的時尚的童花頭，有著一雙海水般幽深的棕色的眼睛。還有著一張茱麗亞・羅伯茲那樣的性感的大嘴。有點放浪，也有點叛逆。據說此人在踏上去中國之路前，還像一個從事田野考察的人類學家一般在非洲剛果的土人部落待過兩年。

弗立茲夫人是那個時期上海灘上有名的交際花，這個上海洋行大班的妻子，善於打扮，面貌嬌好，同時有著兩位數的地下情人。這個闊氣的風騷娘們對中國文化無比熱衷，自己出錢搞了個京劇團，還催辦過跑馬廳市政廳（後為大光明劇場）的新年音樂會。進入她家每週一至二次定期舉辦的文藝沙龍曾是多少海上才子的夢想，因為這是衡量一個人是不是進入了上流社會的標誌。數年來，邵公子都是弗立茲夫人的座上賓，逢請必去，逢宴必到，同時通過邵，弗立茲夫人還把當時的最負盛名的優伶梅蘭芳也拉進了她的京戲團。

這年春天，在「上海國際藝術俱樂部」舉辦的一次晚宴上，剛到上海的埃米麗・哈恩被女主人弗立茲夫人牽著手推到了邵洵美面前。一曲終了，女作家已經對這個面白鼻高的東方美男有了好感，特別是當她知道這個男子出自一個頗有名望的家族，更對他產生了濃厚的興趣。幾次交往下來，讓這個美國女人震驚和敬佩的是這個美男子不僅能寫詩，而且能用英文寫！這個喜歡冒險的美國女人來到這個古老國度的目的，堂皇地說是為了寫作，為了親手切一切這個變化中的古老國家的脈搏，選取她所要敘述和描寫的題材，但和一個東方男子發生一場奇異的愛情經歷一場異國情調的性愛之旅更是她隱秘的夢想。她沒有想到的是，這個夢想這麼快就要成為現實了。

埃米麗・哈恩幾乎是心甘情願地成了邵洵美的情婦，兩人同居，出雙入對，一點也沒有想到要避嫌。邵洵美給她取了個中國名字叫項美麗，這是她的英文名字的諧音。讓人吃驚的是，她還頻頻出入邵家，與邵洵美的妻子做起了朋友。他們對她還有一個稱呼，「蜜姬」，據說是她的原名Emily Hohn的諧音。邵洵美還帶了妻子去蘭心電影院看她演話劇，連邵的妻子也讚歎，「（密姬）穿了淺灰色外國綢緞的連衣裙，裙子較長，但不是古裝，燈光一照，真是十分美麗。」（盛佩玉，《盛氏家族‧邵洵美與我》，人民文學出版社，二〇〇四年，頁一九一）可見這女人的磁力非同凡響。

可笑復可歎的是，邵洵美的妻子還是蒙在了鼓裡，丈夫每天花那麼多時間在那個外國女人身上，她疑竇暗生，卻又盤查不出什麼，因為丈夫的理由總是那麼堂皇、充足。她警告他每天晚上必須在十一點前到家，否則不管他在哪裡都要打上門去。邵唯唯應著，從不誤卯，外面卻早已彩旗飄飄。

邵洵美的社交魅力使他一直是他那個圈子裡光芒四射的人物，現在因了他美麗的外國情人，更給這個「華美的帶世紀末情調的圈子平添了生活的趣味」。他為情婦在霞飛路附近買了一套舒適的公寓房子，而自己住在楊樹浦一套更豪華的房子裡。有時候他也接情婦到自己的房子過夜。很多朋友也找了藉口聚到一起來看他的異域美人，他在自己家裡，也在情人的公寓裡招待他們。同為唯美派作家的朋友張若谷用不無豔羨並稍帶誇張的語氣這樣描述他豪奢的住處：

> 少爺（圈子裡的朋友都這樣親熱地招呼他）的住宅，是上海有數建築中的一座。全部用雲石蓋造，周圍是一個大花園，有八條可以駛走汽車的闊路，好像八卦陣一般把那宅高洋房轉在中垓。中間是一座大廳，金碧輝煌裝潢得好像金鑾殿一樣。少爺的私人書房，也就是招待朋友談話的客廳。裡面陳設很富麗，但是壁上掛著那張從邦貝古城中掘出來

的希臘女詩人莎弗像真跡，估價在五千金以上。還有那一架英國詩人史文朋集手卷，是用二十萬金鎊的代價在倫敦拍賣來的。中間放著一架STIENWAY牌的三角形鋼琴，琴畔一堆像寶塔一般高的樂譜，都用翡翠色的蛇皮裝訂……（張若谷，《都會交響曲》，上海真善美書店一九二九年，轉引自[美]李歐梵，《上海摩登——一種新都市文化在中國一九三〇——一九四五》，北京大學出版社，二〇〇一年，頁二五九——二六〇）

女作家的放浪行徑在白人世界裡激起了許多閒言，他們甚至不屑於提起她的名字，只說是「那個養猴子的」（埃米麗・哈恩剛到上海時，養過一隻猴子，是剛果帶來的，她叫它查理斯，每次出門必抱於臂中，查理斯後來生病死了）。有一天，女作家收到了一封信，拆開一看，裡面只是一張用過了的衛生紙。拆信的時候邵也在，他原以為女作家在羞辱面前會哭鬧，可是埃米麗・哈恩卻放懷大笑起來，笑得連眼淚都出來了。在這種毫無心肝的大笑面前，邵覺得，自己也不是很懂得這個有著漂亮的藍眼睛的異國女人。

當日本人進佔上海時，邵洵美藉他的情婦的名義在租界內辦起了宣傳抗日的雜誌《自由譚》。這本雜誌的主編和發行人名義上是艾米麗・哈恩，但背後全是邵在運作。以同樣的方式，他還辦起了一本差不多開本的英文雜誌《天下》。藏書家姜德明先生推測說：「也許正是邵考慮到當時租界的孤島環境，有意請一位外國人來出面辦理雜誌，藉以躲避日本佔領軍的障礙……這種辦刊方法，在當時孤島亦決非一例。」（參見姜德明，《獵書偶記》，大象出版社，二〇〇二年）

據說埃米麗・哈恩和邵在律師處是秘密辦了結婚手續的，這麼說來她的身份就不再是邵的情婦，而是他的第二個妻子了。但這並沒有牽制她離開邵洵美。她給邵留下的唯一紀念是也讓他染上了阿芙蓉癖，幸虧不是太嚴重。一九四〇年，埃米麗・哈恩離開上海去了重慶，搜集她正在寫作的《宋氏三姐妹》一書的材料。第二年她去了香港，在香港她愛上了一個已有妻室的英國少校，此人和她養過的那只猴子同名，叫查理斯・鮑克瑟，不久就為他生下了一個女兒。珍珠港事件暴發，香港淪陷，她和鮑克瑟被關進了集中營。一九四三年十二月，美日交換僑民時，他們被遣返美國，定居紐約，並在那裡正式結婚，從此結束了她長達八年浪跡遠東的傳奇生涯。

此後，在中國的經歷幾乎成了她唯一的寫作資源。戰後，她出版了自傳性的《我與中國》一書，對上海期間的生活及和邵洵美的一段情份作了不少披露。邵在她的筆下成了「中國朋友Sinmay」。她描述了他對上海這座城市是多麼熟悉，「每家店鋪的每一塊磚對sinmay而言都是有歷史的」。還有他如何駕著他「長長的褐色nash」，從他的楊樹浦的家，經過蘇州河，一直到市中心的那些誘人的書店所在地。在她生動的敘述中，邵是個「過分好奇的人」，——「他的心理就像孩子，像小狗，或像個老派的小說家，探究一切他感興趣的事情，從所有吸引他的東西裡編織著故事」（轉引自[美]李歐梵，《上海摩登——一種新都市文化在中國一九三〇——一九四五》，北京大學出版社，二〇〇一年，頁二五八）。

她還寫到了富有紳士風度的邵洵美對女人的體貼，這個「有教養的美食家」和「風趣的健談者」，在帶她出去赴宴時，「他會就這道菜或那道菜講出一個很長的故事，先是用中文講給他的那些朋友聽，然後意識到我不懂中文，就會迅速地向我解釋一遍」。他只到埃米麗・哈恩工作的地方去找過她一次，「他蒼白的臉和他的長袍在溫和的英國記者中激起了那麼大的反響，使他以後很有意識地總是約我出去在外灘見面」——她這麼回憶說——「幾乎天天見面，或早或晚，多數是晚上，對他來說，時間無所謂」，「然後到了晚上，就在他家開晚宴，或閒談；有時去看電影；要不就躺在床上讀書。雖然我已經嗅到了空氣中戰火的氣息，我依然非常幸福。」」（章克標，《上海才子搞出版：記邵洵美》，見《上海文史》一九八九年第二期）在她的另一本叫《潘先生》的書中，邵成了一個叫「潘海文」的人物的原型。其實這個人物的名字也是來自邵，是邵的英文筆名penheaven（筆天下）的諧音。邵讀過這個小說後，生氣地發現自己在女作家的筆下竟然成了一個書呆子式的人物。

一九四六年夏天，邵洵美受陳果夫委派以電影考察為名來到美國，和他的舊情人（前妻？）見了一面。鮑克瑟少校很不紳士地參與了他們所有的會談，或許他是怕妻子再來個孔雀東南飛？會談結束時，鮑克瑟指著妻子對邵說：「邵先生，你的這位太太我代為保管了幾年，現在應當奉還了。」鮑克瑟一個洋番，自然不會想到妻子如衣服這一層上去，或許真的只是想開一個無傷大雅的玩笑。邵也笑笑，說：「我還沒有安排好，還得請你再保管下去。」

可憐的鮑克瑟少校！他把埃米麗・哈恩一直保管到變成一個老得不能再老的老太婆。到了埃米麗九十歲那年，他先要去見上帝了，握著妻子的手說：你變得那麼老，還能像一隻蝴蝶一樣飛走嗎？

五、「老娘舅」在難中

一九三六年春天，又一個女人在邵洵美的生活中出現了。她叫陳茵眉，這年十九歲，江蘇溧陽人，是來邵家做幫傭的。這個鄉下來的姑娘身材高挑，一雙眼睛黑亮有神。時日一久，邵少爺難免不心動。比之夫人，那朵富貴花，陳姑娘這朵鄉野小花自有她的動人風情。可是夫人不高興了，吵著要回娘家住，倒不是因為丈夫太花心，他和埃米麗・哈恩搞得那麼粘乎她就從來沒有鬧過，而是覺得他找個丫頭也太掉價了。有說客勸道，夫人啊，男人三妻四妾又不是什麼稀罕事，你的公公，在外面不是也有好幾個小公館嗎？再說丫頭有什麼不好，丫頭更體己。於是少爺如蒙大赫，又築愛窠。幾年裡，她就為他生下了三男一女。

「八・一三」的戰火燒進了上海，也燒掉了邵洵美的時代印刷廠。幸虧之前他已在艾米麗・哈恩的通融下，把重金購置的印刷機拆零搬進了租界。那時，邵洵美已住到了印刷廠附近的麥克利克路。上海一淪陷，他就搬到了霞飛路，即後來的淮海中路。這裡雖說有二十多間相互比鄰的二層小洋房，但屋子又小又矮。邵洵美一家住的有底層二間，樓上二間，統共四間。三子五女，再加上女傭和借住的表弟，也擠軋得很。說是逃難，邵還是帶了好多書。許多洋書，擺滿了靠牆壁的一排書架，仍容納不下，連地板上也堆滿了……

一個習慣了西式早餐和英式下午茶的人，再讓他置身於嗆人的油煙味和嘈雜的市聲中，過的且又是一種提心吊膽「燈火管制」的日子，邵洵美覺得再這樣下去真要發瘋了。他的煙癮越來越大，常常一抽就是好半天，白淨的指節也薰黃了。他不知道這樣的時局要到什麼時候會變好。他有一首未曾發表的詩，標題《一個疑問》，正是那時候苦悶心情的記錄：

> 我的中年的身體，卻有老年的眼睛，
> 我已把世界上的一切完全識清，
> 我已懂得什麼是物的本來，事有終始，
> 我已看穿了時光他計算的秘訣，
> 我知道雲從何處飛來復向何處飛去，
> 我知道雨為什麼下又為什麼要停止，
> ……
> 我始終想不明白現在這一個時局，
> 究竟是我的開始還是我的結束。

孤島的空氣是令人窒息的，邵洵美無論如何是忍受不下去了，他決定單身去內地，重慶或者武漢，安頓下來後再來接家人。

當時淞滬區域的戰事告一段落後，日軍的勢力尚未進入租界，黃浦江中還有幾艘英商的太古、怡和輪船，定期往來香港上海兩地，軍政界的聞人和有錢的商人，都乘搭這批商船逃到了香港，或由香港轉往內地（參見陳存仁，《抗戰時代生活史》，上海人民出版社，二〇〇一年，頁三九）。邵洵美非官非商，一個破落戶的子弟，自然不會有人送他船票安排他離開，要走也只有自己走。他是轉道杭州走的。當時滬杭與內地之間有一條秘密通道，是從皖浙交界的場口，再轉往後方各地，許多投機商、走私客販運貨物來往，日本軍方也需要各種物資從內地運來，故開放了這一缺口。場口設有關卡，來往的貨運車輛很多，也有跑單幫的散客。邵洵美順著這條路而去，沒想到在屯溪出了事。

屯溪會於安徽南部，新安江的上游，新安江航運與皖南公路的交接點，是皖南山區茶葉、竹、木材等物產的集散地。邵一到屯溪，就被軍統的人留住了。其中有一個是他遠房的外甥，一直來勸說「老娘舅」留下來為黨國做事。因為軍統與美國中央情報局有聯繫，需要懂外語的。軟禁中，雖然每天都喝著清香的「屯溪綠」，但因為前途莫測，邵一點也輕鬆不起來。絕望之中他想到了歐遊時的一個狗友，此人名叫張道藩，已由國民政府的交通次長升任黨的中宣部長，此事何不請他出面疏通？邵立即拍電報、寫長信到重慶。等到解釋疏通上路，他已在屯溪這個地方羈延了三四個月，人都混得臉熟，那些軍統們也都叫他「老娘舅」了。這真是讓他啼笑皆非。

六、奶油老虎與兩點聲明

辦雜誌，搞出版，社交，寫詩，給人的感覺邵洵美好像有著用不完的時間、精力和金錢。事實上他也一直靠金錢支持著這所有的努力。結果是他用光了他所有的資產，戰爭還沒結束就差不多變成了一個窮人。這時候他想起早年一個算命的說他四十歲後會有大財運的話，真是命運無情的嘲諷。

解放了，邵洵美自願向新成立的人民政府上交了他的印刷廠和所有的印刷工人（時代印刷廠的機器全部由北京新華印刷廠收購）。然後他來到北京，先是住在東交民巷的中國旅行社，後來在景山東大街租了一處幽靜的平房住下。他現在的身份是人民文學出版社的一個編外翻譯，稿酬每月二百元，可先預付。據說這差使還是夏衍舉薦的。當年邵洵美曾接濟過夏衍。大約是一九二八年他辦「金屋書店」的時候，有個朋友對他說，有個叫沈端先的，是你的同鄉浙江人，剛從日本回來，生活無著，你是不是可以給他出版一本書，接濟一下。邵洵美接下沈端先翻譯的日本作家廚川白村的《北美遊記》後，即拿出五百元付給了沈。沈端先，就是後來的夏衍。在北京，邵洵美受到了舊日一些知交的熱情接待，本想多住些早日，但北方乾冷的氣候使他的哮喘病發作，不得不返回了上海。朋友賈植芳記述了邵洵美南歸後不久出現在南京路新雅酒家的一次酒宴上時的樣子，「身材高大，一張白潤的臉上，長長的大鼻子尤其引人注目」。那天他穿的是一件古銅色又寬又長的中式絲綢舊棉襖，敞著領口，鬚髮蓬亂著，神情卻又是泰然的。」（賈植芳，《不能忘卻的紀念》，上海文化出版社，二〇〇一年）

那段時間的四川中路上出現過一家時代書局，印行過一些早期馬克思主義的著作，如考茨基、希法亭等人的書，都是屬於第二國際的人物，受到黨的意識形態領導的批評，這家短命的書局很快就消失了。有傳言說書局的出資老闆就是邵洵美。這人吃錯藥了啊，都什麼時候了還想搞他的出版！朋友笑話他：你怎麼異想天開到要吃馬列主義的飯了？

這麼磕磕絆絆著到了一九五八年，「肅反」把他給「反」了進去。先是隔三差五被叫去問話、審查，後來乾脆就拘在了獄裡。戰亂時他在屯溪的三五個月的停留成了「歷史遺留下來的問題」，要他講清在這段時間做了什麼，有沒有為軍統工作。還有他在歐洲時和張道藩、謝壽康（曾任國民政府駐梵蒂岡大使）結為把兄弟的事，也都一併抖了出來。這些問題不說清，他就免不了潛伏特務的嫌疑，把牢底坐穿也不能回家。

城裡刮起了集體化的風，讓居民吃公共食堂。邵洵美的全家就被勒令從淮海中路的住房搬出，房子被征作了居民委員會的公共食堂。

房屋被徵用了，家裡的東西也要全部出清。邵夫人只好清理了一部分，別一部份分散寄存到親戚朋友家。一家人也作了鳥獸散，女傭解雇回鄉，兒子和女兒住在工作單位或者學校裡。邵夫人只好回娘家和母親住在一起。後來「上級有關部門」給她落實了一處舊房，至多十五平米的樣子。她和子女們又飛回到了這個鴿子籠大的地方。南面一間有玻璃窗，光線好些，用作了長子的婚房。他們在外面找了房子，就搬了出去。後來離了婚，兒子又搬了回來。

沒有了傭婦，家務事只好邵夫人自己動手了。她雖然從小嬌慣，卻從來就是一個逆來順受的女人。這樣的女人受得住富貴，也禁得住苦寒。大冷的冬天上街買菜，臉和手上長出了一個個暗紅的凍瘡，生爐子煮飯、炒菜，被煙熏得涕淚直流。他越來越成為一個行家裡手了。人間的煙火磨損了她的容顏，也使她變得壯實。有誰會想到小弄堂裡這年過半百的婦人，會是昔日裡鐘鳴鼎食的尚書家的孫女、富豪家的千金呢？

因為不允許家人探監，邵洵美一點也不知道家中的變故。十多年前屯溪被拘，他沒有為軍統方面做過一件事，因此心裡坦蕩，談吐也沉著。他的這種態度，使得獄裡的那些老犯還當他是大有來歷的上海灘「大亨」一類的人物，對之很是企敬，還暗地裡護著他。是以獄中也沒吃多少大苦，用他後來的話說：——倒比外面來得好，生活有規律，還經常學習，講時事政策，不大受苦頭……

但肚子還是要餓上一餓的。進入一九六〇年代迎頭就是好幾個饑年，全國人民都在餓肚子，一個在押人犯不餓死就算好的了。開飯哨聲一響，犯人們把領來的一份飯菜倒在自己的搪瓷缸子裡，以一種莊嚴和神聖的表情開吃。吃到一半，都捨不得吃了，把搪瓷缸子包在棉被裡捂嚴實，再等餓得不行了再拿出來吃。邵洵美那裡經過如此經濟的吃法，幾乎每餐飯都是一下子吃光、刮光，一邊吃還一邊氣喘吁吁地說，「我實在熬勿牢了」。人在饑餓狀態下對食物的想像力總是格外發達，他講述的往昔的豪奢生活總是讓獄友們豔羨不已。他說——國際飯店建起來前，西藏路上的「一品香」是全上海最大的西菜館和西式旅館，他是「一品香」的常客，每年他過生日，都要放在「一品香」。因為他肖虎，生日前一天他就會定做一隻像真老虎一樣大的奶油老虎。到了生日那天，這只奶油老虎擺放在一隻玻璃櫥裡，櫥的四周全是一閃一閃的紅綠燈泡……奶油老虎的故事在獄裡講過不知多少次，後來他還講過秋天吃陽澄湖大蟹的故事。

饑餓，潮濕，哮喘，無休止的外調和故作的冷落，出獄的希望卻還是渺茫著，他的耐心被一天天耗盡，都生怕自己不能活著走出去了。他都要想到身後事了。一天，他找到獄友賈植芳，鄭重其事地託附開了後事：

賈兄，你比我年輕，身體又好，總有一天會出去。我平生有兩件事心裡放不下，你以後有機會一定要寫篇東西，替我說幾句話，那樣我死也瞑目了。這第一件是，一九三三年，蕭伯納來上海訪問，我作為世界筆會的中國秘書，負責接待工作，蕭伯納不吃葷，所以，以世界筆會中國筆會的名義，在功德林擺了一桌素菜，共計花了四十六塊銀元，是我出錢墊付的。那天來吃宴的有蔡元培、魯迅、楊杏佛，還有我和林語堂先生。但當時上海的大小報紙的新聞中都沒有我的名字，這使我一直耿耿於懷啊，希望你有機會的話為我聲明一下，以糾正記載上的失誤。還有一件事，我的文章，是寫得不好，但實實在在都是我自己寫的，魯迅先生寫文章說我是捐班，是花錢雇人寫的，這實在實在是天大的誤會。我敬佩魯迅先生，但對他輕信流言又感到遺憾，這點也拜託你代為說明一下為好……（參見賈植芳，《獄裡獄外》，上海遠東出版社，一九九六年）

但據倪墨炎先生近年考證，蕭伯納來上海時，是宋慶齡由楊杏佛和她的秘書陪同驅車到新關碼頭（今延安路外灘碼頭），再乘輪船到吳淞口迎接的，然後直接到宋慶齡家裡。陪同宴飲的，除了幾個國外記者，幾乎全是中國民權保障同盟的核心成員，根本就沒有出現邵洵美的影子。

據魯迅記載，在宋宅和蕭伯納一起吃飯的人，連魯迅和蕭伯納在內共七人。一九三三年二月十七日《魯迅日記》載：「午後汽車齎蔡先生信來，即乘車赴宋慶齡夫人宅午餐，同席為蕭伯納、伊、斯沫特列女士、楊杏佛、林語堂、蔡先生、孫夫人，共七人。飯畢照相二枚。同蕭、蔡、林、楊往筆社，約二十分後復回孫宅。給介木村毅君於蕭。傍晚歸。」日記中的「伊」，是指美國記者哈樂德·伊薩克斯，他的中文名叫伊羅生。斯沫特列後通譯史沫特萊，是美國著名女記者。木村毅是日本《改造》月刊記者，是內山完造介紹給魯迅，要魯迅帶他採訪蕭伯納的。從魯迅日記可知，入席者還拍了照。這張照片後來印的地方很多，十六卷本《魯迅全集》第五卷中有，各種魯迅照片集和近年出版的宋慶齡照片集中都有，也是七人，沒有邵洵美。日記所記，也排斥了晚上邵洵美請客的可能性：魯迅「傍晚歸」，蕭伯納也在傍晚離開上海踏上了去北平的行程。

那天下午兩點，在一個叫世界學院的大洋房裡召開的歡迎會上，邵洵美代表世界筆會中國文會向蕭伯納贈送臉譜和戲裝等禮物，是有在場的魯迅、張若谷等的記錄文字為證的，至於「功德林」請吃一事卻是他囫圇中回憶往事時的「記憶移植」。是邵洵美故意往自己臉上貼金嗎？還是記憶力的衰退使過去的人與事在大腦裡出現了疊影？是耶非耶，歷史總是這樣吊詭。

等到出獄和家人團聚，已到了一九六二年的仲春。邵洵美的頭髮全白了，嚴重的哮喘讓他體力虛弱行走艱難。但當他捧著蓋著大紅印章的、證明他不是特務的一張紙，他還是想跪下來。唉，什麼時候起膝頭變得如此軟弱了？

七、去往神仙的宮殿

樓下的院子裡有棵法國梧桐，四月開花，九月就木葉飄飛。日子在一天天地流淌。出獄後的邵洵美變得不太愛說話了，他經常一個人躲在小樓朝北的那間小屋裡。有時譯書，有時什麼也不做，就是靜靜地坐著。

長子祖丞是時代中學的英語教師，因受牽連下放農村勞動了三年剛回來，離了婚，單位又沒房子，睡的是家裡的地板（唯一的一張床讓給了父親）。女兒處心積慮早就想離開這個家了。她如願了，嫁了一個醫生，一起遷往了南京。不久就有了身孕。為了照顧即將出生的外孫，過了年，夫人也暫住到南京女婿家去了。

妻子不在身邊，邵洵美的生活陷入了極度的混亂和困頓。那個時期的一封家信中他這樣歎苦：

> 今日已是二十三日，這二十三天中，東湊西補，度日維艱。所謂東湊西補，就是寅吃卯糧。小美的十元飯錢用光了，房錢也預先借

用了，舊報紙也賣光了，一件舊大衣賣了八元錢。報紙不訂了。牛奶也停了。煙也戒了。尚有兩包工字牌，掃除清爽便結束……（轉引自盛佩玉，《盛氏家族・邵洵美與我》，人民文學出版社，二〇〇四年，頁三〇四）

一次，徐志摩的遺孀陸小曼來上海看他，他想好好招待這位故友的妻子，卻囊中羞澀，不得不把一枚吳昌碩親刻的「姚江邵氏圖書珍藏」白色壽山石印章低價出售，換來了十元的酒菜錢。落魄至此，也真讓人唏噓！

邵洵美很快就病倒了。春寒天氣最難將息，他被喘咳折磨著，只能躺在床上，窩在被褥裡，一開口就咳嗽不住。陳茵眉得知消息，隻身一人來到上海照料。

一九六七年冬天，邵洵美的老病又犯了，這一次哮喘得更厲害。可的松、強的松之類的藥物因服用太久已不起什麼作用，說話時，不得不手裡捏著一個橡皮筒一樣的一個東西，連按帶動，向口裡噴送空氣，以幫助呼吸。如果我們沒有記錯，他的伯父，也是害這病死的。本來像這種病，只要易地療養，一到冬天就去南方溫暖的地方的話可有望治癒。可現今的他，再也不是一擲千金的少爺，只能挨得一日是一日了。趁他病情略有好轉時，家人建議去餘姚鄉下靜養，他拒絕了。他生在上海，長在上海，這座城市已經與他血肉相連，就像他從前在一篇《感傷的旅行》的文章中所說：「此地有我的老家，有我的新居。它是一部我的歷史，它會對你說我自小是多麼可愛，長大了是多麼頑皮，成了人懷藏著多少的奢望。沒有它，我對自己的過去會沒有查考。」

過了春節，邵洵美休克了一次。調治了三個

月，見有好轉，就出了院。這一日，天微雨，他出院回家後寫下了一首小詩：天堂有路隨便走，地獄日夜不關門，小別居然非永訣，回家已是隔世人。他相信，自己已經看到過死神的面孔，它並不可怕，只是一張沒有五官的臉，一片無以捉摸的白色，像霧，像無數道牆外的另一個世界，他甚至已經非常真切地看到了這另一個世界裡的舊日朋友。

陳茵眉回江蘇溧陽鄉下忙她的農活去了，現在是夫人從南京回來服侍他。他變得特別懷念舊時的光景，常常念叨那些死去或者活著的舊友的名字。有一個晚上，他讓夫人燒了一桌好菜，說要等待徐志摩和陸小曼。善良的夫人陪著他等了大半宿，並記下了他的四句詩：

有酒亦有菜，今日早關門，
夜半虛前席，新鬼多故人。

夫人說他的這些詩作太傷感，他也真誠的檢討開了，把這些看作「毒草的標本」：

我這種東西寫它做什麼？對人對己全沒有好處。文藝是為工農兵的，為工農兵寫作，為工農兵所利用的。毛主席的最高指示不是已經說得清清楚楚、明明白白了嗎？毛主席所寫的詩詞，哪一首不合乎這個標準？而我寫的東西，哪一篇經得起考驗？我的東西，只能起一種作用，便是說，留作一種資料，說明我國歷史上曾經有過這樣一種東西，它反映著某些人的思想，一種資產階級個人主義的東西，一種毒草的標本，可以在需要時作反面教材。將來或者把它們拿給文史參考資料編輯的負責人去看看，有沒有用。（轉引

自盛佩玉，《盛氏家族・邵洵美與我》，人民文學出版社，二〇〇四年，頁三〇九）

聽著院子裡梧桐的沙沙聲，他入夢了。他似乎真的聽到了徐志摩的聲音。志摩和他大聲爭吵著什麼，為了安妥詩中的一個詞，或是為了書店經營的事。志摩的一口海寧話聽起來是多麼熟悉啊。夢中，志摩的手指好幾次點到了他的鼻子上，就像在劍橋一起同學時一樣。他相信了，死者的確是會說往事的。死亡，無法使他的內心冷卻，也沒有讓他的理智渙散。現在，對於他來說，死亡不再是黑夜的恐怖，而是白晝的伴侶。

哮喘病發作的間隙，他在床頭翻讀的是一本安徒生的童話：《夜鶯》。玫瑰叢中的夜鶯，讓他想到的是那些清風一樣透明的日子。可惜這樣的日子再也不會有了！西窗的斜陽穿進來了，一粒粒灰塵也彷彿是紅色的，舞動著。隔著濛了水汽的窗玻璃，外面的喧囂也彷彿成了夢境。他輕輕讀出了聲。夫人在一旁勸止不住，聽著也落淚了。

——「於是夜鶯不停地唱下去，它唱著寧靜的教堂墓地——那兒，生長著白色的玫瑰花。那兒，接骨木樹發出甜蜜的香氣。那兒衰草染了哀悼者的眼淚。死神這時眷戀起自己的花園來。於是他就變成一股寒冷的白霧從窗口消逝了……」

他曾經這樣說，「我完全明白了我自己的運命，神仙的宮殿絕不是我的住處，啊，我要醒，我要醒，我要醒！」（《洵美的夢》）臨到終了，他吟起這句子，才發覺自己或許是曾經明白，但始終是沒有醒來。即便是從貴胄的雲端跌落到人間的煙火中也還是沒有醒來。這一生，真的是一個瀰天大夢？

因此他決意等待了，不再掙扎，任由那片白霧一點點地把自己包圍。誰說它是冰冷的呢？或許纏繞一身的白霧是溫暖的，像他浙江餘姚老家盛產的棉花，他一坐進這棉花堆裡，這一片白色就會溫柔地把他浮載起來，而他那已記不清面目的祖父，會在遠處喊著他的小名向他走來。他的生命不會是一場風暴。這一點他明白。現在他只願像院中的那棵老樹，生、老、病、死，走過人世間的六道輪迴。如果這一切已不再能變更，那就快點到來吧。他在心裡默默地喊著。

一九六八年的暮春到來了，這是一個萬物明亮的季節，郊外已是麥黃草盛。立夏將近，地氣回暖，邵洵美的肺原性心臟病加重了。到了立夏，新歷五月初五，哮喘又發作，來不及送醫院，就顫抖著手指說不出一句話了。傍晚，長子回來。一家人看著他徒勞地在病榻上掙扎，卻無以插手。延至次日，太陽升起的時候，他終於與這個看不清道不明的世界作別了。

……我輕輕地走進
一座森林，我是來過的，這已是
天堂的邊沿，將近地獄的中心。
我又見到我曾經吻過的花枝，
曾經坐過的草和躺過的花陰。
我也曾經在那泉水裡洗過澡，
山谷裡還抱著我第一次的歌聲。

——邵洵美，《洵美的夢》

這位當年上海道台的大孫子、曾繼承了上千萬兩家產的詩人和翻譯家、出版家，入殮的時候竟沒有一件像樣的衣服，其妻盛佩玉只買得起一套灰布中山裝、一雙新鞋，送他「上路」。

夫人在悲傷之餘還得處理他這些善後事宜：欠醫院的醫療費四百餘元，欠房管處的一年半房租六百餘元，及私人借款五六百元，等等。

他往死的樣子，十分平靜，就像是往生淨土一樣。死亡在最後一刻中止了痛苦。他的誕生日（舊曆月日）與逝世日（新曆月日）竟是同一日，這不能不說是一種冥冥中的巧合。他真的去了「神仙的宮殿」了，家人的涕淚和嗚咽，在他彷彿是登天的神舞仙曲。

你以為我是什麼人？
是個浪子，是個財迷，是個書生
是個想做官的，或是不怕死的英雄？
你錯了，你全錯了
我是個天生的詩人

——邵洵美，《你以為我是什麼人》

至此，對一個人一生的敘述也將要結束。當一種新的都市文化在中國出現的時候，他和一批同樣年輕的才子生活並成長於戰火和革命降臨前的中國黃金歲月裡，爾後，我們看到他萌芽中的文學天才迅速地被掐滅了。我們的主人公邵洵美到底是個什麼樣的人呢，一個紳士？海上才子？浪蕩子？三流詩人加摩登男子？出版家和招搖的文學紈絝子？一個愛惜羽毛又不小心沾上了一生洗不去的污漬的人？那些事件、變化著的環境，成就著一個人，也禁錮著一個人。很多時候我們會發現，人的面目往往變得模糊，倒是歷史總是要擠到前臺來。

附記：餘燼的餘燼

日前看到署名celine的文章，《上海灘最後的「小開」》，記載了邵洵美的長子邵祖丞在新時代的生存境遇，摘錄附記於後，也可算作「餘燼的餘燼」：

五〇年代初，上海淮海路、陝西路路口有一家永豐寄售行，牌子雖掛寄售行，店裡幾乎全是音樂唱片，而且是清一色的外國唱片。那時，「左」風未興，青年們西裝革履地聚在一起，聽聽唱片、喝喝咖啡、跳跳舞，還是件很時髦和上「品」的事情。「發燒友」們常常把這新開的小店擠得水洩不通，因為這畢竟是上海灘唯一的一家專售外國唱片的商店。

店主邵祖丞，正是邵洵美的兒子，那時二十來歲。

唱片生意好得出奇，當時一般服裝店只能賺百分之三十的利潤，而一張新出的外國唱片，起碼有百分之五十的利潤。香港片商知道他的能量，不斷把新灌制的片子送來。上海百代唱片公司（外國人辦在中國的最大的唱片公司）在「打烊」之前，也把片子攤出來盡他挑選，依邵祖丞那時的眼光，還嫌百代的片子不夠新潮呢，寧可直接進口原版國外唱片。只是礙於情面（百代公司的買辦是邵家的親戚）選了一小部分。

可惜好景不長，「三反五反」之後，有錢人家如驚弓之鳥，紛紛逃往海外，西裝革履的「小開」們也失去了往日的雅興，唱片生意自然也日趨清淡。公私合營時，邵祖丞只好快快地到時代中學去教書了。

時代中學的前身是聖芳濟教會中學，他的祖父邵恆當年是該校的校董，邵家許多子女也都在該校念過書，學校與邵府已有三代人的情誼了。按說，在這樣一個環境裡，工作起來理應是心情舒暢的，然而「肅反」的時候，因為他曾參加過一個自己也弄不清、也從未參加過任何活動的組織（據說那是個特務組織），稀裡糊塗地就被劃為「歷史反革命」。這麼一來，講臺他就站不住了，被派往學校總務處分管學生的課外勞動，同時在學校辦的校辦工廠裡幹活兒。這樣的日子對於「小開」來說，已經很夠「味兒」了，但更殘酷的事情還在後頭。

邵洵美被捕入獄，受父親案子的株連，邵祖丞也跟著沾「光」，從校辦工廠勞動「升級」為下放農村勞動改造思想。他和十幾個有「問題」的人員來到松江縣新橋村，住進農民家，每天一大早須起床，到大糞池邊去挑糞澆菜園……

這期間，他的母親離家去了南京大妹家，在外界壓力下，他的妻子——一個端莊、秀氣的中學俄語教師——也和他離了婚。

邵洵美的問題在三年後總算審查清楚了，宣佈沒有什麼政治問題，無罪開釋，他的兒子的問題也就迎刃而解。在松江農村勞動了三年零兩個月後，邵祖丞終於得以返回中學教書。但平靜的日子只過了四年，到一九六六年，「文革」開始了。

「文革」中像邵氏父子這種人註定是跑不掉的。父是反動學術權威，子是「牛鬼蛇神」，所謂一丘之貉說的大概就是他們這樣的人家。邵祖丞在學校裡被鬥得要死，這是因為，一，他是資產階級、封建官僚的孝子賢孫，二，這人教英語課時居然全部用英語講課，不是「帝國主義的走狗」是什麼？父子兩人被趕得擠在一間狹小的屋子裡，屋裡只有一張床，邵祖丞只好睡在地上。工資是早就停發了，只好靠著一點生活費苟延著時日，還得提心吊膽去應付那些無休止的批鬥檢查和抄家。

晚年的邵祖丞，退休後住在十平米左右的亭子間裡，這個當年的新潮音樂追逐者已經遠離了音樂這一人世間的奢侈物。他須每天自己買菜、煮飯、洗衣，每週還要安排三天，為中學生補習英語，藉以補貼家用，因為退休工資畢竟太有限了。沒有學生來的時候，他多半是一個人待在他的亭子間裡，看電視，抽煙，靜靜地想些什麼……

Celine的職業是記者，她總是習慣於打量別人的生活。作為一個有著懷舊情結的年輕人，她對大家族後代的生活有著濃厚的興趣。當她踏著陰暗而逼仄、吱吱作響的小樓梯找到鬧市一隅那個幾乎被遺忘的角落，再叩開那扇亭子間的小門，「豁然洞開中的邵先生，簡直是位歷史老人了」。這個在流行歌曲中長大的年輕人，驚異於老人能以如此超然和淡泊的眼光來審視自己家族的變遷。上述採訪中，不時有學生進來找老先生補習英語。

或許是故事結局的過於淒慘讓Celine神情落寞了，告別時，過意不去的老先生這樣安慰她：「一切都沒什麼了不起，一個人只要心不死，他就沒有失敗。況且，六十年風水輪流轉嘛，邵家和盛家的風水，大概已轉到別人家去了。人家說富不過三代，邵、盛兩家到了我們這一代的上半輩子，已富了四代了，嚴格來說已富了五代人了。到了我們這一代，大概該吃點苦頭了吧。所謂便宜不可以占盡……」

相關連結．人物小傳

邵洵美（一九〇六～一九六八）

出版家、翻譯家，現代詩人。祖籍浙江餘姚。一九〇六年六月二十七日（清光緒三十二年五月初六）生於上海斜橋。一九二二年在上海南洋路礦學校（上海交通大學前身）求學期間開始寫詩。一九二三年赴歐，進劍橋大學學習英國文學，與徐志摩、張道藩、劉紀文等交遊。一九二七年回國，與表姐盛佩玉結婚。先是在上海光華大學教授英國文學，不久辭去教席，創辦《金屋》月刊和金屋書店。一九二八年，「金屋」倒閉後與胡適、徐志摩等籌畫新月書店，出版《新月》月刊，創辦時代印刷廠。先後出版了《時代畫報》、《時代漫畫》、《時代電影》、《時代文學》、《萬象》、《人言》、《十月談》等。這一期間，著有詩集《天堂的五月》、《花一般的罪惡》、《詩二十五首》、《一個人的談話》等。一九四九年後以翻譯為生，譯有《湯姆莎亞偵探案》、《解放了的普羅米修士》、《家庭生活與世界》等作品。五〇年代末受到不公正待遇，一九六八年在貧病中去世。八〇年代初平反。上海譯文出版社出版了生前譯作《青銅時代》和《麥布女王》，上海書店重新印行出版《詩二十五首》，因故擱置的長篇譯作《家庭與世界》由人民文學出版社在一九八七年出版。

流水十年

沈從文一九二二~一九三二

一、苦悶的北京城

一九二二年夏天，退伍不久的陸軍步兵上士沈從文坐火車從湖南來到北京。當他在前門車站下車，出發時籌措到的三十七元路費——二十七元是退伍安置費，十元是向親戚朋友借的——已經只剩下七元六角了。這個神情恍惚的年輕人面對著浩蕩的人流和這個頹敗卻不失氣派的陌生的都市，覺得自己簡直卑微到了只是風中的一粒灰塵，風稍大一點，就會消失得不知所終。像所有那個時代來到北京的文藝青年一樣，他的行囊是簡單的，不簡單的是裡面放著《聖經》和《史記》兩本書，這預示著他以後的寫作將在這兩本經典的引導下前行。這個高高瘦瘦的長身白臉的少年出了站，在旅客登記薄上這樣填寫自己的身份：

沈從文，年二十歲，學生，湖南鳳凰縣人。

沈從文在二十年代的最初幾個年頭來到北京的目標是含糊不清的，照他後來的說法，他是相信了當時報紙上的說法，以為北京有的是上學的機會，只要成了一個學者，就能加入到中國的文化復興運動中去。打算雖好，卻是需要錢才能實現的。接下來他會發現，儘管他做夢都想著成為一個大學生，但從來沒有哪一所大學願意錄取一個連新式標點都用不正確的鄉下人。

一九二四年十一月一個的寒冷的夜晚，困頓無路的文學青年沈從文給素不相識的郁達夫寫去一封訴苦信，請求援助。時在北京大學擔任統計學講師的郁達夫收到信的第二天早晨，就去沈住的旅館看望了他。當郁達夫看到這個窮得穿不起棉衣的年輕人在一間冰冷的小屋子裡用凍僵的手寫著稿時，他的心裡肯定湧起了一陣憐憫。他脫下自已的棉衣給他穿上。並帶他下館子吃飯。那時的沈，已經餓得走路都要腳步打飄了。刺骨的寒風和胃囊的收縮使他說話都打著哆嗦，費上好大勁才能把一句話說說連貫。飯畢，跑堂結算餐費為一元七角，郁達夫拿出五元結帳，把找回的三元三角全都給了沈從文。多年之後，沈說起此事還為郁的慷慨而感激之情溢於言表。

沈從文剛到北京的時候，在一家湘西人開辦的會館裡住了六個月，因業主和他沾點遠親，就沒有收房租。但離開那家會館後，直至他離京南下，他一直都住在大學周圍一些潮濕陰暗的公寓小客房裡。這些公寓有清華、銀閘、漢園等。有一段時間他住的是煤堆倉庫，只好在牆上開洞當窗戶。每個地方他都住不久，因為拖欠房租被房東掃地出門了。有時交房租的日子到了，他不得不大半夜在落滿了雪的河邊徘徊。如此困頓的生活，也不能銷磨去他身上與生俱來的文人天性，沈從文把他所有住過的房子都取了個雅號，叫作「窄而黴齋」。

有親戚出於好心勸他回去，去湖南鄉下做個老總什麼的，也比混在北京出息多了。沈從文這樣告訴他們，正是因為在鄉下看多了殺人待不下去才到北京找「理想」的。話雖這麼說，走在北京的街頭還是會有一種迷離恍惚之感攫住他。就好像這邊在北京的是另一個他，還有一個他，在老家的什麼地方做著一個小紳士，娶著一個有產者的女兒，說不定還學會了吸鴉片煙，做了兩任縣知事，有了四個以上的孩子。因為如果他不出來，他的人生幾乎就是這樣一副規定了的模式。

設若北京除了貧窮再也不能帶給他別的什麼，這個年輕人還留在這裡做什麼呢？這個古老的城市給沈從文的第一印像是那是一個「博物館」。他在一篇叫《二〇年代的中國新文學》的文章裡如是回憶二十年代的北京帶給他的新奇感受：

> 我是一九二二年夏天到北京的，開始住在會館裡。我從會館出門向西十五分鐘就到達中國古代文化集中之地，就是琉璃廠。那裡除了有兩條十字形的街，然後還有十幾家大小古董店，小胡同裡還有許多不標店名分門別類的、包羅萬象的古董店，完全是一個中國文化博物館的模樣。然後再往東二十分鐘來到前門大街，那裡是一個北京繁華的街市，還保留了明清六百年的市容和規模。在那裡看見許多大鋪子，各具特色，金碧輝煌，斑駁陸離，令人眩目，這使我這個來自六千里以外小小山城裡的鄉巴佬無一處不深感興趣。然後跑到羅馬大街就看到某某鏢局的大招牌，還有駱駝在其中走來走去，我就想這鏢局背後有沒有當年的十三妹在那裡，有沒有燕子李三在那兒，因此這些印象讓我覺得它像明清兩代六百年的文化博物館……

沈從文在成為作家之前，在北京到底熬了多久，又是如何堅持下來的？這並不是一個秘密，有關細節都能在他早期帶有濃重的自敘傳色彩的小說中找到。開頭，為了考大學他大概奔忙過一陣，後來便做各種各樣的雜活。他在京州印刷廠做過工。

曾到一家圖書館謀一個圖書管理員的職位。一九二五年，一個縣政府招考錄事，他也想去參加考試。因為這個職位已錄用了別人才作罷。走投無路的沈從文還考慮過去當一名警員。還差點進了一所攝影學校。在最困難的時日裡他甚至想再去當兵。甚至還去排練過站隊。直到招兵站要他按指紋、領伙食津貼時他才大夢初醒一般溜掉。他甚至想過回湘西，但那一年北伐軍北上推進截斷了他去沅江的歸路，只好繼續留在北京，其實，即便路途暢通他也回不去，因為他找不到回家的路費。

無奈之下，沈從文不得不通過寫作來謀求經濟上的獨立。著書都為稻粱謀，這是曾在他最困難的時候資助過他的郁達夫說過的話，但賣文為生又談何容易，尤其是對他這個年輕的寫手而言。《晨報》副刊剛開始登載他的小品時並不付稿酬，只是象徵性是給幾張買書的書券。一九二五年後，才給他每月四到十二元的稿酬。多年以後，沈這樣對他的傳記作者說，儘管他很早成為了一個職業作家，但開始時每月的稿費收入很少有超過四十元的。

二、三人行

一九二五年七月，沈從文來到北京郊外的香山，在他的「闊親戚」熊希齡開辦的香山慈幼院裡做一個圖書館員，每月支薪二十元。他被安置在一座寺廟門樓的小屋子裡。這是他來到北京兩年半後找到的第一份正式工作。雖然不太愉快，但總算有個正經的活做了。

有一天他在山上聽到了雞的叫聲。這叫聲讓他驚奇，也讓他興奮。雞在那裡活潑潑地跳舞，讓他想起了家鄉湘西的雞，但他覺得北京的雞還不如湘西的雞來得活潑。空居無事，山上小麻雀的聲音、青綠色的天空、谷中的溪流、晚風，牽牛花附著的露珠、螢火、群星、白雲、紅玫瑰，都使他「想起了夢裡的美人」。他還經歷過北京郊外強勁的風沙，去看灰塵僕僕的土路上從容不迫地走著的駱駝，這個北方城市鄉土的一面讓他感到既陌生又熟悉。儘管少不了人事上的糾葛磨擦，他似乎安於這樣一種生活了。朋友陳翔鶴去香山看他，居然看到他像一個中古時代的文人高士一樣，坐在一棵大松樹下，抱著一面琵琶，彈奏著不成曲調的《梵王宮》。

此時，在京漂流的文藝青年、《民眾文藝》的編輯胡也頻和新婚的妻子丁玲也正在山中度蜜月。夫妻兩人住在碧雲寺附近的一處屋前屋後全是棗樹的房子裡，每月租金九元。日常營生中的買小菜、買油買鹽，兩人都自己上街來做。蹲到廊下用一把鬼頭刀劈柴，兩手當攝箕捧了煤球向爐子裡放下，這是還不脫新婦的靦腆模樣的丁玲的職責，當然她做得很是笨手笨腳。胡也頻自然也不閒著，為一點兒醋同一點兒辣椒，也常常忙匆匆的跑到街口去。沈從文以一個小說家的目光觀察到，他們不寫文章，也不出去找什麼事做，好像全身心的投到了婚後新鮮的生活中去，讓他羨慕的是也不大見他們為經濟的事犯過愁，因為所有的開銷都有湖南丁玲娘家的接濟。

沈從文和胡也頻的相識，緣於年前他以一個女性化的筆名「休芸芸」向胡主編的「京報」副刊《民眾文藝》投稿。文章登出來不久，胡也頻和一個叫項拙的朋友一道前往北京西城一個叫慶華公寓的房子裡拜訪了沈從文。沈這才知道，這個和自己差不多年齡的熱情的年輕人來自福建，原先在山東煙臺的海軍預備學校念書，學校解散後，就和幾個同樣愛做夢的朋友一起流落到了北京。他們那個家庭作坊式的編輯部，就設在西單堂子胡同內西牛角胡同四號他們的住處，離沈的住處也不太遠。可以想像這次會面給孤獨中的沈從文帶來的驚喜，「這友誼，同時也決定了我以後的方向。」多年以後（那時胡也頻已經去了另一個世界），他在一篇懷念文章中如是說。沈從文以一種自嘲的語氣，把這次會面稱作「兩個不能入伍的海軍學生與一個剛退伍不久的陸軍步兵上士的會晤」。他不能記住更多的細節，只記得「說了許多空話，吃了許多開水」——他湘西老家的土話，不叫喝水，叫吃水。

自此以後，沈從文一直這樣稱呼他的朋友胡也頻：海軍學生。

大概是這次會面之後的一個星期，一個積雪未融的上午，「海軍學生」帶著他的女友來到了沈從文的住所。若干年後，沈從文回憶起這個叫丁玲的女人第一次來到他房裡的樣子：是一個愛笑的胖胖的女孩，圓圓的黑臉，長眉，穿著一件灰布衣服，下面是短短的青色綢裙，站在房門外邊，也不說什麼話，只是望著沈笑，似乎在猶豫著要不要跨進門來。沈從文問她姓什麼。那女子說，我姓丁好了。那語氣就像麥爾維爾在《白鯨》的開頭說叫我以實瑪利吧，一開口就是小說家腔調。沈暗暗好笑，嘴裡卻不說出來，那麼一個胖胖的模樣，卻姓丁！大概在沈的感覺中，這是一個瘦子才配有的姓。果然，女人走後，胡也頻告訴他，那女人不姓丁，姓蔣。

沈從文猜測，「海軍學生」是出於一種炫耀的心理才帶他的女友來這裡的，但胡也頻告訴他，那女人是聽到有人誇沈長得好看，才特意來看看的。沈從文搞不清他的朋友說這話時，臉上的笑容是真誠的還是譏誚的，但被人在暗底下誇獎總是開心的。

胡也頻也帶沈從文去過他女友的住處，那是丁玲在通豐公寓租住的一個小房間。沈從文觀察到，她租住的這個房子同自己相比也好不到哪裡去，一樣的硬板床，一樣是潮濕的、散發著黴味的地面，牆上糊著破爛的舊報紙，窗紙上塗鴉著許多人頭和古怪的符號，絲毫沒有一個女孩的住所應有的潔淨和脂粉氣。

當交談中得知這個女人也來自湘江下游，和自己誼屬同鄉，沈從文心裡突然湧上一種柔軟的、自己也陌生的東西，他憐惜，且不無驚奇：這樣一個女子，住在這樣一處簡陋的屋子裡，居然不生病、不頭痛，還若無其事地坐在一張小條桌旁看書寫字，真是一個了不起的人物。後來的事實證明沈的這一直覺是對的，要不了幾年，這個生活在窮困線上的女人就要以一部《莎菲女士的日記》一炮走紅，成為最入時的女作家，並在丈夫死後投身政治成為一個「紅色聖女」。

但現在還是一九二五年北京郊外的香山，以後的變化此時還未露絲毫端倪。他們是貧窮的，也是快樂的。貧窮沒有減少快樂，倒反而放大了日常生活中的一點點欣喜。他們常常在幽靜的山谷寺院中一同散步，為了觀賞落日，還常常忘了吃飯。還在中秋夜去香山靜宜園的小池裡划船。這段快樂的日子隨著丁、胡夫婦回京很快就結束了。第二年，沈從文在《現代評論》社裡謀到了一個發行員的職位，既然有了個糊口的飯碗，他離開了讓他總覺得憋悶的香山熊氏別業又回到了北京，重新住進了北河沿的漢園公寓。

理所當然的，沈從文又過起了窮困的生活。穿不起像樣一點的衣服，過冬了連爐子也生不起。他的朋友胡也頻、丁玲夫婦在貧窮上倒是和他保持了驚人的一致，裝上了爐子，卻買不起煤，來了客人只好燒些舊書舊報取暖。沈時常餓肚子，時常感冒。寒冷乾燥的空氣讓他鼻孔時常淌血。寫作了只好一隻手握筆，一隻手撕塊破布捂著流血不止的鼻子。他窮得上醫院掛號的兩角錢也拿不出了，就這樣還得掙錢接濟母親和妹妹。這期間他寫了一些自傷窮困的小說，小說裡的主人公常常患著呼吸系統疾病——就像他的傳記作者金介甫所說——這成了他作品主人公的傳奇性特徵，如同西方十九世紀小說的主人公往往患有結核病一樣。困擾這些人物的除了貧窮和肺病，還有時代和青春期的這些疾病：性的饑渴、失眠、精神疲憊和偏執狂。

這些小說中的說話人總是一個怒氣衝衝、又過著狼狽不堪日子的年輕人。他們沒有金錢去實現人生的夢想，懦弱的個性又讓他們無力獻身革新和時代的洪流，只得在自輕自賤中躲在小公寓裡「縱情痛哭」（《老實人》），直至進入夢鄉。其大致情狀就像他那個時期的一個短小說中的一個餓著肚子在街頭閒逛的年輕人，「魔鬼的人群啊！地獄的事物啊！我要離開你！」這樣發洩一通，「他便又返到他那小鴿籠般的濕黴房子中了」（《絕食以後》）。這些小說人物易怒、古怪的性情和狼狽不堪的生活，正是沈從文在一九二〇年代的北京的一幅自畫像。

此後的幾年，沈從文和胡也頻、丁玲三人成了意氣相投的夥伴。他們都是想上大學而名落孫山，可謂同病相憐。又都野心勃勃想要打進中國文壇。在香山度過一段日子後，三人都跑到北大去當了一段時間的旁聽生。北大在蔡元培主持時廣開門戶，誰都可以去大學旁聽，旁聽生與正式生的比率最高時達到三比一。在沈從文的介紹下，有段時間三人還合住一套公寓。從銀閘、孟家大院、漢園，再到景山東街的一套住宅，他們總是一同搬家。三人把微薄的一點收入——沈的稿費、丁玲母親的接濟——湊集起來，在花錢上不分彼此，努力讓每一個小錢發揮出最大的效益。他們還一起去日文班聽課，夢想著有朝一日能去日本留學。他們追求的目標是爭取能有每月二十—三十元的稿酬收入，這當然不是那麼容易辦到的，於是他們自我安慰，如果魯迅棄去了他的教育部僉事和大學的講師職務，去專靠譯作生活，情形也一定過得十分狼狽，比他們也好不到哪兒去。可笑的是他們還常常設想這筆錢已經到手，做著白日夢計畫著怎麼樣去花費這筆尚在空中飄蕩的錢。

當時正是「語絲」趣味支配著北方文學空氣的時期，看著許多人的名字憑著各種關係和機緣在刊物上露面，他們也計畫過辦一種類似於《語絲》那樣的雜誌，把他們的作品「在一種最卑微最謙遜同時也十分誠實的情形裡同一些讀者見面」。如果每期印一千份，這樣就可以有十二—十三元的收入。

這個時期，胡也頻身上那種「南方人的熱情氣質」讓沈感到了吃驚。按理說，沈從文來自地處中國南方山地丘陵帶的鳳凰小城，他的身上不無熱情率真與好幻想的氣質，可是這個與他年齡相差並不太遠的海軍學生的性格可說與他全然的不同。如果說沈從文的熱情如長河沉潛，綿厚，悠長，那麼胡也頻繁身上那種「南方人的熱情」，則如「南方的日頭」，「什麼事使他一糊塗時，無反省，不旁顧，就能勇敢的想像到另外一個世界裡的一切，且只打量走到那個新的理想中去」。他的新婚妻子丁玲的材具，顯然也長於筆墨而不善持家理財，日子過得拮据難免口角上爭短長，據說沈從文總是在這個的時候充當和事佬的角色。

三人朝夕相處，使得外界一度風言斐語，把三人的關係醜化為二男事一女的桃色新聞。從沈從文含糊其事的敘述來看，這個思想解放的新女性可能在當時曾引起過他某種單相思式的情愫。

沈從文衣衫襤褸、不修邊幅的舉止，在北京文人的雅集中肯定是要讓人側目而視的。他到《晨報》館去領每個月的稿酬時，都要向門房塞上兩到三角錢才走得進去。被各種關係網排除在外的沈從文，只好把希望寄託在給素未謀面的名人寫信自薦，他把這叫作「撞大運的信」。多次碰壁後，他和胡也頻也想弄個雜誌，省得忍著屈辱去拜山頭。

但還是少不了朋友幫忙，如果說是郁達夫第一個發現了沈的文學才華，那麼，時任《晨報副刊》主編的浪漫派詩人徐志摩則對沈從文早期作品的發表起了巨大的作用。他使沈平生第一次過起了靠寫稿來維持生活的日子。他還帶沈去參加詩歌朗誦會。沈從文在聞一多的屋子裡，聽到了朱湘、劉夢葦、饒孟侃這些抒情詩人的朗誦。大概就在這個時候起，沈從文開始了自傳的寫作。

如果一個人在二十九歲的時候就為自己寫自傳，他不是懵懵懂懂就是靈氣溢動，沈無疑是屬於前者。自從二千多年前楚國的一個逐臣在一條叫沅的河流上抱石自決，自此以後這條河就或明或暗地流動在中國的詩史上。當沈從文像一滴南方的水融進二〇年代乾燥的北平時，他一提起筆，那條河便從記憶的淵海中躍了出來，碼頭、木筏、灰色的小漁船和形形色色的船娘、水手全在他的筆下復活了。

在這個別致的自傳裡，他寫翹課去看滿山鳴叫的蟋蟀，寫鎖吶聲中穿著紅綠衣裳傷心大哭的小小新娘，寫河邊用繡花大衣袖掩著嘴笑的苗家小婦人和大太陽底下安置船上的龍骨的船工。他寫下看星、看月、看流水的邊城生活。他用筆堆壘著文字的「希臘小廟」，精緻，結實，勻稱，表現著一種優美、自然、健康的人生樣式。他編織著故事，故事也改造著他，成為一個被稱為知識份子的人。但他還是愛說自己是個鄉下人，謙遜地把這些成績引到南方的地理上去。他說他寫的船上、水上的故事，如果有點靈性，那也都是來自多年以前南方山地雨水的滋潤。

沈從文因那條故土的河流而愛上了世間一切的水——簷流、溪漳、萬頃的大海。他告訴我們，他學會了用小小的腦子去思索一切，全虧得是水。他尤其不能忘懷的是十五歲那年的七月，一隻大船載著他駛離山壑中那座美麗的小城，進了軍營，他揉著因長途跋涉起泡的雙腳，第一次覺悟了生命如水一逝不復返。

因此他痛惜時間的流逝，儘管他在古都度著的一個文藝青年的苦悶日子實在太長了些，他還是惋惜美「不能在風光中靜止」。他說時間帶走了一切，帶走了天上的虹或人間的夢，他還在說時間在改造著一切，星宿的運行，昆蟲的觸角，全在時間的流變中失去了原先的位置和形體。這些體悟或許不無窘迫現實的擠壓觸發，但它們已經超越了貧窮和卑微，進入一個更廣大的世界。從這個時候起，他在內心已經以長河的歌者和兒子自居了。

三、「鄉下人，喝杯甜酒吧」

此時已行進到了二〇年代下半葉，中國的南方革命已進展到長江沿岸，伴隨著南方革命的發展，文化的重心也漸漸地從故都北平移向殖民化色彩濃郁的上海，出版物的盈虛消長的消息也顯然由北而南。在上海，正是一些新書業發軔的時節，《現代評論》已遷上海，北新書局已遷上海，新書業已成為一種新的利藪。還出現了現代、春潮、復旦、水沫、開明、華通、金屋、新月等一些新的書店。一時是普羅文學的興起，一時又是民族文學與都市文學大旗招搖，上海儼然成了個眾聲喧嘩的大舞臺，大狗小狗都在上面汪汪吠叫。一九二八年四月，沈從文離開北京，正式遷居上海。此前他已在北新書局和新月書店出版了《鴨子》、《蜜柑》兩本小說集，開始以一個職業作家的面目出現在世人面前。這個時期的上海，顯然比北京更加適合於一個處於上升期的青年作家，而且他嚮往中的愛情，也正在上海等著他。

沈從文到了上海，在法租界善鐘路一個人家樓上賃了一間房子，同時把母親和妹妹接來同住。這一期間，沈從文與胡也頻、丁玲三人聯手編輯《中央日報》副刊《紅黑》，每月編輯費二百元，各分得七十元左右，另外還有稿費收入。這比起北京時期手頭要寬裕多了。後來三人共同租賃了薩坡賽路二〇四號樓房，胡也頻、丁玲和丁的母親住二樓，沈和他的母親、妹妹住在三樓。此一期間，他們的開銷如下：房租每月二十元，水電費十元，其他再加上伙食、衣物、購書等，每月開支在一百元左右。

一九二九年，胡適擔任座落於上海附近吳淞口炮臺的中國公學的校長，在徐志摩的舉薦下，他請沈從文去教文學課與寫作，擔任一年級現代文學選修課講師。這一破天荒之舉——照規距教授必須有文憑——對沈的經濟生活產生的決定性影響，是使他從一個無業遊民一躍而上升為中產階級。他有了一百元的固定月薪，加上稿酬和編務費，每月有保證的收入在二百元以上（後來楊振聲教授把沈介紹到青島大學，月薪仍是一百元。一九三〇年，聞一多離開武漢大學，把留下的職位讓給了沈，月薪仍在百元以上）。但這個新銳小說家的第一堂課就洋相百出，準備的講稿不到一刻鐘就講完了，餘下的課堂時間因不知做什麼他困窘得無地自容，倒是學生們安慰起了這個才走上講壇的先生。沈從文當然不可能想到，那些目睹他出洋相的女學生中就有他日後的夫人張兆和。

不管沈從文是否願意承認，事實是經濟上的自立使他有了自信和勇氣去追求自己喜歡的女性。當然僅僅這些小錢還是不夠的，他更大的自信來自於自身的才華。到了一九三〇年，二十八歲的沈從文瘋狂地追逐起了年輕的女學生張兆和，為此還勞動「有名的學者」（張兆和語）胡適——如前所述，沈正是在他的直接安排下擔任了張小姐的老師——充當說客。

出身於蘇州一個饒有藝術情趣的富商之家的張氏姐妹，是校園裡無數正處於青春期騷動的青年學生的夢中情人。時年十八歲的張兆和，身前身後不乏蜂蝶嗡嗡，任性的三小姐把她的追求者們編成了「青蛙一號」、「青蛙二號」、「青蛙三號」。自卑木訥的沈從文大著膽子向自己的女學生發出了第一封信，被女學生的二姐張允和取笑為大約只能排為「癩蛤蟆第十三號」。

這是二〇年代末上海洋場上演的一出《教室別戀》。愛與被愛、吸引與推拒、癡情與幻夢……就像傳說中的天鵝最後總是歸於癩蛤蟆，張家三小姐再怎麼任性刁蠻，渾不知世事，也逃不脫他的的老師舉起的獵槍的準星了。情節步步推進，行至山窮，坐看雲起，儘管老師一封封發出去的情書沒有那麼快收到預期的效果——女學生把它們一一作了編號，卻始終保持著沉默，卻也如南方富有腐蝕力的雨水一般，點點滴滴滋潤著慢慢變得沉靜的少女之心。這再一次證實了沈的一個信仰，那就是是語言會製造事實，進而成為事實本身。

此時的女學生只是覺得，這個比自己年長十歲的男子寫來的情書冗長狂熱得像一個高燒病人的囈語，令人不勝其煩，而他得意洋洋拿給他看的軍中故事也讓她覺得遙遠得似乎發生在另一個星球，提不起把它們讀完的興趣。

後來學校裡起了風言風語，說沈從文因追求不到女學生要鬧自殺。張兆和為了撇清自己，情急之下，拿著裝訂起來的全部情書去找胡適校長理論。三小姐把信拿給胡適看，說：老師老對我這樣子。胡校長答：他非常頑固地愛你。三小姐回他一句：我很頑固地不愛他。胡適說：他是個天才啊，是中國小說家中最有希望的，對於這樣的天才，我們人人應該幫助他，你怎麼可以蔑視一個天才的純摯的愛？三小姐說：這樣的人太多了，如果一一去應付，我還怎麼念書？胡校長肯定暗暗笑起來了，他說：要不，我跟你爸爸說說，做個媒。嚇得三小姐趕緊說：不要去講，這個老師好像不應該這樣。

既然胡適校長也為沈說起了好話，那就沒有誰能阻止沈老師繼續對自己的女學生進行文字的狂轟濫炸。沈從文鍥而不捨地繼續著他馬拉松式的情書寫作，其情狀真當得上孤注一擲了。他不是徐志摩，把生命看作燃燒著的火，他的生命是沉潛流動的長河，他要以緩慢和耐心、持久和力量去贏得自己喜愛的女人的心。

與張小姐談話後不久，胡適在一個傍晚寫信告訴沈，「我的觀察是，這個女子不能瞭解你，更不能瞭解你的愛，你錯用情了。」「此人太年輕，生活經驗太少，故把一切對她表示愛情的人都看作『他們』一類，故能拒人自喜，你也不過是『個個人』之一個而已。」他轉而安慰沈：「你千萬要掙扎，不要讓一個小女子誇口說她曾碎了沈從文的心。」（一九三〇年七月十日胡適致沈從文的信，見《從文家書——從文兆和書信選》，上海遠東出版社，一九九六年，頁二二）

通過某種看不見的通道，這事也在外校傳開了。沈從文的一個妹妹，此時也在上海讀書，班上有同學問她，知不知道某著名作家追求張姓女學生的故事，這讓她深感臉上無光。

但這個折拗的鄉下人似乎執意在一條道上走到黑了，在以後的三年零九個月裡，情書聖手沈從文以一種驚人的毅力發出了二、三百封從「半譏諷半強硬」到纏綿悱惻的情書，終於讓他的小愛人回心轉意，做了他的「三三」，而他自然成為對方的「二哥」。

那時，張兆和已大學畢業回到了蘇州的老家，暑假裡，沈老師帶著巴金建議他買的禮物（一大包西方文學名著）敲響了張家的大門。短暫的、卻又是甜蜜得揪心的會晤後，沈回到了青島（他在青島大學的圖書館謀得了一個職位），等待的煎熬使他的態度變得強硬起來，他給女學生的二姐允和寫了封信，託她詢問張父對婚事的態度。在二三十年代的中國，又是這樣一個詩書禮儀之家，沈從文對女方父母的意志的重視無疑是非常正確的。他在信裡寫道：如爸爸同意，就早點讓我知道，讓我這個鄉下人喝杯甜酒吧。

得到開明的父親同意的答覆後，張兆和馬上在熱心的二姐的陪同下去電報局把這個消息發給了沈。據說她拍給沈從文的電報全文是這樣的：沈從文鄉下人喝杯甜酒吧。由胡適之先生竭力宣導的白話文運動在這個女學生身上結出的成果，就是讓她拍出了也許是中國最早的一個白話文電報。

太陽下發生的事，風或可以吹散？六十多年後，白髮蒼蒼的張兆和重讀那些舊日的情書，竟不知是在夢中還是在翻閱別人的故事。她自問：「從文同我相處，這一生，究竟是幸福還是不幸？」

「我不理解他，不完全理解他。後來逐漸有

了些理解。但是真正懂得他的為人，懂得他一生承受的重壓，是在整理編選他遺稿的現在。過去不知道的，現在知道了，過去不明白的，現在明白了。他不是完人，卻是個稀有的善良的人」（張兆和，《後記》，見《從文家書——從文兆和書信選》，上海遠東出版社，一九九六年，頁三一九）。

字還在，人已渺，於是會有這樣的歎息：悔之晚矣。

但總有一些句子，寫下或讀到它們時的心情永遠是美麗的：

> 我行過許多地方的橋，看過許多次的雲，喝過許多種類的酒，卻只愛過一個正當最好年齡的人。

四、上海恩怨

五四新文學運動的重心在十年間由北向南，真個是風水輪流轉，至一九三一年已經完全移到了殖民化色彩濃郁號稱「國中之國」的上海。是年歲次辛未，為民國二十年。東北淪喪，華北震驚，值此多難之秋，北方文人因政治及經濟的原因紛紛南下，而海上名士還兀自固守著原有的陣地。此時的十里洋場，眾聲喧嘩，五色紛陳，既是新進的革命作家的發祥地，又是舊派文人的大本營，在變幻的時代風雲中開始呈現出異樣眩目的光彩。

一九三一年的魯迅繼續蟄居上海，在年初經歷過一場人事的兇險後，看世事愈加悲觀、黑色，變得愈加的陰鬱尖誚，不討人喜。一九三一年的郁達夫成了個上海里弄間平凡的住家男人，即便對曾經傾注過無數心力的創造社和左聯活動，也要開始淡出，因為一批更為新潮的年輕人已迎頭趕上。此時的郁達夫希望自己成為一個古代人所夢想過的仙人，可以不吃飯、不穿衣、不住房屋，不要女人。他這樣一個「力比多」旺盛的男人怎麼會說出不要女人的話來呢。哦，他是吃夠了女人的苦頭。這一年瞿秋白自蘇俄重返上海，成為左聯實際的掌門人。這一年最當紅的作家是以《啼笑因緣》等通俗小說文名響遍大江南北的張恨水。這一年最八卦的娛樂新聞是新月詩人徐志摩飛機失事。儘管穆時英著名的小說《上海的狐步舞》還要晚一年寫出，但內容正是一九三一年的上海即景。而這一年最酷烈也是最讓人震驚的，則是年初五位左派文人的遭槍殺。

一九三一年一月初，二十九歲的沈從文風塵僕僕從武漢趕到上海，一是為探望老友丁玲、胡也頻，二是想在上海再續文學之夢。此時的沈從文經幾年打拼已小有文名，但他要真正引起文壇矚目要在幾年後湘西系列的紀事發表之後。此時的丁玲也尚未後來那樣走紅。讓沈從文沒有想到的是，這次到上海，他要捲入到綿延半個多世紀的一段恩怨中去。

一月十七日，沈從文的老友胡也頻失蹤，之後證實他是在一次黨的秘密會議上遭當局逮捕。沈從文往來京滬向黨國要人求情，又在大冷天陪著丁玲去獄中看望胡也頻。這份情誼足令時人動容。到了二月九日，消息閉塞的沈還在找邵洵美請託後門，殊不料消息傳來，早一日，胡也頻已經和其他四位被捕的文人馮鏗、殷夫、柔石、李偉森一道，在龍華監獄被殺害了，所有的奔走努力全成了泡影。直到此時，沈從文還不知道他的朋友的死，是如傳媒所說的用麻袋沉到了黃浦江呢，還是活埋在了地下。

胡也頻出事後的一段時間，丁玲住到了沈從文在上海的一個叔父家裡。儘管沈從文不是丁玲、胡也頻的同路人，但誼屬同鄉，情繫故交，出於俠義心腸他還是陪同丁玲，帶著幾個月大的嬰兒，返鄉探母托孤。據知情人透露，為了掩人耳目，沈從文和丁玲是假扮夫妻離開上海的。而兩年後丁玲的被捕，沈的全力營救而不果，更像是這一節幫事的重演乃至重複。這一腔的恩義，將來更有《記丁玲》、《記胡也頻》、《這個女性》等中國現代文學史上最感人的紀實文字為證。

重新回到上海的丁玲，成了一個堅定的左傾分子，參加政治活動愈益頻繁，儼儼乎一左派女傑了。而沈從文繼續著他「優美」、「自然」、「人性」的文學立場。這年夏天，沈、丁兩人因文學與政治上意見的不同正式分道揚鑣。多年以後，有好奇的讀者要一探他們上海恩怨的始末，兩人皆諱莫如深。

也是在這年夏天，沈從文離開上海重回北京。以後的數年間，他的活動範圍將主要在北京和青島兩地之間，對於上海的說不清道不明的複雜情緒，使他一想起這個城市總是心裡隱痛。

一九三一年沈從文上海之行的還有一個收穫，是這年他對上海作家的一個指責——他稱他們只是文學的「白相人」——將在三年後釀成新文學史上一場重要的語言紛爭，即「京派」與「海派」之爭。然後才有他對上海文人一個經典性的判斷：「名士才情與商業競賣相結合」。時至今日，聰明的上海文人似乎還在半個多世紀前的那個語境中，在名士才情與商業競賣中打著轉。

時間在此後獲得了前所未有的加速度。

兩年後，他和張兆和在北京中央公園宣佈結婚。

再四年，沈從文拋妻別子，化裝逃出日軍佔領下的北京城，輾轉飄零最後到達昆明。稍後，他的妻子張兆和帶著兩個年幼的兒子也離開了北京……

流水十年，從一九二二年至一九三一年，是五四新文化運動一代成熟、疏離、乃至走向分化的十年。這十年，革命由南往北，催生文化由北往南，南北風雲際會，最終成就了一部上海傳奇。

這十年，如同前面已經告訴我們的，在本文主人公沈從文的生命長河中還只是一個狹窄的河道，外來的任何打擊或者挫折都有可能使這條河流改道，甚至枯竭。所幸是這個來自南方山地的青年以他頑強的意志力挺了過來，他在其間被擠壓、打磨，經受著諸般人世間的苦，並最終完成了一個現代作家的基本的訓練和積累。儘管此時的他還沒有寫出一生中最重要的作品，卻也是呼之欲出，將有一樹好花開。接下來的一個十年，隨著《邊城》、《長河》《湘西》、《湘行散記》的問世，我們會看到，這條長河終於向著更廣闊裡奔流了，並在暢快的奔流中呈現出恢宏萬千的氣象。

相關連結

沈從文（一九〇二～一九八八）

現代作家，歷史文物研究學者。原名沈岳煥，筆名小兵、懋琳、休芸芸等。湖南鳳凰（今屬湘西土家族苗族自治州）人。苗族。一九一八年小學畢業後隨本鄉土著部隊到沅水流域各地，隨軍在川、湘、鄂、黔四省邊區生活，開始接觸中外文學作品。一九二三年到北京自學並學習寫作。曾去北京大學旁聽。一九二四年後開始發表作品，並與胡也頻合編《京報副刊》和《民眾文藝》週刊。一九二八年到上海與胡也頻、丁玲編輯《紅黑》、《人間》雜誌。翌年任教於中國公學。一九三〇年起在武漢大學、青島大學任教。一九三四年起編輯北平和天津的《大公報》副刊《文藝》。抗日戰爭爆發後，到昆明任西南聯合大學教授。抗戰勝利後，任北京大學教授，編輯《大公報》、《益世報》等文學副刊。

從一九二六年出版第一本創作集《鴨子》開始，沈從文出版了七十餘種作品集，至四〇年代刊行的作品主要有：短篇小說集《蜜柑》、《雨後及其他》、《神巫之愛》、《旅店及其他》、《石子船》、《虎雛》、《阿黑小史》、《月下小景》、《如蕤集》、《八駿圖》，中篇小說《一個母親》、《邊城》，長篇小說《舊夢》、《長河》，散文集《記胡也頻》、《記丁玲》、《從文自傳》、《湘行散記》、《湘西》等。

中華人民共和國成立後，被安排到中國歷史博物館，從事文物、工藝美術圖案及物質文化史的研究工作。一九五七年放棄了文學生涯。一九七八年調中國社會科學院歷史研究所任研究員，致力於中國古代服飾及其他史學領域的研究，出版有《唐宋銅鏡》、《龍鳳藝術》、《中國古代服飾研究》等學術著作。

鋒面之舟

蔣夢麟和他生活的時代

一、父親的船

三天前的一個清早，少年和他的父親從杭州灣畔的蔣村動身時，星光還沒有完全隱落，秋晨的露水把布鞋和褲管都打濕了。到餘姚縣府衙門前的小碼頭下船，江面的霧汽正在散去，那些像走鋼絲一樣站在船舷的農婦已經快要把一船船的白菜搬空了。初升的太陽把江面染得如一匹紅練，農婦的臉，不知是出了汗還是江水映的，也都酡紅著。船是帶雨蓬的木帆船，蓬上的青箬是今年新摘的，還有著春天雨水的氣息。在浙東鄉村，縱橫的河汊裡到處都可以看到這種作短途運輸的木船。潮水時漲時退，退潮時，船逐流而下，走得很快，兩岸的樹、村莊，還有河裡的雲的影子，在少年的眼裡一閃就過去了。但當逆水行駛時，前進就會變得非常困難，雖說雇了兩個背纖的，半天也趕不了十幾里地。連著三天，看厭了河水和堤岸兩邊單調的樹木莊稼，船上又沒什麼好解悶的，少年覺得時間實在是太無邊無際了，簡直像這渾黃的河水一樣沒個盡頭。

這天下午三四點鐘光景，船把他們送進了寧波城。這一程從鄉下到寧波的水路，算來竟走了三天兩夜。到上海的船要晚上八點才開，餘下的四五個鐘頭裡，父親帶了他去逛了城隍廟，到江廈街買了晚上坐船吃的點心和準備送給上海親友的鹹乾貨，還帶著他去了離碼頭不遠的江北外灘，看了外國人造的教堂。教堂肅穆的外表給年幼的他留下了深刻的印像。姚江逶迤西來，至此已到入海處，江風浩蕩，混濁的江水拍打著堤岸，不遠處的三江口，海水與淡水的交匯處折疊出一條長長的水線，海鷗像一隻隻明亮的梭子在水面上剪翅低飛。

許多年後，少年還記得父親帶他去坐輪船的那個晚上。

傍晚，吹著鹹殼殼的海風，他和父親來到了江北外灘邊的輪船碼頭。從這裡他們將乘坐招商局的輪船，一夜水路旅行後於第二日早晨抵達上海十六鋪碼頭。過道和甲板上乘客擠得像沙丁魚，一伸腳就可能踩到別人。小販成群結隊上船叫賣，家常雜物，應有盡有，多半還是舶來品。水果販提了香蕉、蘋果和梨子上船售賣。父親在二等艙找好位置，放好行李，就帶著他滿船跑開了。

少年的父親像個好奇的孩子，在船上這裡摸摸，那裡碰碰，一邊不住地往紙上畫著什麼。這個紳士老爺還拉著少年走進了駕駛艙，一個穿著制服的船長模樣的人客氣地把他們請了出來，告訴說船馬上就要開了，請他們在自己的位子上坐好。他們來到鍋爐房，司爐正在鏟煤，爐膛裡騰射而出的火光映著少年和父親的臉，他們的眼裡有了一種夢幻般的色彩。父親有一搭沒一搭地跟司爐套話，司爐告訴他這船是德國造的，在這條水路上已經跑了快三年了。少年和父親來到甲板上，船正在啟動，昏暝中，兩岸的景物和建築一點點地退遠了，父親說，我回去也要造一艘輪船。少年以為父親是在跟他說笑話。

很久以後，少年都快要忘了這次海上的夜航了，父親請了一幫木匠來到蔣村家裡，讓他們按照他畫出的圖紙打造一隻大船。木匠奉命製造水輪，造船匠則按照計畫造船。滿地的刨花和木屑，院子裡飄蕩著好聞的樹脂香氣。船打得很順利，一個月後，木工們往船身上了最後一道桐油，船就下水了。讓少年吃驚的是，這艘木船簡直是他和父親一起乘坐過的招商局那艘輪船的縮微版，一樣有著駕駛艙和高高的桅杆，只是它不是鐵甲的，也沒有鍋爐房。父親得意地說，我這船就是按德國輪船的樣子造的。船下水的那天，全蔣村的人和附近的鄉人來到流經這個村莊的唯一一條大河邊上，都來看新奇。大家看了這艘新奇的輪船都讚不絕口。輪船停靠在河埠，父親雇了兩位彪形大漢分執木柄的兩端來推動水輪。「輪船」慢慢開始在水中移動時，岸上圍觀的人們不禁歡呼起來。船速逐漸加快，但是到了速度差不多和槳劃的船相等時，水手們再怎樣出力，船速再也快不起來了。乘客們指手劃腳，巴不得船駛得快一些，有幾位甚至親自動手幫著轉水輪，但是這隻船似乎很頑固，再也不肯加快一點速度。娘個×！父親低低地罵了一句，上去踢了一腳木輪，它卻再怎麼弄也不聽使喚了。村人索然無味起來，都走開了忙他們自己的去了，剩下的除了孩子和老人，就是存心看笑話的村裡二流子一類的人物。

父親把水輪改了好幾次，希望能夠加快船速，但是一切努力都白費，更糟的是船行一段距離後，水草纏到了水輪上，而且越纏越多，最後連輪都轉不動了。父親歎口氣說：「唉，究竟還是造輪船的洋人有辦法。」

造輪船的計畫失敗後，父親好久沒在蔣村露臉。熱心的親眷上門來探視，說鄰村的張財主想把父親的這隻船買去做挖泥船，問父親願意出到多少大洋。父親對他曾經傾注過那麼多熱情的這艘船已沒有多少興趣，不說好也不說不好，他已經狂熱地迷上了組裝鐘錶，他的房間裡一長溜的案板上全是拆下的鐘錶的零件，一連三天，除了上茅廁，他都沒出過門一腳，連吃飯都是少年和他的兩個哥哥送的。到了第四天，家人聽到從父親的房間裡傳出了自鳴鐘悠揚的音樂，接著聽到大叫一聲，搞成了！頭髮增長了寸許的父親像一個瘋子一樣從裡面跑出來。過於強烈的陽光和連日來的勞累的虛脫使他搖晃了一下，倚住院裡的一棵苦楝樹才沒有摔倒。他疲乏地對著他的妻子和孩子們笑笑，說，我這個鐘錶匠做得還不賴吧？

那條輪船後來改為槳劃的船，但是船身太重，劃也劃不動，在鄉下也沒什麼大用。父親還想再試一次，有人告訴他瓦特和蒸汽機的故事，他才放棄了這一雄心。他發現除了輪船的外形之外，還有更深奧的原理在。從這時候起，他就一心一意要讓他的兒子接受現代教育，希望將來有一天他們能學會洋人製造神奇東西的秘訣。

少年蔣夢麟後來走出了村莊，去紹興、杭州、上海等地讀書。他是從什麼時候開始覺得人生如行夜行船的呢？這要追溯到他在南洋公學讀書的一年暑假，一個堂兄鼓動他去了一趟日本。他在上野公園展覽會上看到中日戰爭中俘獲的中國軍旗、軍服和武器時，他的感受是「簡直慚愧得無地自容」，夜間，整個公園被幾萬盞電燈照得如同白晝，看到陶醉於日俄戰爭勝利的日本人提著燈籠，高呼萬歲，遊行隊伍綿延數里，又不禁泫然涕下。東京、長崎、神戶一路走下來，他覺得這個國家簡直像個花園，人民衣服整飭，城市清潔。他覺得已經發現了這個島國從明治維新後成為世界強國的秘密，那就是國民教育。蔣夢麟後來師從杜威去學教育學，可以說這是最早的觸動。

也正是在逗留日本的時候，蔣夢麟聽到驚人的一個消息，安徽省城安慶發生了曇花一現的革命，七月六日（農曆五月二十六），前中西學堂數學教員徐錫麟在安慶起事失敗，被挖出心肝吃了。好多年後他回憶說，如果他當時在國內，說不定就走上了另一條道路。

徐錫麟中過舉人，在紹興中西學堂（蔣在那裡知道了「地球是圓的」）教了幾年書後，又到日本留學，回國後向朋友借了五萬塊錢，捐了個道台的缺，後來派到安慶任安徽省警務督辦。他親手槍殺了安徽巡撫恩銘，同兩名親信帶了警校學生及警員部隊佔領了軍械庫，在庫門口架起大炮據守。但他們不會使用大炮，被官兵衝入，徐錫麟當場被捕，他的兩個親信，一個叫陳伯平的當場陣亡，一個叫馬子夷的事後被捕。

蔣夢麟和馬子夷是浙江高等學堂的同學，馬、陳兩個革命黨人從日本赴安慶時曾在上海短暫逗留。他們同蔣夢麟大談革命，鼓動他一道去安慶。少年血都是熱的，他倒真有點動心了。做錢莊經理的堂兄卻鼓動他去一趟日本。看看再說吧，堂兄的口氣一股市儈的精明，革命革命，可別自己的命讓人家革去了也不知道。動身前，他和馬、陳兩個革命黨人在一家酒樓聚會。酒性催動。馬子夷背誦了一首秋瑾女士的短刀歌，大有風蕭蕭兮易水寒壯士一去不復返的悲色，引得他們也慷慨高歌。歌罷，馬子夷伏在桌子上半天也沒有起來，還把一品香酒樓的包廂吐得滿地穢物，他和陳姓革命黨人費了好大勁才把他肥胖的身子弄回旅館。第二日，蔣夢麟去日本，他們搭長江輪船去安慶。到日本約一星期後，他就從報上獲知了安慶失事的消息。誰說人生不是行船呢，一不留神不定就上了哪一條河汊。

那艘船一直停在村口的河灣裡，水一退就擱了淺，船板朽爛腐敗，船底長了厚厚一層青苔。它好像被遺忘了，木輪讓人拆掉了，桅杆也不知去向，或許是化作了哪一戶人家煙囪口冒出的一縷炊煙吧。到蔣夢麟離開蔣村去美國念書，那船還在，那野渡橫舟的景像幾乎成了蔣村的一個標誌。這時離我們這個故事的開始已有十年過去了，時間已進到了一九〇八年，少年的母親早就離開他們去了另一世界。離開祖屋前一晚，少年流露出了留戀不捨的神情，父親說，去吧，跟洋人多學點東西回來，他們精怪著呢，船都造得這麼好！

二、變化年代中的家族史

他出生的前一個晚上，父親蔣懷清夢見一隻熊來到了家裡，第二天一早，家人興沖沖地跑來告訴他夫人生了個兒子時，他一點也沒有表現出過分的驚喜，因為據說那個夢就是生男孩的徵兆。夢熊——這就是他給男孩最初取的名字。這個與佛家所說的遠離顛倒夢想背道而馳的地主，給他以前的兩個兒子還分別取過夢蘭、夢桃這樣的名字，因為在他們出世前，他分別夢見過這些祥瑞的植物。

我們的主人公出生並成長於一個變化的年代。就在夢熊出生的那一年，英國從中國拿走了對緬甸的宗主權，再往前推一年，中法戰爭結束，中國對越南的宗主權讓渡給法國。世界無時不刻不在變化中，漸進的、徐緩的、積年累世的，就像中國的內陸河注入太平洋一樣，但沒有像上個世紀之初西潮東來時的風雲激蕩，那麼深刻地影響中國並改變著普通中國人的命運。西洋潮流先衝擊一八四二年以來開埠的五個通商口岸附近的地區，然後循著河道和公路向外伸展。五個商埠附近的、以及交通線附近的村鎮首先被波及到。現代文明像是移植過來的樹木，很快就在肥沃的中國土壤上發榮滋長，在短短五十年之內就深入中國內地了，而打頭陣先鋒的，就是在國人眼裡尚顯稀罕的外來物品。

男孩的出生地蔣村，是散佈在錢塘江沿岸沖積平原上的許多村莊之一。離杭州灣約有二十里之遙。那是個很小的江南小村，六十來戶人家，人口約三百人，三面環河，南面一條石板路通向附近的村莊和市鎮。小河通著大河，再由大河可以到達寧波、杭州和上海。幾百年前，杭州灣兩岸積留下肥沃的泥土，居民在這片新生地上圍堤截留海水曬鹽。再過幾個世代的蓄草放牧，這片土地可以植棉種桑、居住生息了。蔣氏族譜上說，蔣氏的祖先是在五百多年前的元末，先是從錢塘江源的徽州遷到奉化暫住，又從奉化遷到餘姚開墾江邊的新生地。五百多年來，蔣氏一族在杭州灣畔看到了元朝的沒落、明朝與滿清的興衰，以及幾乎推翻滿清的太平天國。他們已經在這裡安定地生活了五百年，他們很少碰到水災或者旱災，在這漫長的幾百年中也不過遇上一兩次變亂和戰爭。他們和平而滿足地生活在他們自己的世界裡，貧富之間也沒有太大的差別，富的沒有冒油窮的也沒有果腹之虞。世代如落葉，蔣村卻依然故我，這個村莊的人們還是照常地過活、做工，最後入土長眠。但這種超穩定的社會生活環境將很快成為陳跡——半個世紀後，本文主人公在《西潮》中這樣描述這種變化：

> 這種轉變首先是由外國商品的輸入啟其端，繼由西方思想和兵艦的入侵加速其進程，終將由現代的科學、文明和工業化完畢其全程。（蔣夢麟，《西潮》，遼寧教育出版社，一九九七年，）

太平天國時（蔣村人都叫鬧長毛的年頭），夢熊的祖父在上海舊城設了一個小錢攤，後來錢攤成為了錢莊，做些信用貸款的生意。墨西哥鷹洋傳入中國成為銀兩的輔幣後，因廣受國人歡迎也就出現了很多假幣。夢熊的祖父在鑑定幣的真假上很有一手，讓錢莊同行大為敬佩。可惜他盛年時出了一次意外，傷了一條腿，後來在動切除手術時因血液中毒去世。那一年，夢熊的父親蔣懷清才十二歲。祖父給他留下了七千兩銀子，這在當時已經是一筆非常大的遺產。蔣懷清年未弱冠，由他未來的岳父照顧，由於投資得法調度謹慎，這筆財產逐年增加，三十年後已經合到七萬兩銀子了。

蔣懷清，一個相信行善積德可以感召神明的蔣村地主，同時還是上海幾家錢莊的股東。雖然家產可觀，卻生活檢樸，為人忠厚而慷慨。在鄉下和錢莊業內都有很好的口碑。一度他迷戀上了風水和算命術，後來又成了一個無師自通的發明家。他喜歡自己設計，或者畫出圖樣，然後指示木匠、鐵匠、銅匠、農夫或篾匠照樣打造。他設計過帶院子和假山的中國老房子，實驗過養蠶、植桑，造過西洋樓房（照著西洋一種過了時的式樣），他不安份的腦子裡有著種種稀奇八怪的想法，按著這些想法他還製造過許多別的東西。因要照拂錢莊業務，他常常要跑上海。那時去上海一般都走水路，先坐槳劃的木船到寧波，然後從寧波坐輪船到上海。在這條不路上走了幾個來回後，他說：「坐木船從蔣村到寧波要花三天兩夜，但是坐輪船從寧波到上海，路雖然遠十倍，一夜之間就到了。」言下之意是鄉下的木船實在走得太慢了，因此就有了上面說的失敗了的造輪船的事。蔣夢麟成年後，把這件事看作中國如何開始向西化的途程探索前進的一個實例。

有必要再提一下蔣夢麟的母親，在他的成長背景中，她的美麗和才情已經和溫情的中國傳統融成了一體。儘管她過早地去世了，但她對他心性的成長還是起到了一個母親應有的作用。「一位有教養而且姿容美麗的女人」，蔣成年後這樣描述他的母親，當然這描述中帶了多少情感誇大的成分已不得而知。但有一點不容置疑，她是一個才女，愛讀書，還會彈奏七弦古琴。蔣夢麟清楚地記得，母親彈琴的書齋屋後長著一棵幾丈高的大樟樹，離樟樹不遠的地方種著一排竹子，竹叢的外面環繞著一條小河。大樟樹的樹蔭下長著一棵紫荊花和一棵香團樹，但是這棵樹只能在大樟樹撫疏的枝葉之間爭取些微的陽光。母親坐在客廳裡，可以聽到小鳥的囀唱和河裡魚兒戲水的聲音。太陽下山時，平射過來的陽光穿過竹叢把竹影子投映在窗簾上，隨風飄動。書齋的牆上是一些字畫，她的嵌著白玉的古琴由安放在長長的紅木琴幾上，琴幾的四足雕著鳳凰。蔣記錄下的她撫琴而歌時經常唱的一首歌叫「古琴引」：

音音音，負爾心，真負心，辜負我，到如今。記得當年低低唱，千千斟，一曲值千金。如今放我枯牆陰，秋風枯草白雲深，斷橋流水無故人。淒淒切切，冷冷清清，淒淒切切，冷冷清清。（蔣夢麟，《西潮》，遼寧教育出版社，一九九七年，頁二六）

鄉下人說，她這麼美貌的婦人，唱這樣悲切的歌是不吉利的。果然天妒紅顏，她很年輕就去世了。少年只記得死後的母親躺在棺內，穿著色澤華麗的繡花裙襖，外面罩著蓋到腳踝處的紅綢披風，一顆很大的珍珠襯著紅頭兜在額頭上發出閃閃的亮光。

秋天，一場大水過後，鄉間發生了好幾起饑民向大戶借糧的事件。說是借，卻是有借無還的，比明火打劫也好不了哪裡去。蔣家作為當地一個殷實之家，自然也不能倖免。洋火、洋油、洋布、時鐘、美孚燈這些外來物品的傳入也帶來了新的營生，有人做生意做發了，賺得滿盆滿缽，上海、杭州、蘇州都有家產，有人在田畝中討生活，道路越走越逼窄，一日日地困頓下去。鄉間淳厚的風氣好像一夜之間消失殆盡，變得遍地盜賊了。夢熊不得不輟止了在紹興中西學堂讀的兩年書，隨家人到了上海。

一八九八年前後的上海還是座建築凌亂的海濱小城，從黃浦江口直驅而入的海風在城內幾乎沒有阻擋，但市政建設辦得不錯，街道寬敞清潔，有了電燈和煤氣燈。這時城裡已經有了三四千西方人，他們在自己封閉的社區裡生活著，給人的印像是既文質彬彬，又趾高氣揚得讓人冒火。

到了夢熊十五歲那年，義和團之亂蔓及上海，他們又搬回到鄉下去住了。鄉下還是不太平，土匪越弄越凶，搶糧、吃大戶、強盜剪徑，鄰村還發生了把地主綁在竹簍上沉塘的事件。他的父親從上海買來了幾支快槍和舊式的長槍，一得空就帶了家人在河岸上乒乒乓乓地練槍，飛過的鳥兒自然成了最好的耙子。這樣長久地懸著心，終究不是過日子應該有的，不得已，再次遷家，搬到了餘姚城裡。夢熊在縣城裡的一所學校念英文和算術，家裡還請了一位家庭教師教他中文。

一年後，他去杭州，上了一個木匠出身的美國佬辦的教會學校。那美國佬的宗教熱情要遠遠大於他的辦學才幹，只想著用基督福音來教化中國人，而且摳門得緊，於是夢熊和他的同學們造了他的反，集體退學了。這些人中的中堅的幾個自己辦了一個「改進學社」，他們的妄想是把它辦得像牛津劍橋一樣著名。章太炎穿了和服木屐，被他們熱情地拖來講課，章太炎說改進這名字取得好，改進改進，改良進步之謂也。少年人的夢，總是來如急雨去如朝露，不到半年，學社就作了鳥獸散。不久，我們年輕的主人公考入浙江高等學堂（前身求是書院），因「夢熊」的原名已經入了鬧事學生的黑名單，改用「夢麟」註冊。「眼前豁然開朗，對一切都可以看得比較真切了」——知識讓他變得自信，對世界史的興趣使他看清了另一種異質文明的發展脈絡，也開始懂得了人在歷史的漩渦中，世界的變化與個體緊緊繫連著。

蔣夢麟終於明白，世界不在身外。世界就和你一起行進著：童年時看到的馬桶陣大敗日本軍艦的彩色圖畫，竟然是精神勝利式的錯像，那是一八九四年使臺灣割讓於日本的中日戰爭；康梁維新，那是他在紹興中西學堂讀書時發生的；一九〇〇年的義和團運動，他正和家人在上海避鄉下的匪亂。那麼，其時他在杭州念書，崇拜梁啟超，讀《浙江潮》和《新民叢報》，學代數、幾何、生物學和達爾文的進化論的當兒，這個變動的世界又在進行著什麼呢？新與舊、立憲與革命，滿腦子的衝突使他尚未成熟的心靈幾乎無法承受。小小少年就像一支英文歌曲裡唱的隨著年齡長大煩惱增多了，這煩惱卻是不關男女不關風月的，是帶了些家國之痛的沉重的，他變得愛獨處，成天不說一句話，時而覺得通體如好風吹送上九宵般的輕逸，時而又覺墮入了世俗的泥潭努力掙扎仍不免沒頂的窒息。這的確是個瘋狂的世界，難道自己也發瘋了嗎？是在新學問的路上走下去，還是像父親所期望的走上仕途，成為一個舊式的官僚？蔣夢麟就像身處兩股潮流的匯合處，他還真有些無所適從。

十九歲那年，蔣夢麟去紹興參加郡試，考取了餘姚縣學附生，有了秀才的功名，兩個月後又回到杭州接受新式教育。這一來一去中也可見出他內心的矛盾。寒假回鄉，他自然享受了衣錦榮歸的光耀，七大姑八大爺的幾百人連吃了兩天喜酒，可是又有誰知道這個十九歲的少年心中的迷茫。二哥夢桃已早他幾年考取秀才——大哥夢蘭已在去上海避難的前一年病死——其時正在北京大學（京師大學堂）讀書。當時的學生聽說「京師大學」四字沒有一個不肅然起敬的，誰也想不到這個十九歲的少年在十五年之後竟會出任北大校長一職。這時的蔣夢麟已經看到，不論立憲維新還是革命，西化的潮流已經無法抗拒。他渴望能夠上一個更理想、更西化的學校。第二年暑假到來前，他找了個藉口離開學校，坐小火輪沿運河到了上海，參加了上海南洋公學的入學考試。那是一九〇四年，為爭奪滿洲控制權的日俄戰爭正在激烈進行中，時代正像里爾克說的如同一面旗幟被風暴所包圍。到他二十三歲那年，向父親要了幾千塊錢，坐船去了美國。

上船前，蔣夢麟去一家理髮店剪了辮子——他後來說，當理髮匠抓住他的辮子舉起剪刀時，他簡直有上斷頭臺的感覺，辮子一落，腦袋好像也隨著剪子的咔嚓聲落地了——船一開，他就把這包辮子丟進了大海。

這一去就是九年。

三、新文化的怒潮

我現在寫著他的故事，一個村莊，一條船，他經過的幾個城市和一些國家，就好像我生活在其中，就好像我寫下它是在重溫往日的片斷。為什麼會有這樣奇怪的感受呢？時節已行進到了盛夏，世界不僅沒有一刻的安寧而且還發了熱。歐洲杯剛剛落幕，雅典奧運正要開張。億萬富翁洛克菲勒去世。涉嫌虐囚女兵接受庭審。桑塔格的相片在一些人文網站流轉。菲律賓為保人質安全正考慮從伊拉克撤軍。十六歲的湖北少女含笑跳樓，原因不明。狂風冰雹肆虐上海上演了一出現實版的《後天》……在我生活的城市，電荒、限價房、車價、商幫大會正成為這一時期的中心詞。世界是如此散漫地鋪展著，它的步履又是如此的匆忙。在攝氏三五度的空氣裡，一遍遍地翻著臺灣名田版的《西潮》，疏朗的直排字像有風的峽谷讓人頓生涼意。這真是一雙看世界的清涼之眼。我對自己說：誰在今天還能有足夠的靜，足夠的耐心和清醒？看著他梳理的一百年間中國發生的事，揣摩他在「炸彈像冰雹一樣從天空掉下」的昆明寫下這本書時的心情，比較我們生活的時代和生活，不管你同意不同意，我還是要說，我們的生活也不過如此。是的，不過如此。

一代人出生，一代人老去，世界一直沒有停止過它的步履。我們始終在異質文明的撞擊中。並在撞擊中尋找融合的道路。

一九一七年夏天，蔣夢麟完成在哥倫比亞大學研究院的學業，準備啟程回國。離開紐約後，先到俄亥俄州一個城市的一位朋友家裡住了半個月。這座小城的年輕人正忙著登記應召入伍，蔣夢麟每天都看到新兵們浩浩蕩蕩經過大街，開往戰爭的屠宰場。然後他搭乘火車到三藩市，再坐郵輪開始漫長的海上旅行。之前，蔣夢麟已在黃炎培的仲介下致信商務印書館的老總張元濟，流露出想在這一當時中國最具名氣的出版機構做事的念頭。張元濟在這一年八月十四日的日記中鄭重寫道：「蔣夢麟來信，云乘支那船七月三十一日啟程回國，本月二十六日可到。」蔣夢麟回到上海後的第三日，即到商務向張元濟報到，八月二十八日，張元濟日記載：「蔣夢麟來，任之（黃炎培）來言，職業教育社要蔣兼辦社事。需分時間三分之一。」

走時還是龍旗飄揚的大清國，回來已是民國的天下了。哲學博士蔣夢麟走在上海的大街上，他發現離開九年，上海已經變了太多，簡直可以追上紐約的風氣了。街道比以前寬闊，也比以前平坦了。租界範圍之外也已經鋪築了許多新路。百貨公司、高等旅館、屋頂花園、遊樂場、跳舞場都比以前多了好幾倍。到處可以看到穿著高跟鞋的青年婦女。她們穿上了高跟皮鞋，在人行道上敲打出急驟的篤篤聲，也許是穿著新式鞋子的結果，他覺得，她們的身體發育也比以前健美了。女孩子已剪短頭髮，而且穿起高齊膝蓋的短裙（一種僅到膝頭的旗袍，當時流行的式樣）。男子都已經剪掉辮子，卻沒有捨棄長衫，穿著長衫而沒有辮子，看起來似乎很滑稽。

在上海停留幾日，他坐上夜班船去了寧波。

天亮前，船經過寧波港口的鎮海炮臺。他學過的歷史告訴他，出生前一年的中法戰爭中鎮海炮臺曾經發炮轟死一位法軍的海軍上將。一晃二十多年過去了，不由一番唏噓感歎。到天色大亮，上了碼頭，腳夫們一擁上船拼命搶奪行李，喧嚷聲震耳欲聾。上海的崛起把寧波的風頭全蓋了下去，就好像一個美豔的婦人身邊立著一個蓬頭垢面的小姑娘，他發現寧波還是九年前一樣的破敗，街道還是那樣的潮濕而擁護。空氣中充塞著鹹魚的氣味。不過對這種氣味他倒頗能安之若素，還覺著了幾分親切。

跟著行李夫到了車站，一列火車正準備升火開往餘姚。沿鐵道看到綿亙數里的稻田，稻波蕩漾，稻花在秋晨的陽光下發光，整齊的稻田在車窗前移動，像是一幅廣袤無邊的巨畫。清晨的空氣中洋溢著稻香，他在內心喊了起來，呵，這就是我的家鄉！

到家已是晌午時分，父親站在大廳前的石階

上，兩鬢斑白、微露老態，但是身體顯然很好，精神也很旺健。蔣注意到，父親後腦勺的辮子已經不見了。遠行歸來的兒子恭恭敬敬地行了三鞠躬禮。當天下午，鄰居劉太公過來，講了許多有趣的故事。他說，老百姓們聽到革命成功的消息時歡喜得什麼似的。城裡的人一夜之間就把辮子剪光了，他那留了七十多年的辮子也剪掉了。年輕人穿上西裝，看起來就像一群猴子。他又對女學生們的短裙與短髮憤憤地發表了意見。劉太公說，起先他還真有點有點想不通，沒有皇帝坐龍廷，這個世界還成什麼樣子？但是過了一段時期以後，他才相信民國總統照樣可以保持天下太平。

晚飯後，太公告辭回家，不留神在庭前石階上滑了一下，幸虧旁邊有人趕緊抓住他的肩膀，才沒有跌傷。他搖搖頭開玩笑說：「三千年前姜太公八十遇文王，我劉太公八十要見閻王了。」說罷哈哈大笑。幾天後，劉太公家傳出了子女們的哭聲，他真的見閻王去了。

蔣很掃興，一回家就遇上一個老人謝世。轉而一想也就釋然了，世界本就是在生死間變化著。在餘姚城裡住了一個星期，登上了五百年前陽明先生講學的龍泉山中天閣，又走過纏滿青藤的通濟橋，去看了南城的學宮。讓他十分高興的是，好多年前他和姊姊創辦的一所學校現在已經改為縣立女子學校。大概有一百名左右的女孩子正在讀書。她們用風琴彈奏《史華尼河》和《迪伯拉萊》等西洋歌曲，在操場上追逐嬉笑，把秋千盪得老高。

去上海前，他提出想回蔣村看看。父親問他還回來嗎，他說，去了蔣村就到牟山湖邊的小站上火車，不回餘姚了。父親的眼裡跳動著一絲傷感的火苗，馬上熄滅了，言不由衷地說，這樣好，這樣好。

村莊的情形倒不似想像中的那樣糟。早年的盜匪之災已經斂跡，還蓋起了不少氣派的新瓦房，那是到上海做生意的回來建的。鄉下人的脾性，在城裡從商掙到了錢，回鄉下買田置地了心裡頭才磁實。出乎他意料的是，村裡好多人家已經用上了洋火、洋油、時鐘等舶來品。這讓他深為感觸：

> 很少有人能夠在整體上發現細微末節的重要性。當我們毫無在意地玩著火柴或享受煤油燈的時候，誰也想不到是在玩火，這點星星之火終於使全中國烈焰燭天。火柴和煤油是火山爆發前的跡像，這個「火山」爆發以後，先是破壞了蔣村以及其他村莊的和平和安寧，最後終於震撼了全中國。（蔣夢麟，《西潮》，遼寧教育出版社，一九九七年，頁三〇）

大伯母已經臥病好幾個月。看到他來很高興，握著他的手告訴他過去十幾年中誰生了兒子，誰結了婚，誰已故世。她說世界變了，簡直變得面目全非，女人已經不再紡紗織布，因為洋布又好又便宜。有些女孩則編織髮網和網線餐巾銷售到美國去。她們年老的已沒有多少事可以做。年輕的一代都上學堂了，出息得不錯。很多男孩子跑到上海當學徒，他們就了新行業，賺錢比以前多。她又說，這些進過學堂的年輕人還真了不得，說拜菩薩是迷信，廟裡的菩薩塑像不過是泥塑木雕，說什麼男女平等了，女孩子說她們有權自行選擇丈夫、離婚或者丈夫死了以後有權再嫁，又說舊日纏足是殘酷而不人道的辦法，外國藥丸比中國藥草好得多，等等等等。

她不滿地絮叨著，一隻肥肥的黑貓跳上床，在她枕旁咪咪直叫。她有氣無力地問：「美國也有貓嗎？」一會兒她睡熟了。黑貓仍在她枕旁呼嚕作響，並且伸出軟綿綿的爪子去碰碰老太太的臉頰。

一個月後，蔣夢麟接到鄉下來信，老太太終於離開這個瘋狂的、變得讓她看不懂的世界。

老一輩的親戚裡，他還去看了三叔母。這個壯實的農婦捉住一隻又肥又大的閹雞，殺了親自下廚。雞肉很鮮美，飯桌上還有魚有蝦。三叔母告訴他，他的一位童年時代的朋友在上海做黃金投機生意，蝕了很多錢，破產後回到村裡賦閒。一年前他吞鴉片自殺，留下一貧如洗的寡婦和幾個子女，其中一個男孩在皂莢樹下小河中捉蝦時淹死了。三叔母抹了一把眼淚說，可憐哪，那麼精幹的一個人，說沒就沒了，這世道真是看不明白了。

三叔公告訴他，村裡已經在用肥田粉種白菜了。他到美國的第一年，在加州大學的農學院學過農科，知道這種肥料最早是從日本引入的。三叔公說，開始的時候，白菜長得非常大，村人以為這種大得出奇的白菜一定有毒，紛紛把白菜拔起來丟掉。後來有人廉價從別人那裡買來醃起來，醃好的鹹菜香脆可口。他聽了哈哈大笑起來，這是他來到鄉間唯一一次開心的笑。

臨行前，他去祭掃了母親的墳墓。在墳前點起一對蠟燭和一束香，耳邊又似乎響起母親坐在香樟樹下彈琴唱歌的聲音。母親去世時那年他才七歲，也許想像中的母親比真實的來得更溫柔吧。帶著暑意的風吹散了香煙，童年的記憶復活了，一切恍在眼前。一瞬間他有個錯覺，似乎自己仍然是個小孩子，從沒有離開過蔣村。

看過了母親，這次還鄉也就劃上了句號。第二天一早，蔣動身去了杭州，準備轉車杭州再去上海。土黃色外牆的火車站就建在牟山湖邊上，從村子裡到火車站，大約有三里路，中間要穿過一片已經黃熟的稻田。步行至車站後，他搭乘從寧波方向開來的一列慢班火車到曹娥江邊。鐵路橋梁還沒有完成（從德國訂的材料因第一次世界大戰影響遲遲未能到達），所以這一段路要擺渡過江。傍晚到達錢塘江邊，再坐小火輪渡過錢塘江，如此三轉四徊，進杭州城已是薄暮時分，住進一家俯瞰西湖的旅館，太陽正落到雷峰塔背後，暮靄慢慢籠罩了湖濱山麓的叢林別墅。他很快就發現，杭州也不再是昔日的杭州。草草吃過晚飯沿湖邊走去，湖濱路原是旗下營的所在，辛亥革命鏟平了旗下營，代之以鱗次櫛比的飯館、戲院、酒店、茶樓。一群穿著短裙、剪短了頭髮的摩登少女正踏著細碎的步子在湖濱公園散步。十多年前他讀過書的浙江高等學堂已經停辦，改為省長公署的辦公廳，從前宮殿式的撫台衙門已在革命中被焚，在市中心留下一片長滿野草開花的長方形空地。

加盟商務的蔣夢麟，有感於國內學術界的衰敗垂暮之氣，說動商務的主事者，決心推出一套譯介西方文化的學術叢書，在他看來，商務印書館有著濃厚的資本，又有著分佈全國五十餘處的印刷、發行、行銷網路，倡興文化上應是大有可為。在得到張元濟的支持後，他即刻向胡適發信，約他共襄此舉：

> 弟自杭返後，聆各省教育代表之偉論，咸謂吾國所出新書，無一可讀。……故不喜讀書者，則竟不讀一書；喜讀書者，則多讀古書。竊謂吾輩留學生，可得新知識於西書，舊知識於古籍。若不通西方者，則除讀古籍外，此又何道貌以得新知識？若是以往，中國文化前途不堪高想。弟實憂之。於是商之於商務印書館主事諸公，請編輯高等學問之書籍。

（蔣夢麟一九一七年十月二十八日致胡適的信，轉引自馬勇，《蔣夢麟傳》，河南文藝出版社，一九九九年，頁三九—四〇）

他感慨「吾國學術之衰落，至今日已極」，「非吾輩出而提倡，有誰挽此狂瀾乎」？約請胡適和他一起「以進步之精神，協力輸入歐西基本之文化」：「請兄於課餘之暇，著書立說，弟當效校閱之勞。一切酬謝方法，可後議。」在得到胡適肯定的答覆後，他按捺不住喜悅，在另一封給他的老師蔡元培的信中詳談了他的編書計畫，「高等學術參考叢書分哲學、教育、群學、文學四門」，並再次籲請：「大學濟濟多士，如不棄寡陋，將所著為叢書之一部分，以增此價值，則不勝榮幸。」（蔣夢麟致蔡元培的信，轉引自馬勇，《蔣夢麟傳》，河南文藝出版社，一九九九年，頁四四）

一年後，蔣夢麟離開商務印書館，任職江蘇教育會並主編北京大學贊助的《新教育》月刊，以刊物為承載繼續著與西潮的對接與融合。這本「以輸入世界最近教育思潮、學術新知，傳佈國際大事為宗旨」的雜誌，創辦六個月後就發行到了一萬份。據他自述，他創設雜誌的用意在於：養成健全之個人，使國人能思，能言，能行，能擔重大之責任，創造進化的社會，使國人能發達自由之精神，享受平等之機會。

即便後來在他剛接手主持北大事務最為繁忙的時候，還是「意在學術」，念念不忘於時代變遷中學術的更新，並把「思想學術之增進」視作救國之要道：

凡一個大潮來，終逃不了兩大原因：一個是學術的影響，一個是時代的要求。換言之，一個是思想的變遷，一個是環境的變遷。這二十年來中國環境變遷速度確實太快，沒有新學術以供給適應其需要，結果社會的病就一天一天的重起來。所以我們要將新學術去救它，這也是這次五四學潮以後的中心問題。（蔣夢麟，《新文化的怒潮》，原刊一九一九年九月《新教育》月刊）

在這篇題為《新文化的怒潮》的談話中，他希望集合千百萬青年的力量、匯百川之水到一條江裡，一致來作文化的運動，在蔣夢麟預設的前景裡，這股「新文化的怒潮」，會把一個陳腐的社會洗成一個充滿光明的世界。

四、大學風暴

當約翰・杜威帶著他年輕的妻子在一九一九年的春天來到上海時，他沒有想到中國的心臟京師重地即將掀起一場風暴，並在短期內迅速席捲國內各大中城市的士子、商人和更廣大的市民。

事件的起因是這年初在巴黎召開的「和平會議」，利益的驅動使得一次制訂戰後世界新秩序的會議變成了大吃小的分贓。積貧積弱之國外交上的這次失敗在電影《我的一九一九》中已經被陳道明演繹得盪氣迴腸，像煞一曲道義與正氣的讚歌，這是電影的魔術也是藝術的虛飾。列強。和約。戰勝國。青島。二十一條。歷史的喧囂沉澱到後來總逃不脫幾個詞語的集合，然而也正是這些詞背後的人與事肇始了中國現代史的先聲，其標聲性事件就是五月四日這天北京學生的一次結集遊行和一把憤怒的大火。不過這一切在教授夫婦踏上中國的土地時還未露絲毫端倪。世界的不太平已不是一日兩日的事了，一心向學的大師早在哥大的書齋裡修煉得心如止水寵辱不驚，當他被臉上盛開著溫暖謙卑的笑容的得意門生蔣夢麟和胡適之、陶行知三人迎上岸住進滄州別墅，俯瞰著這座不夜之城的燈火，他還頗為情調地擁吻了他的太太，還像一個熱戀中的青年一樣說了句真美啊這就是我夢想中的東方。的確，大師是抱著悠遊東方的心態來到他門生的故國的，並把到這個古老國度進行演講看作是一件「很榮譽」的事，他的遊歷行程安排是打算從上海到漢口，再上北京，如果藉此「遇著一些有趣的人物」，他還想逞逞口舌之欲多演講幾次。三日，四日，大師在上海看市容，進行一些必要的拜會，去了幾所院校演講。五日，準備是由蔣陪同去杭州遊玩、演講的，就在那天一大早，借住在蔣寓的適之先生起床後，聽見有人在急促地打門，開了門，進來《時事新報》等上海幾家報紙的記者，一見面就遞上一張油墨未乾的報紙，蔣夢麟和胡適的眼睛一下子直了，且看那日早晨上海的報紙說的是什麼：

> 北京學生遊行示威反對簽訂凡爾賽和約。親日要員曹汝霖、陸宗輿、章宗祥遭學生圍毆。曹汝霖住宅被焚，數千人於大隊法警監視下拘留於北京大學第三院。群眾領袖被捕，下落不明。（蔣夢麟，《西潮》，遼寧教育出版社，一九九七年，頁一一一）

至此，蔣胡兩人才知道五月四日那天在遙遠的京城發生了什麼。隔幾日，上海、蘇杭等地的學生罷課商人罷市使他們隱隱預感到一場風暴正在蔓延，但局勢未明，他們又不便發表什麼聲明。大師遊興方濃，對東方古國的民情、習俗、制度、學風說實在的又不免隔膜，於是預訂的出行線路和房間繼續有效，杭州照舊去，西湖照舊遊，講稿照舊念，直到快一周後重新回到上海，他們陪同大師去馬利南路的孫公館拜訪孫中山先生，自民國七年起移居上海從事中國實業計畫研究的孫先生談《建國方略》大要時說的四個字「行易知難」，才忽地讓蔣的內心被重重地撞了一下：自清室式微以來，中國並不缺乏銳意改革之士，但像孫先生這樣真正能夠洞燭病根且能策定治本計畫的人何其少也。而這時他們才剛剛聽說，蔡（元培）校長已經甩手不幹了！

　　蔡元培年長於蔣二十歲，當蔣走出杭州灣邊的小村來到紹興中西學堂接受最初的新式教育時，蔡正擔任著這所學校的監督。這個中國傳統文化所孕育的著名學者（前朝進士）的身上卻充滿了西洋學人的精神，尤其是古希臘文化的自由研究精神。他的「為學問而學問」的信仰，植根於對古希臘文化的透徹瞭解，這種信仰與已成為中國學統之主流的浙東學派的「學以致用」的思想形成強烈的對照。

　　蔣曾經滿懷著崇敬之情為他的恩師描繪過這樣一幅生動的肖像：他那從眼鏡上而各望出來的兩隻眼睛，機警而沉著；他的語調雖然平板，但是從容、清晰，流利而懇摯。他從來不疾言厲色對人，但是在氣憤時，他的話也會變得非常快捷、嚴厲、扼要——像法官宣判一樣的簡單明瞭，也像絨布下面冒出來的匕首一樣的尖銳。他的身材矮小，但是行動沉穩。他讀書時，伸出纖細的手指迅速地翻著書頁，似乎是一目十行地讀。

　　據說蔡元培年輕時鋒芒逼人，生於報仇雪恥之鄉越地的他有這性情也很正常，倒是他後來的沖淡和虛懷在人格上顯得過於的理想化而少了親近之感。他在紹興中西學堂當校長時，有一天晚上參加一個宴會，酒過三巡後推杯而起，高聲批評康梁維新運動的不徹底，說到激烈處高舉右臂大喊道：我蔡某人不這樣，除非你推翻滿清，任何改革都不可能！這件事由蔣夢麟親筆記述，當不謬也。但蔡元培自一九一六年出任北大校長後，表現出了難得的虛懷若谷和相容並蓄，在這個被權要目為「不會幹事」的新校長的主持下，北大校園內為學問而學問的風氣蓬勃一時：文學院長陳獨秀沿襲他主編《新青年》以來的思路，亮出「德先生」、「賽先生」這兩把在他看來幫助中國走上現代化的利器；「我的朋友胡適之」正像一個煉金術士一樣做著文學革命的實驗，夢想著用白話文PASS文言文作表情達意的工具；辜鴻鳴先生正拖著他稀疏的辮子在未明湖畔講彌爾頓和濟慈；而蔡本人也正在推進以美學代替宗教的計畫。在這個人間樂土，保守派、維新派和激進派同樣有機會爭一日之短長，背後拖著長辮、心裡眷戀著帝制的老先生與思想激進的新派人士並坐討論同席笑謔，這情形很像中國的先秦時代，或者古希臘蘇格拉底和亞裡斯多德時代的重演。

一周後，親日官員迫於朝野壓力辭職，被捕學生釋放，上海和其他各地的全面罷課罷市歇止，大家都以為五四事件就此結束，至少暫時太平了，但是北京大學本身卻成了問題。蔡顯然因為事情鬧大而感到意外，辭職離開了北京，臨行在報上登了一個廣告，引《白虎通》裡的幾句話說：「殺君馬者道旁兒，民亦勞止，汔可小休矣。」已無從揣測蔡元培在離開北大時的複雜心情，但這無疑是他重壓之下一個不得已的選擇。學生出於愛國熱誠激而為搔擾之舉讓人欲愛欲恨，內閣又動議解散大學撤免校長，蔡覺得惟有這一選擇方可「心安理得」，既保全了學生又不令政府為難。一家小報如是披露蔡辭職出京的另一重內幕：

得天津確實消息，蔡已於十日乘津浦車南下，登車時適有一素居天津之友人往站送他客，遇蔡君大詫異曰：君何以亦南行？蔡對曰：我已辭職。友曰：辭職當然，但何以如此堅決？蔡曰：我不得不然，當北京學生示威運動之後，即有人紛紛來告，謂政府方面之觀察，此舉雖參與者有十三校之學生，而主動者為北京大學學生，北京大學學生之舉動，悉由校長暗中指揮。故四日之舉責任全在蔡某。蔡某不去，難猶未已，於是有焚毀大學暗殺校長之計畫，我雖聞之，猶不以為意也。八日午後，有一平日甚有交誼而與政府接近之人，又致一警告曰，君何以尚不出京？豈不聞焚毀大學暗殺校長等消息乎？我曰，誠聞之，然我以為此等不過反對黨恫嚇之詞，可置之不理也。其人曰，不然，君不去將大不利於學生，在政府方面以為君一去，則學生實無能為，故此時以去君為第一義，君不聞此案已送檢察廳，明日即將傳訊乎？彼等決定，如君不去，則將嚴辦此等學生，以陷君於極痛心之境，終不能不去……（轉引自馬勇，《蔣夢麟傳》，河南文藝出版社，一九九九年，頁七四）

蔡元培傷心離京，寓天津數日，然後到上海，最後悄然到了杭州西湖。或許他曾經夢想過到了晚年要像傳統的文士一樣息影山林不問世事，但這般窩囊地回來肯定有違他的初衷。可是事已至此又能如何？大家一勸再勸，他還是賭氣不願意回北大。他說，他從來無意鼓勵學生鬧學潮，但是學生們示威遊行，反對接受凡爾賽和約有關山東問題的條款，那是出乎愛國熱情，實在無可厚非，至於北京大學，他認為今後將不易維持紀律，因為學生很可能為勝利而陶醉，他們既然嚐到了權力的滋味，以後他們的慾望恐怕難以滿足了。而對外公佈的理由是三個「絕對不能」，聽著就是一股子難平的意氣：絕對不能再做政府任命的校長，絕對不能再做不自由的校長，絕對不能再到北京的學校任校長。

看來政府的寡情薄義把他傷害得不輕，他如是反問那些勸他回京的人：你不知道北京是個臭蟲窠嗎，無論何等高尚的人物無論何等高尚的事業，一到北京便都染了點臭蟲的氣味，我已經染了兩年有半了，好容易逃到故鄉的西湖、鑑湖，把那個臭氣味淘洗乾淨了，難道還要我再去做逐臭之夫，再去嚐嚐這氣味嗎？

被孫中山先生預言為「他日當為中國教育泰斗」的蔣夢麟，就是在這樣的情勢下被推上了北京大學這艘風雨中的危舟。蔡離京之後，北大的校務委託胡適等人負責主持，胡適在內外夾纏中頂不住勁，頻頻致函蔡氏促返，他還致信蔣夢麟，要他合力勸說蔡校長重回北大。而這時的蔡在政府及各界的籲請下已動搖其誓不回北大的那些氣話，只是這麼快就回轉心意太顯得自食其言缺少迴旋，故以胃瘍未愈拖延著，到後來想出個折衷的辦法，讓得意弟子蔣夢麟先期趕去北大代理校長一職。七月十四日，蔣應約到杭州，蔡元培這一日的日記中如是記述，「偕夢麟遊花塢，遇雨。夢麟、（湯）和爾在此晚餐，決請夢麟代表至校視事。」

蔣夢麟去北大暫執船舵一事看來在湖光山色的把杯淺酌中就這樣搞定了。蔡對蔣說：「大學生皆有自治能力者，君可為我代表到校，執行校務，一切印信，皆交君帶去，責任仍由我負之。」蔣經過一番考慮，低調地提出兩點要求，一，只代表蔡本人，而非代表北京大學校長，二，僅為蔡之督印者。蔡同意了，握著他手說，「自今以後，君須負極大責任，使大學為全國文化之中心，立千百年之大計。」

蔣夢麟偕南下挽蔡的學生會代表張國燾等離開杭州北上，幾乎與此同時，蔡元培致北大教職員的一則啟事也已宣佈：

> 本校教職諸君公鑒：元培因各方面督促不能不回校任事。惟胃病未瘳，一時不能到京。今請蔣夢麟教授代表。已以公事圖章交與蔣教授。此後一切公牘均由蔣教授代為簽行，校中諸事務請諸君均與蔣教授接洽辦理。特此奉布。（轉引自馬勇，《蔣夢麟傳》，河南文藝出版社，一九九九年，頁九二）

七月二十一日，蔣夢麟一行坐火車抵達北京。到校後在學生團體開的歡迎大會上，蔣演講的主旨是救國與文化。這「文化」不是今天官員們到處都用來塗抹的萬金油，而是出於他「政治究竟只是過眼雲眼，轉瞬即成歷史陳跡，恆久存在的根本問題則是文化」的深切體證。在此之前，他已與朋友胡適之、羅家倫多次討論過這個問題，此番講來是洋洋灑灑：「……故諸君當以學問為莫大的任務，西洋文化先進國家到今日之地位，係累世文化積聚而成，非旦夕可比。千百年來，經多少學問家累世不斷的勞苦工作而始成今日之文化，故救國之要道，在從事增進文化之基礎工作，而以自己的學問功夫為立腳點，此豈搖旗吶喊之運動所可比？」「救國當謀文化之增進，而負此增進文化之責者唯有青

年學生」。（見蔣夢麟，《西潮》，遼寧教育出版社，一九九七年，頁一一三）

他決心使北大這一知識沙漠中的綠洲成為中國文化的最高的中心。在蔣看來，學潮也暴露了一種思想和道德上的不安，他希望自己的努力能引領著北大走過這一險灘。

時人分析蔡元培選擇蔣夢麟代理校長職務的原因，一是蔡、蔣既是師生，也有同鄉之誼；二是蔣與北大多位教授在上海辦的《新教育》月刊，辦刊宗旨正是蔡元培當教育總長時提出來的主張；三，孫中山先生對蔣非常欣賞，這似乎也是蔡元培把北大校務委託給蔣的一個重要原因。

當代理校長的滋味又如何呢？蔡元培所料不錯，學潮勝利後學生們果然為成功之酒所陶醉，竟然取代了學校當局聘請或者解雇教員的權力，如果所求不遂，馬上就罷課鬧事。教員如果考試嚴格一點，學生馬上就會罷課反對他們。他們要求學校津貼春假的旅行費用，要求津貼活動經費，要求免費發講義，「他們向學校予取予求但是從不考慮對學校的義務。他們沉醉於權力，自私到極點。有人一提到校規，他們就會瞪起眼睛，噘起嘴巴，咬牙切齒地預備揍人。」（蔣夢麟，《西潮》，遼寧教育出版社，一九九七年，頁一一八——一一九）蔣的記述當無誇大的成分。而最大的困難則是校方與政府之間的經濟糾紛，政府的校款總不能按時撥到，無法實行預算。蔣說，為此他真是傷透腦筋，政府只有偶然發點經費，往往一欠就是一兩年，無法購置教學設備、擴充校舍，連教授們的工資都發不下去。「學生要求更多的自由行動，政府則要求維持秩序」，一發生學潮，馬上找到校長，「不是讓他阻止這一邊，就是讓他幫助那一邊」，「日夜奔忙的唯一報酬就是迅速增加的白髮。」（蔣夢麟，

《西潮》，遼寧教育出版社，一九九七年，頁一二四）他寫給好友張東蓀的一封信中，他比喻自己就像一隻飛蟲投到了蛛網裡，一不小心就有蜘蛛從屋角爬出來咬上一口，若無破釜沉舟的決心，早就被嚇退了。勞心至極也只有拿王守仁的四句話「東家老翁防虎患，虎夜入室銜其頭，西家兒童不識虎，執策驅虎如驅牛」來自嘲了。——人人說市中有虎，我說我任憑虎吞了我就罷了，沒有吞我之前，我不妨做些做人應該做的事。

有一次，北京高校的數百教員在大群學生簇擁下來到教育部，要求發給欠薪。教員和學生聯合起來，強迫教育次長一齊前往總統府。到總統府時，大群武裝憲法警蜂擁而出，刺刀亂刺，槍把亂劈，上年紀的教員和年輕的女學生紛紛跌倒溝裡，叫的叫哭的哭亂成一片。法政大學校長王家駒像死人一樣躺在地上。北大政治學教授李大釗與士兵理論，責備他們毫無同情心，不該欺侮餓肚皮的教員。北大國文系教授馬敘倫額頭打腫了一大塊，鼻孔流血，對著憲法兵大喊：你們只會打自己中國人，你們為什麼不去打日本人？這就是轟動一時的「六三」事件，這一事件實足為流氓政府自暴其破壞教育、摧辱民權之鐵證，一時引起「京中無教育」之歎，馬寅初還為此絕食。

對此，蔣夢麟只有徒喚哀歎：政治腐敗，我們哪裡能不談政治；既談政治，教育界哪裡能不遭政客的摧殘、仇視、利用？……設備要有經費去辦。學術上的導師要有經費去養他。沒經費怎麼辦得動。設備不完，人才不夠，哪裡配講學術！

一天，他和一位老教授在北京中央公園的柏樹下喝茶，老教授對他講的一段話，他覺得頗能代表當時擾攘不安的情形和知識界普遍的心態：「這裡鬧風潮，那裡鬧風潮，到處鬧風潮——昨天罷課，今天罷工，明天罷市，天天罷、罷、罷。校長先生，你預備怎麼辦？這情形究竟到哪一天才結束，有人說，新的精神已經誕生，但是我說，舊日安寧的精神倒是死了！」（蔣夢麟，《西潮》，遼寧教育出版社，一九九七年，頁一二五）

此後不久即是端午節，焦頭爛額的蔣邀胡適同往西山散心。胡適注意到，蔣的臉色不太好，「夢麟此次處境最難，憔悴也最甚」。他們在八大處縣下的西山旅館裡消磨了三個多小時，也算是暫時拋卻煩惱尋得半日快活了。蔣說：「北京的教育界像一個好女子，那些反對我們的，是要強姦我們，那些幫助我們的，是要和奸我們。」胡適糾正說：「夢麟你錯了，北京教育界是一個妓女，有錢就好說話，無錢免開尊口。」兩個窮教授歎息了一番，快快下山。

一九二三年九月十日，蔣夢麟在新學年的開學辭中如是向全校師生報告：「政府裡積欠了我們八個月的經費，計有五十餘萬，此外學校還墊出了七十餘萬，差不多一年的經費沒有了，所以，去年開學時我們說過要建築大會堂和圖書館的計畫都成了泡影，同人數月來終日奔走經費的事，忙得不得了，幾乎天天在街上跑。」（蔣夢麟，《北京大學開學辭》，轉引自馬勇《蔣夢麟傳》，河南文藝出版社，一九九九年，頁一七五）

蔣夢麟的出生地餘姚是越州八府之一，所以蔣也算是個紹興人，紹興人的治事功夫和辦事謀略還是了得的。五四之後，實際上就是蔣夢麟在主持北大（蔡復出後，他的職務是總務長），「大學自蔣博士來後，各方面均有寧息之象」（湯爾和日記），而蔣也是把保存大學以使薪火有傳作為了一等一的事來做。「本校屢經風潮，至今猶能巍然獨存，這是什麼緣故呢？」他把原因歸之於「大度能容」、「思想自由」的「北大之精神」。殫精竭慮。如履薄冰。戰戰兢兢。磕磕絆絆。議會腐敗，軍閥內戰，學潮蜂起。經歷了一大堆亂糟糟的悲喜劇場面，他覺得自己像是埃及沙漠中的一座金字塔：

淡淡遙望著行行列列來來往往的駝影，反映在斜陽籠罩的浩浩平沙之上，駝鈴奏出哀怨的曲調，悠揚於晚紅之中。（蔣夢麟，《西潮‧新潮》，嶽麓書社，二〇〇〇年）

在當時北大的一系列官方組織系統中，蔣夢麟除了擔任總務長，還兼任了文牘、會計部主任、預算委員會委員、聘任委員會委員、學生自治委員會委員、修改預科課程委員會委員等職。尤以總務長一職，自北大改組後頭緒繁多：「所有行政上一切事宜，均由總務處負責，而取決於總務委員會」。蔣在北大充當著實際管理者的角色，北大在蔡元培主持下取得的成就，實際上都有蔣的一份功勞和苦勞。正如他晚年在《新潮》中所回憶：「著者大半光陰，在北京大學度過，在職之年，但知謹守蔡校長餘緒，把學術自由的風氣，維持不墮。」他稟承著蔡元培的民主精神，努力在北大推進著學術自由、教授治校的現代教育的基本理念的實現。多年以後，曾經協助胡適出掌北大的傅斯年這樣對胡適說：「論學問我與蔣夢麟都比不上您胡適和蔡元培先生，但論起辦事的能力來，那麼你們兩人則不如我和蔣夢麟，因此在某種程度上可以說，我是您的一條狗，蔣夢麟是蔡元培的一條狗。」（馬勇，《蔣夢麟傳》，河南文藝出版社，一九九九年，頁一〇八）

當蔡元培赴歐洲考察時，蔣再度代理了北大校長。這個時期他還收到了孫中山先生的一封信，對他在北大的業績大加讚賞，甚至勉勵他「率領三千子弟，參加革命」（蔣夢麟《西潮》，遼寧教育出版社，一九九七年，頁一一八）。但外部的政治環境依然險惡叵測，學校經費還是常常無處著落，一九二三年九月，北大的秋季開學典禮上，蔣說他的目標就是要維持北大的生命，以使之不被中斷。這一年適值北大二十五周年校慶，學生幹事會準備隆重慶祝，蔣寫信勸止：時局維艱，國將不國，政府視教育如無物，經費積欠已九餘月，學校勢將破產，慶祝事項，在在需款，將何從出？還是算了吧。「蓋處此時艱，學校生命岌岌可危，吾人愈當利用光陰於學業上，而做事與歡騰，不妨留待異日。」（馬勇，《蔣夢麟傳》，河南文藝出版社，一九九九年，頁一七八）

而此時的政府似乎正越來越失去民眾的信任。「北京政府的前途究竟怎樣呢？」一位美國外交官問他。

「它會像河灘裡失水的蚌，日趨乾涸，最後只剩下一個蚌殼。」蔣回答。（見蔣夢麟，《西潮》，遼寧教育出版社，一九九七年，頁一三四。）

國民革命軍北伐那一年，北洋軍閥張宗昌入據北京。這個軍人政府的首腦體健如牛腦笨如豬性暴如虎，利爪隨時準備伸向他不喜歡的人和他垂涎的漂亮女人。《京報》記者邵飄萍因「宣傳赤化」罪遭槍殺後，一個偶然的機會，蔣夢麟得知自己也上了張宗昌的黑名單，匆忙出逃至東交民巷六國飯店，對美國使館的朋友開玩笑說：「我天天叫打倒帝國主義，現在卻投入帝國主義懷抱求保護了。」（見蔣夢麟，《西潮》，遼寧教育出版社，一九九七年，頁一三五）

當時還有校長室秘書、政治學教授李大釗、女生章揖蘭等六七人先後逃入使館界舊東清鐵路辦事處躲避，後來被張作霖派兵捕去處絞刑而死。蔣夢麟在六國飯店和一位叫朱家驊的地質學教授住了三個月，每天只以寫字消遣，都快悶出病來了，後來在一位朋友的太太的掩護下，坐馬車到了北京前門車站，搭上了一列去天津的火車，再從天津搭英國商船到上海。因滬杭鐵路已告中斷，蔣蟄居上海半年後才繞道回到杭州。就像七年前他的前任蔡元培一樣，湖光山色中的杭州似乎一直是這些南方文人失意後的安慰。

很快，南北集團的力量消長終於有了結果，「北京政府的紙老虎被南風一吹就倒了。」一九三〇年底，因蔡元培就任中央研究院院長，南京政府明令任蔣夢麟由教育部部長轉任為國立北京大學校長。因中華教育文化基金會的出面襄助，蔣夢麟重整北大的信心復又鼓動。翌年一月，離去四年後的蔣重返北京（此時的北京已改稱北平，但北大校名未改），再度承乏北大校務。據說蔣夢麟辭去教育部長職務準備去北大的前夜，吳稚暉先生突然深夜到訪，老先生雙目炯炯，振振有辭地說部長是當朝大臣，應該多管國家大事，少管學校小事，最後用手指向蔣一點，厲聲說：你真是無古大臣之風。蔣夢麟恭恭敬敬站起來回答說：先生坐，何至於此，我知罪矣（蔣夢麟，《西潮》，遼寧教育出版社，一九九七年，頁一八四）。

蔣夢麟上任伊始，即聘任他的朋友胡適為文學院院長兼中國文學系主任。並重新確立北大的職志為：研究高深學術，養成專門人才，陶融健全人格。一年後，改組北京大學研究院，分文科、理科、法科三個研究所，開出的研究課題有：朱希祖的明清史、陳垣的中國基督教史研究、元史研究、馬裕藻的古聲韻學、馬衡的金石學、沈兼士的文字學、劉復的語音學、方言研究、周作人的中國歌謠研究、錢玄同的音韻沿革研究、沈尹默的唐詩研究、黃節的漢魏六朝詩、許之衡的詞典研究等，這些當時中國的一流學者聚集北大，堪稱北大百年歷史上蔚為大觀的一個景像。胡適曾如是回憶蔣夢麟在三十年代初「中興北大」的業績：

> 孟鄰先生（注：蔣夢麟別號孟鄰）受了政府的新任命，回到北京大學去做校長，那時他有中興北大的決心，又得到中華教育文化基金的援助，他放手做改革的事業，向全國去挑選教授與研究的人才，在八個月的籌備時間，居然做到北大的中興。我曾在《北大五十周年》一文裡略述他在那六年裡的作風：「他是一個理想的校長，有魄力，有擔當，他對我們三個院長說：辭退舊人，我去做；選聘新人，你們去做。」（胡適，《沈宗瀚中年自述序》，轉引自馬勇，《蔣夢麟傳》，河南文藝出版社，一九九九年，頁二二八）

自此直到一九三七年的七年間，蔣一直把握著北大之舵，竭智盡能，希望把這學問之舟平穩渡過已經趨向劇烈的中日衝突中的驚濤駭浪。就像他晚年在《新潮》中所說，「在職之年，但謹知守蔡校長余緒，把學術自由的風氣，維持不墮。」在許多朋友協助之下，尤其是胡適、丁文江和傅斯年的幫助下，北大幸能平穩前進——用他的話來說——「僅僅偶爾調整帆蓬而已」（蔣夢麟，《西潮》，遼寧教育出版社，一九九七年，頁一八四）。

五、一切堅固的東西都煙消雲散了

一九四三年初春的昆明，當五十八歲的蔣夢麟經由記憶的河道回望上個世紀末杭州灣邊的那個小村莊，他一定覺得自己駛入了一生中最為晦暗不明的海域。其時，在中國內陸西南的這座孤城裡，炸彈正像冰雹一樣傾落，「跑警報」成了他和西南聯大師生每日的功課，載運軍火的卡車和以「飛虎隊」聞名於世的美軍志願航空隊戰鬥機正在昆明市郊結集，沿著滇緬公路潮水般湧入昆明的難民和從沿海城市來的摩登小姐和衣飾入時的仕女在街頭擁來擠去。發國難財的商人和以「黃帶魚」起家的卡車司機徜徉街頭，口袋裡裝滿了鈔票，物價則一日三跳有如脫韁的野馬。城春草木已深而山河破碎著還將破碎下去。在這之前的幾年間，宋哲元將軍不戰而退把故都北平拱手相讓，蔣委員長也棄都西竄讓石頭城裡插上了日本人的太陽旗，大學如狂濤落日中的一葉孤舟已由北平遷長沙再遷昆明，喧囂的戰塵把他們驅趕得幾乎沒有喘息的機會。它還將在中國西南的山地間漂流多久呢？

戰前最後一次回鄉，他這樣對父親說，中國將在火光血海中獲得新生。八十出頭的老父不解其義，蔣如是解釋：這次戰爭將是一次長期戰爭，千千萬萬的房屋將化為灰燼，千千萬萬的百姓將死於非命，這就是我所說的火光血海，最後中國將獲得勝利（蔣夢麟，《西潮》，遼寧教育出版社，一九九七年，頁一九四）。話是這麼說，蔣還是感到迷惘。這在早過了知天命之年的他是少有的。

在原北大、清華、天津南開這三所大學戰時混合組成的這艘「混雜水手操縱的危舟」裡，有梅貽琦、張伯苓等分擔聯合大學的職責，校務上的事不再像過去那樣多了，使他終於有餘暇來想想「這些可怕的事情究竟為什麼會發生？」於是他進入了回憶。樸素的經驗主義者蔣夢麟在進入這項工作時決定，他回憶的應該是他所經歷的時代並上溯到近世中國的一百年，像所有身處亂世的中國文人一樣，他希望能以史為鑑從歷史的碎影斷片中「找出一點教訓」。

於是近一百年來各個利益集團的衝突乃至東西文化的磨合與激蕩，在這本像自傳、像回憶錄又像近代史的書中風雲際會了。正如我們前面所說，這是一本智慧之書，是蔣看世界的一雙清涼之眼。一九四三年春天的蔣夢麟所未有的迷惘也是前所未有的清醒。他看到了一百年來國人被迫西化的途程中的不滿、憤怒乃至委屈，也看到了西化得不上不下、不前不後時的前途茫茫，但他更清楚地知道哀怨於事無補——哀怨出自情感的蘊蓄與抑制——不如明辨真相。這一切來自於他事必親歷的經驗主義，因為他就是這樣生活著，在這個時代，在中西潮交匯的鋒面上，在一重一重世間的層巒疊嶂激湍奔濤中。

在這本書中，我們看到了隨著新的物質為先導的西方文化湧入，現代性與中國遭遇時的最初情形，那就像大河入海處兩片水域交接線上的壯闊而複雜的景像。在蔣夢麟所處的那個時代，啟蒙與救亡、外患與內憂糾結下的中國在朝向現代的道路上艱難前行著。「一切堅固的東西都煙消雲散了」，現代性在改變世界的同時也改變著人自身，讓時代潮流中的人們體驗著惶惑與嚮往、激情與失望、理想與實踐、激進與保守之間種種的衝突，這是一種對時間與空間、自我與他者、生活的可能性與危難的體驗。真實的情形就像馬歇爾．伯曼所言：成為現代的就是發現我們自己身處這樣的境況中，它允諾我們自己和這個世界去經歷冒險、強大、歡樂、成長和變化，但同時又可能摧毀我們所擁有、所知道和所是的一切，它把我們捲入這樣一個巨大的漩渦之中，那兒有永恆的分裂和革新，抗爭和矛盾，含混與痛楚。（[法]安托瓦納·貢巴尼翁，《現代性的五個悖論》，許鈞譯，商務印書館，二〇〇五年，頁三）

「武力革命難，政治革命更難，思想革命尤難，這是我所受的教訓」，當蔣夢麟在這本名之為《西潮》的書中最後說出這句話，他彷彿透過昆明城上空爆炸的煙塵看到了數年前在南嶽衡山（聯大文學院所在地）所經歷的一次日出：

> 那個像橘子、像金色的駝鳥蛋、像大火球一般的太陽，終於從雲海裡冉冉升起，最後浮出雲端，躺臥在雪白的天鵝絨墊子上。他把這看作是未來中國的一個先兆。

相關連結·人物小傳

蔣夢麟（1886~1964）

原名夢熊，字兆賢，別號孟鄰，浙江省餘姚縣人。中國近現代著名教育家。一八八六年（光緒十二年）生，幼年在私塾讀書，十二歲進入紹興中西學堂，開始學習外語和科學知識。後在家鄉參加科舉考試，中秀才。一九〇八年八月赴美留學。次年二月入加州大學，先習農學，後轉學教育，一九一二年於加州大學畢業。隨後赴紐約哥倫比亞大學研究院，師從杜威，攻讀哲學和教育學。一九一七年獲哥倫比亞大學哲學博士學位回國，一九一九年初，被聘為北京大學教育系教授。五四運動後受蔡元培之託赴北大代理校務。一九二〇年四月南下調解一師風潮並舉薦姜琦為校長。一九二七年南京國民政府成立後，出任第三中山大學（旋改浙江大學）校長、教育部部長，同時兼任一中、浙高校長。後北上，任北大校長。自一九一九年至一九四五年，蔣夢麟在北大工作了二十餘年。在蔡元培任校長期間，他長期擔任總務長，三度代理校長，一九三〇年冬正式擔任北大校長。先後主持校政十七年，是北大歷屆校長中任職時間最長的一位，為北京大學的建設和發展作出了重大貢獻。一九三七年全國性的抗日戰爭開始，北京大學南遷長沙，與清華大學、南開大學合併組成長沙臨時大學，與清華大學校長梅貽琦、南開大學校長張伯苓組成籌委會來主持校務。一九三八年四月，臨時大學由長沙遷到昆明，改名為國立西南聯合大學，繼續以北大校長身份任西南聯大常委，在躲避空襲的「空閒」中，陸陸續續用英文寫成前半生的回憶錄《西潮》。抗戰後期出任紅十字會會長。一九四五年起任行政院秘書長等職。一九四九年去臺灣，任故宮、中央兩博物院共同理事等職。一九六四年病逝於臺北。著有《孟鄰文存》、自傳《西潮》、《新潮》等。

革命者應麟德一九二三年的經濟生活

應修人短暫一生中的一個切片

一、玩笑

應麟德十四歲那年離開家鄉慈溪應家河塘，進了上海的一家錢莊做學徒。後來又離開那家叫福源的小錢莊，進了總部設在上海的中國棉業銀行，短短幾年，就做到了銀行出納股主任的位子。

但據說此人在錢莊做事時就不太安份，老是想著要「棄商務農」。十八歲那年他去照相館拍了一張照片，按當時知識階級的時尚，照片背後他題了兩句詩，寫的是：學商何如學農好，想共鄉人樂歲穰。十九歲那年的春天，看到報上的招生廣告，他給南京省立第一農校校長寫了一封信，痛陳他的「好農之志」。大意是，他雖知在商亦可救國，但商場兇險，貪利忘義，媚上咒下，改革又非小商人所能，求高職又非昧著良心不可，所以他只有逃跑。校長先生勸他暫且不要辭去錢莊職務，救國固然重要，飯碗更是重要。再加上父親的阻攔，搞得他一時很是痛苦。在寫給主持《時事新報・學燈》筆政的張東蓀的一封信裡，他說要痛下決心，投身農界，「改良農業，造福農民」。

且看看年輕的錢莊學徒想像中的農村是什麼樣的農村：

那是「兩行綠草的池塘」加「牧牛兒一雙」的農村，是「染著溫靜的綠情，那綠樹濃蔭裡流出鳥的歌聲」的農村，是有著「藍格子布紮在頭上、一籃新剪的苜蓿挽在肘兒上」的「伊」赤足走在田塍上的農村。他看到田塍上靜靜地睡著「受過蹂躪的青菜」，猶豫著「還是繞著遠路走呢，還是踐伊而過呢」。事實上一九一九年的浙東農村是什麼模樣呢?它或許有著錢莊學徒應麟德讚美過的鳥兒、鴨兒、狗兒，小貓兒、小蜻蜓和「伊」，但肯定不會有這樣氾濫的好心情。

一個人成天在銅錢的氣息中討生活，偶而做做鄉村夢也算是浮上來透口氣。這麼說或許有些道理，但用到應麟德身上好像就不太合適了。應麟德一直是個認真的人，他這個夢做得太逼真了，不僅騙過了他的朋友，也騙過了他自己。他終於沒有走成，或許是有著不為外人所知的苦衷。事實上到了一九二二年春天，應麟德還在做著他的鄉村救國夢。從日記來看，他在錢莊執業期間還數次租借農民土地，繼續他的實驗與夢想。

這一年的五月十六日《日記》載：「晨六點多乘電車到北四川路底。走到天通庵站北，有茅舍，住農民夫婦和女兒共三人，種蔬菜。想向轉租一短畦自種。」由於各種原因，當天沒有租定。第二天早晨，「又到北郊，租定兩短畦（我腳七步方），二元一年，又代照料收拾費二元。」第三天，「又和友舜步行到北郊……再租一短畦，共一年六元了。」（《應修人日記・一九二三》，上海魯迅博物館編，《紀念與研究》第八輯，一九八六年六月出版。）這裡所說的「北四川路底」、「天通庵站北」和「北郊」，就是現在虹口體育場對面的一大塊土地，那時是一片農田，居住著種田的農戶。應麟德租了幾塊地後，做畢了錢莊的事就去「鋤田」，然後像一個農業時代的詩人一樣不無矯情地寫他的田園詩歌。

年輕的銀行出納股主任把包圍他的優裕的物質

生活視作牢禁囚徒的十丈紅塵，自稱「塵囚」。他覺得，只有當他的腳心與泥土接觸的一刻他才成為一個自由人，一個完整的人。到了第二年的四月，他給杭州的詩友寫信，想以「湖畔詩社」為核心建成「湖畔新村」。他在想像中一次次地修正著新村的藍圖，「我以為要湖畔村的人才能入湖畔社，而入村不一定入社」。這實質上是一個詩歌公社，或者說是一個以詩人為精神領袖的烏托邦。

但命運好像一直在跟應麟德開著玩笑。一個看見算盤、銀元、鈔票就要發生「嘔吐似的心情」的人，卻命定要在金錢世界裡討生活。一九二六年，應麟德丟下銀行優越的位子，丟下待他哺養的一家子，一個人背著一隻皮箱，坐輪船跑到了革命的廣州，進了黃埔軍校，當一名中尉會計員，不久隨軍北伐到武漢，在武漢政府的農民部工作。到那時他還是一個管錢的。成天穿著灰色的長衫馬褂，一雙圓頭布鞋沾滿了塵土，手裡夾著方方正正的新聞紙包，裡麵包的還是鈔票。為了憎惡算盤、帳本離開過去的應麟德，他自我解嘲說現在是為革命而當帳房了。他成天默默奔走著，永遠是一副勞碌相，路上偶而遇見舊日朋友，也只是輕輕一笑，有時連招呼都不打一個就走了，就好像老在擔心夾著的那些錢被人拐跑了似的。

二、一個文藝青年一九二三年的行狀

一九二三年，應麟德二十四歲。這是一個容易為情所迷的年齡。世界在他的身外轟轟烈烈地行走，他居住在內心情感的蝸居。這年頭農民兄弟胼手胝足，活得堅韌而麻木，勞工階級成了機器大生產的一個部件，腦袋也是空的。像應麟德這樣有錢又有閒，又有點娘胎子裡帶來的感傷情緒的，在一九二〇年代剛剛有點文化的濕潤空氣的上海，天生就是個文藝青年，想不做都不成的。文藝青年當然有很多種，有錢的和沒有錢的，激進的和不激進的，才子式的、流氓式的和才子加流氓式的，但在一九二〇年代的上海，他們幾乎都喜歡這樣一種看上去很摩登的生活方式：下館子，郊遊，談胡適之，做救國夢，讀《新青年》或《創造週刊》，聽音樂會，看文明戲和畫展，淘舊書，寫新詩，和盡可能多的女友通信，等等。文藝青年應麟德在一九二三年的行狀大致如下：

一月。有數次到福源上英文夜課。經常感到「微暈」。因身有小恙，有人勸學佛，買了《維摩經注》、《心經注》等。看西洋歌劇（義大利歌劇Norma），兩次去市政廳聽中西音樂歌舞國操會。讀寄來的《晨報副鐫》（大概是自費訂的），讀顧頡綱採集的《吳歌雜集》。學吹簫，「肺相近處有些困」。——頭暈病、肺病，都是那個時代文藝青年的流行病，應麟德也一點不落伍地染上了。在寫給湖州一女友的信裡說，「我毫沒計畫，我只像小孩兒般隨著興趣亂做」。這個月還在看謝冰心譯的泰戈爾的《飛鳥集》。杭州的汪靜之又戀愛了，寫來一封十分肉麻的信。馮雪峰回到了故鄉義烏，說母親為他生下了一個小弟！

二月。月初有幾天和錢莊界同事在通信圖書館忙。那是他和上海錢業界的一幫白領青年一起創辦的小型公共圖書館，按他起草的《上海通信圖書館與讀者自由》來看，「上海通信圖書館的工作也不是與革命絕不生關聯的」，圖書館的宗旨是：「發揚進步思想，摒棄反動潮流，灌輸革新精神」。

得空看《太平樂府》、《南唐二主詞》、北大的《國學季刊》和新出的《創造》第四期。舊曆年尾得了一場寒熱病，「昏沉沉」，「只是癡癡地睡」。到青年會看電影《好女兒》，到新愛倫影戲院看《春香鬧學》，和銀行同事到春華舞臺看舊戲。海鹽的女友，教員福倩來信，附來小影，回信說，「我雖在商界，而好友都在界外，眾醉我不醉」云云。又說，「你說青春像火車，一叫就開的，我們奏出的調是不和諧，我們要以不和諧裡尋出錯綜的美來」。

三月。到法國影戲院看電影《紅粉骷髏》。和同事去宋園看梅，放紙鳶。

這月中旬出了一件事，報上說杭一師學生全體晚膳中毒，死了十多人，「我們底雪峰也危險萬分」，得知消息，應麟德即向行長告假，急赴杭州。姨媽、姑媽、母親都怕他到杭州會染上病，阻止他去，他的母親甚至還趕到火車站想把他拉回去。但一切都沒有改變他的主意。「一路希望和悽惶遞相起落，窗外景物都有愁容」。六小時後車到杭州，直到一師，尋到調養室，看到馮還活在床上，邊上有汪靜之送的花，有潘漠華調護用的燈煤壺。是夜，應、汪、潘，三人一榻，擠睡於馮邊上。次日，又是遊湖，到孤山看梅，入西泠印社，上浙圖，夜車返回上海。

去通信圖書館抄書目。看田漢譯的《薩樂美》。和同事到靜安寺一帶踏青。到南門滬軍營空場參加十萬人對日外交遊行大會。

四月。到龍華看桃花，「桃花滿樹像在笑」。游草佳村，宋園。遊吳淞，看月亮。和南京來的朋友到菜馨樓吃素食，談胡適之。

五月。有女友強迫被嫁，「夜不能睡，又不敢高聲哭」。正是適合戀愛的氣候，狂讀《少年維特之煩惱》。看《創造週刊》，有成仿吾大罵時下新詩，感覺「很中意」。月半旬和銀行同事游北郊，看怒放的薔薇，回來路上，在點心店看見一人很像胡適之。有女友來信，「親昵而端莊」。抄葉紹鈞的小說。看胡適之《五十年來的文學》。夢到郭沫若，去信。給郁達夫去信，說讀《蔦蘿行》的感受，「他們樣底勇往的真誠，最令我們愛」。

六月。去西門公共體育場看球賽。打網球。汪靜之的愛「一天高一天」。馮雪峰的小弟死了，曾祖母有病。繼續讀《沉淪》，還有《鏡花緣》。

七月。看紹興戲，吃楊梅，買舊書。去荷裡恩派亞戲院，看電影《空中黑女星》。去法國戲院看《非洲歷險記》。和銀行同事共往經理新寓，聚餐，聽戲文，散步，吃冰食。那些日子應麟德一直像陀螺一樣轉呀轉，如二十二日，日記提要為「曉游江邊，下午越劇，晚夜野遊」。郁達夫在上海，連續三次去訪。「他很有趣，談笑很樂」。潘漠華為考北大轉途上海，馮雪峰也來了，兩人同住滬江第一台旅社二九號。帶他們去拜訪郁達夫，叫了銀行同事陪他們遊吳淞。吹笛，下棋，醉酒，談詩（「在茅亭裡大談詩，大談」。）

八月。去美專看天馬會第六屆畫展。大風的夜裡到黃埔江邊看紅波洶湧。到提籃橋精武體育會學拳。

九月。赴銀行同事榮慶元喜宴。到北四川路、橫浜路、克明路看房子。給美國的康白情寫信談政治（「恥以文人相尚，應詩人而革命家」）。和銀行同行遊吳淞口炮臺，一路高歌、吹簫。而此時，曾因鬧學潮被開除學籍的馮雪峰正處身另一場學潮的風暴中心。

十月。月初，「頭熱身冷」，吃牛乳、牛肉、羊肉粥、麵包都覺無味。看《小說月報》太哥爾號。讀《兩當軒詩集》和《浮生六記》。十四日，「（姨媽）細細告訴我，西鄉芳稼渡一個姑娘兒桃仙的性情和一切。總之是和幼年時一模一樣。伊說樣樣都舒齊，只要我答應，就可去說定。」——談婚論娶了，三個月後，他將要與這個叫鄭桃仙的鄉下姑娘結婚。

十一月。同事謝旦如喪妻，前往弔唁。給桃仙姑娘寫信。讀《克魯泡特金之思想》。看安．波特的小說《灰色馬》，一本關於死亡的小說。

十二月。想印詩集了。一個沒有宗教信仰的人，在教堂裡聽唱詩和禱告，暗自發笑。十八日，全家搬至北四川路克明路天壽裡九十號新寓，九月裡談妥的價，每月租金二十元，「爹爹媽媽都很歡喜，我自然也歡喜。」……

三、上湖一年

歷史大都是無意間寫成的。由此上湖一年，一九二二年三月三十一日，「油菜花黃時」，銀行職員應麟德乘坐滬杭線上的一列慢班車來到杭州。他此行的目的是前往西湖遊玩，並順便訪問在杭州的幾個青年詩人。前來接站的是他的詩友，浙江第一師範的學生汪靜之。在這之前，他們雖已通過十餘封信，卻從未見面。為了不致認汪認錯人，臨行前，應麟德給他的朋友寄了一張照片。果然，當一手提挈篋、一手拿禮帽的應麟德一出杭州城站，兩個年輕人就在擁擠的人流中相互辯認出了對方。

是夜，汪靜之陪同應麟德下榻在湖濱的清華旅館，兩人並肩而睡。應麟德打趣說這是他「嘗新的第一夜」。白天，他們已去逛過孤山和西泠印社，約定第二天的節目是遊湖。應麟德提出，最好是約幾個要好的，詩又寫得好的一起同遊。汪介紹了他的同班同學潘漠華和低一級的馮雪峰，——為什麼只叫兩個他有自己的解釋，遊湖的小劃子只有四個座，人多了坐不下，坐少了又不穩。值得記一筆的是，這一年應麟德二十三歲，潘漠華二十一歲，汪靜之二十一歲，馮雪峰二十歲，正是愛做夢的年齡。

接下來的一周裡，四少年優遊山林，結社湖畔。以那個年代文藝青年們的習氣，他們共同的話題理所當然是圍繞著愛情和女人的。因為此時的他們都為情所擾。汪靜之「一漂流到西湖」，就由曹佩聲接二連三地介紹女友，一下子愛上了好幾個；馮雪峰家裡前些年已為他領養了個童養媳，卻偏偏在「進師範的第二年」，「偶然戀愛上和她（童養媳）同村的一個表姐」；潘漠華正刻骨銘心地戀著他的堂姐，在道德與情慾的掙扎中經歷著苦不堪言的內心煎熬；應麟德呢，正在與眾多的女友在信上互通款曲傾訴衷腸。

年少氣盛的他們當然也不會只是滿足於談談詩歌與女人，外部世界正像一列無軌列車轟隆隆地行駛，這一切怎不讓他們意氣飛揚。日後，應麟德在給馮雪峰的信中如是說：「我們應攜手而同行；文學事遲，時不我俟，試看國門外蹲滿餓虎，門裡又豺狼當道，我們一手放不下筆，一手要去提把雪亮的刀，非要同時更盡一份力以殺賊不可。」（《應修人日記・一九二三》，上海魯迅博物館編《紀念與研究》第八輯，第二一〇—二一三頁，一九八六年六月出版）馮雪峰的回信中的「我們恥以文人相尚，應詩人而兼革命家」也可說是這些少年詩人們的自我期許。

離杭返滬前一日，應麟德把四人的愛情詩合編為一集，題名《湖畔》，以紀念這一周裡在湖畔結下的友誼。詩集卷前還加上了馮雪峰建議的兩行詩：「我們歌笑在湖畔／我們歌哭在湖畔」。

原擬這本小書由亞東圖書館出版，亞東雖大，對待年輕人不免勢利，交涉不成，最後，這本無意間闖進文學史的薄薄的詩集由應麟德出錢，自費印行出版，共計花費銀洋一百九十五元，印數一千冊。據說這本又小又輕的詩集在滬杭等地一上市還買得不錯。

且來聽聽這些為嘗試中的新詩吹來一股清新之風，被許為「天籟」的稚嫩的聲音：

這是情竇初開的馮雪峰的朦朧幽微的心情：

清明日，
我沈沈地到街上去跑；
插在門上的柳枝下，
彷彿地看見簪豆花的小妹妹底影子。

——馮雪峰，《清明日》

來自浙江中部一個叫武義的偏僻小城的潘漠華，是個身世淒涼的愁容童子，「飽嚐人情世態的辛苦人」，則是在詩中一味地悲苦了：

我想戴著假面具，
匆匆地跑到母親面前；
我不妨流我底淚在裡面，
伊可以看見而暫時的大笑了。

四個湖畔少年中，應麟德年歲最大，也最有資格去吟唱含苞欲放的「純潔的薔薇」：

我愛這纖纖的花苞兒
蘊藉著無量的美，
——無量地爛漫的將來。
你儘管慢慢地開，
我底純潔的薔薇呵！

——應修人，《含苞》

而來自著名的徽商發源地之一的安徽績溪、自小家境優裕的汪靜之，幾乎對每一個姑娘都在吐露著他廉價的「相思」：

不息地燃燒著的相思呵！

——汪靜之，《小詩（五）》

四位橫空出世的少年詩人一下子得到了魯迅、胡適、周作人等新文化運動領軍人物、以及葉聖陶、郁達夫、朱自清等文壇名家的讚譽。原來要出名原來也這般的容易。次年冬季，他們的第二個詩歌合集《春的歌集》出版，卷前照例有兩行詩：

樹林裡有曉陽
村野裡有姑娘

周樹人先生看了他們的詩作，說這些年輕人的談情說愛裡有「血的蒸汽」，是「醒過來的人的真聲音」。說他願意「肩住黑暗的閘門，放他們到光明的去處」（轉引自賀聖謨，《論湖畔詩社》，杭州大學出版社，一九九八年，頁九）。同時代作家廢名後來在其論著《談新詩》中，更是稱讚「他們寫詩的文字在他們以前是沒有人寫過的，他們寫來是活潑自由的白話文字……《湖畔》裡的詩當得起純潔的嘗試了。」自稱從不看新詩的毛潤之先生也看了，時任廣州國民政府代理宣傳部長的他，看了後還託人轉信，請湖畔四少年裡的馮雪峰到革命的廣州去——革命家兼詩人毛澤東何以能從馮雪峰纏綿悱惻的的愛情詩裡看出他胸中的革命的火苗實在是個謎（見陳早春、萬家驥，《馮雪峰評傳》：「毛澤東還托人帶話給他，說他的詩寫得非常好，並希望他能到南方去，以便一起參加大革命工作。」重慶出版社，一九九三年，頁二〇）。很久以後，毛還對喬木同志說，《湖畔》是很好的詩（胡喬木，《在詩歌創作座談會上的講話》，一九七九年一月）。

四、金錢傳

應麟德有錢。應麟德又有古時孟嘗君之風，拿自己的錢不當錢。做一個窮學生而有應麟德這樣的好朋友是多麼愜意啊。這就意味著，你不時可以拿友情作透支卡向他要幾個花差花差，意味著你食堂裡的鹹菜窩窩頭吃得胃痛了可以偶而下館子犒勞一下自己，意味著你有了底氣可以向戀愛中的小女生獻點小小的殷勤。反正應麟德很大方，他把錢借給你了就不會問你作什麼用，更不會今日一封快信明日一封電報追著你要。

很長一段時間，錢，成了應麟德生活的中心。白天在銀行裡，應付的是流水一樣進出的錢，下了班，還是一個錢，借錢給朋友，再向別人借錢，他向上線借來的錢又分散成好多股流到了下線。應麟德的錢囊鼓起來，又癟下去，成了一個中轉站，成了朋友們的共有的小金庫。

這年初（就是我們前面說到的一九二三年），杭州的汪靜之戀愛了，寫來一封信，肉麻如一幅春宮圖。「伊那甘馥馥的嘴兒真有味，我吻不釋口。藕嫩嫩的臂兒煞軟和，我摸不釋手。最不可形容的是似水柔情，我醉！我醉！……阿修，你當賀我倆！我見伊那嬌憨，婉淑，貞靜，柔和的神情，我怎不拜在伊的裙下！」兩天后，應麟德得去年津貼一百零五元，即寄五元於汪。

三月，日記有一條，「代（康）白情寄北京康選宜五十元，郵匯四川張瑞仙嫂嫂一百元」。同月，聞聽一師學生集體中毒，情急之下，又寄五元與汪靜之和馮雪峰。

六月間，潘漠華來信告急，說要投考北大去了，無奈還有十元的債沒還掉，應麟德即刻去信，並匯去十五元，交讓潘把其中五元交與汪。如此折騰，再加一個文藝青年的日常開銷，聽戲、看電影、下館子什麼的，七月的某一日，應麟德終於發現，自己的口袋裡只剩下「一角幾板」了。

但事情還沒有完。八月，有個叫「貽」的朋友說要去湖南桃源了，向他開口借十元盤纏。此時的應，已瘦得布貼袋，只好向同事借了十元，又怕見了面朋友再次大開口，只好託辭太疲，請人轉送。還有一個叫「青」的（好像是個一直在通信的女友），說要入校讀書了，少十元學資。應接著信，又寄去十元。這十元錢，還是從另一個叫白梅的朋友那裡借的。

九月，馮雪峰和汪靜之聯合來急信哭窮，說情況萬分困難，讓應麟德把他們的詩稿賣個好價錢，寄去個五六十元。應回信說，我將於後日在儲款二十元左右寄上，不足部分，當緩緩設法。他甚至還想把一架風琴賣了，以多湊一點錢。接著馮雪峰又來信要旅費。應麟德寄去六元，又給汪靜之二元。在此期間，他自己也在找房子，約了一個叫陳文廷的朋友去北四川路，靠鐵路邊的兩幢房子還中意，可每月要二十元。幸虧這月略有進帳，亞東送來了一百二十元的版稅。不然，這個月有錢人應麟德真的要喝西風去了。

十月。又寄汪靜之十元。向一個叫令濤的上海美專學生借款八十元……

「身體堅硬，皮色焦黑」的「純粹山裡人」馮雪峰向應麟德借錢倘還說得過去的話，出身於茶商之家、家境又可說小康的汪靜之也老向他借錢就有點令人費解了。當時一師的學生伙食費校方承擔一半，一般學生全年所費約六十—七十元；汪家雖非富甲一方，但每年提供給汪的約在二百—三百元之間，高出一般學生數倍，汪又何以總是向銀行職員應麟德哭窮呢？唯一可信的解釋是汪的女朋友多（汪自稱，「每個星期都是和女朋友主要是和綠漪在西湖上遊覽終日」），而他的戀愛成本又較一般的窮學生高數倍。

汪靜之優渥的生活和浪漫的天性，使他與三個朋友間保持著謹慎的距離。當應、馮、潘三人在在通信中探討革命、理想、人生這些宏大命題時，汪只是一心一意地寫詩，在西湖邊做隱士，並同時和幾個女人不緊不慢地戀愛著，以致被應麟德譏為他的愛是「一天高一天」。泡在西湖山水和女人們的溫情裡，使得汪無心旁騖，幾年後，當他的朋友們從青春期的悶騷走上鐵與血的政治道路時，他還是自得其樂地過著他安穩又不乏色彩的詩人兼隱士的生活：

我冒犯了人們的指摘，

——汪靜之，《蕙的風》

並經由《蕙的風》和《寂寞的國》，在「道德家們」的攻伐中成為五四初期屈指可數的幾位著名詩人之一。也是這種性情使然，使他在半個多世紀後奇跡般地成為未受任何衝擊的五四老人，比他的任何一個朋友都活得更長久。

十一月。應麟德的父親從鄰人處借得五百元，讓他去兌。應麟德馬上忙開了，「代洪章寄四川康玉貞女士款百元，郵匯匯水二十元」。接著又在亞東和華豐印局之間奔走，想要出版和朋友們的詩歌合集《春的歌》。

亞東的門檻還是很高，印小本的也不肯。華豐印局開出的價碼是，用新聞紙，照一年前出的《湖畔》的格式，加倍厚，印一千本，外加封面，計價八十二元。應麟德很高興，馬上給馮雪峰去信說，「……費共約百元，歸我去借，你們不必管，我可以再節省些，徐徐去還；但要你們也苦些時，因稿費沒有也。」欣欣然借錢去了。一個叫浩的朋友寄來了匯票一百一十一元。福源錢莊的老同事伯研又送來了一百元。看來印費是有著落了。竹英女士（汪靜之的「主要」女朋友綠漪）寄來了《春的歌集》的封面畫，畫的是「花塚」，下一新墳，上一些深藍色的流雲——「雖不大好，終是自家人畫的」。和華豐那邊談妥了價錢，是用瑞典紙印一千本，每二百頁九十五元，封面兩包五六元。十四天可出書。先付定洋四十元。書終於出來了，版權頁上寫的是，「一九二三年八月編成，十二月印，一九二三年末日出版」。

至此，統共這些錢的去向是：匯給馮雪峰二十五元，其中二十元給汪靜之，五元給馮作出書後買醉用。購買日金八十元，寄給日本一個叫萬的朋友，匯給一個叫水的朋友二十元，托易耜雲轉交瑞仙夫人一百元匯票，最後二十元留下，以備印費之不足……

五、丁九的死

一九三三年五月，左翼作家丁玲在上海寓所神秘失蹤。幾天後的《申報》，在一個不顯眼的位置以《昆山路發現慘死之男屍》為題報導了一則跳樓暴屍事件。報導說，五月十四日，星期一下午，三時五十分左右，北四川路昆山路第八號後門口忽發現一名無名男屍，身穿灰雨紗長衫，頭戴呢帽，足穿直貢呢鞋，年約二十歲左右，形似廣東人，經由虹口捕房巡邏巡捕查見，當即上前查看，「見頭部鮮血直流，並已氣絕，乃報車送同仁醫院，經該醫生檢查之下，發現該屍頭骨已斷，大腸流血，形似高處失足墜地，傷重致命……」

北四川路昆山花園七號，是丁玲在上海的寓所。這則本埠新聞中死在第八號後門口的男屍，則成了疑案中的疑案，他是誰？是誰殺了他？人們認定，丁玲是遭當局秘密逮捕了。一個叫沈從文的青年作家通過社會聞達胡適之向上海市長吳鐵城詢問消息，可是吳斷然否認了。

一段時間後，上海的一家英文報紙《大美晚報》，突然發表一篇署名蔡飛的文章，指出死者的名字叫丁九。文章詳細敘述了當局秘密警員在公共租界綁架丁玲、潘梓年以及丁九因拒捕，從屋頂陽臺上失足墜樓而死的經過。文章說，秘密警員到昆山花園七號時，潘梓年恰巧在丁玲家裡，兩人被當場帶走，特務們密謀一番，又留下兩個。丁九推門進來，發覺情勢有變，立即退出門外。丁玲的屋子在二樓，丁九發現樓口已有特務把守，便向三樓屋頂退走。特務縱身追上，丁九與他們在屋頂陽臺上徒手搏鬥。丁九想儘早脫身，邊戰邊退，不想一腳踏空，從陽臺邊緣失足跌下。

兩個特務趁亂跑了。看白相的人們在屍體周圍黑鴉鴉站成一圈。在那具漸漸冷去的身體上，有人發現了一張為煙草工人罷工起草的宣言……

死者丁九，即前中國棉業銀行出納股主任、湖畔詩人、一九二三年的文藝青年、朋友們最大的債主應麟德，亦名應修人，死時係中共江蘇省委宣傳部長。

應麟德橫臥街頭的屍體，因朋友們不忍告訴他年邁的父母，又無人能往認領，後來被埋在普善山莊——那是一個專埋無主屍體、類似於今天的福利公墓的地方。

半個多月後，當年的湖畔四詩人之一、應修人的密友馮雪峰，由中共中央宣傳部文化工作委員會書記調任江蘇省委宣傳部長，接替了他的朋友的工作。

附記一：廢名的話

據我的意見，最初的新詩集，在《嘗試集》之後，康白情的《草兒》同湖畔詩社的一冊《湖畔》最有歷史意義。首先我們要敬重他們做詩的「自由」。我說自由，是說他們做詩的態度，他們真是無所為而為的做詩了，他們又真是詩要怎麼做便怎麼做了。……中國的新文學，在自己知道要解放之後，其命脈便在作者依附著修辭立其誠的「誠」字，新文學便自然而然地發展開了。湖畔詩社四個年輕人在當時也真是難得……在大家要求不要束縛的時候，這幾個少年人便應聲而自由的歌唱起來了。他們的新詩可以說是最不成熟，可是當時誰也沒有他們的新鮮，他們寫詩的文字在他們以前是沒有人寫過的，他們寫來是活潑自由的白話文字。……《湖畔》裡的詩當得起純潔的嘗試了。

——馮文炳（廢名）《談新詩》（人民文學出版社，一九八四年，頁一一一—一一三）

附記二：一個冷酷的人

大革命失敗後，他又秘密地回到上海，並悄然地丟下家人，到莫斯科去了。三年之後，他從蘇聯回來，已完全埋身於地下工作，連自己家的門口，也沒有踏進一步。我曾陪同他的母親，在一個小菜館，同他見面，不管痛苦、留戀、眼淚和怨訴，他又飄然地離開了。每次見到他和家人的分離，都使我感到他的冷酷。因為經常與他的家人往來，我親眼看見他老母親日夜流淚、夢想，甚至向宗教去找求安慰。他的父親為生活勞苦地掙扎，他的妻子慘白而寂寞的臉色，我都覺得他太冷酷了……

他在不斷地追求，不斷地前進，當他一旦獲得更好的東西，他便非常決絕地拋棄舊的事物。……他是一個詩人，我們深深惋惜他沒有繼續詩人的事業。但是他最後的也是最好的一首詩，是用他自己鮮紅的熱血寫的，這將是一首永遠不朽的詩。

——樓適夷《話雨錄》（三聯書店，一九八四年八月，頁三四—三五）

相關連結·人物小傳

應修人（一九〇〇～一九三三）

浙江慈溪人。原名應麟德，筆名丁九。應修人，筆名丁九，一九〇〇年生於浙江慈溪。一九一四年在上海福源錢莊做學徒。「五四」時期，他積極參加愛國反帝行動。一九二一年五月，聯合錢莊執業的謝旦如、畢格心等創辦了「上海市通信圖書館」。受「五四」「運動影響，開始創作新詩。一九二二年，與汪靜之、馮雪峰、潘漠華等創辦中國五四後最早的新詩社——「湖畔詩社」，成為當時生氣勃勃的新詩運動中一支突起的新軍。編成四人詩合集《湖畔》和《春的歌集》自費出版。後創辦並主編《支那二月》。一九二五年，參加中國共產黨。一九二六年底，受黨的派遣，去廣州黃埔軍校政治部工作。期間，曾邀請魯迅去黃埔中央政治學校作題為《革命時代的文學》的演講。第一次大革命失敗後，去蘇聯東方大學學習。一九三〇年八月，從蘇聯回國後，在上海參加中共中央軍委、中共中央組織部工作，後在中共江蘇省委任宣傳部長，並參加中國左翼作家聯盟。一九三三年五月十四日犧牲。所作詩文後收入《修人集》出版。

沾滿泥濘。站在許廣平題寫的故居門前，放得很輕的腳步還是驚飛了庭院裡覓食的一群小鳥，撲喇喇地飛上屋頂。其實也只是來看他出生並度過人生初年的那幾間屋子。看了他的房間、他的床、他用過的桌子椅子和識字課本，我很快就出來了，一個人漫無目的地在山城裡走。一隻黑狗不緊不慢地跟著我。就這樣來到了那條沿城而過的大溪邊上。雨後的溪水奔湧得渾濁而激情，看著灰色的天空下擠在一處的閭裡人家，忽然想起電影《早春二月》裡，孫道臨演的蕭澗秋來到芙蓉鎮，也是這樣的天氣。溪水打濕了腳，這情景讓我很不相干地想到魯迅當年說《二月》時的話，「濁浪在拍岸，站在山崗上者和飛沫不相干，弄潮兒則於濤頭且不在意，惟有衣履尚整，徘徊海濱的人，一濺水花，便覺得有所沾濕，狼狽起來。」（魯迅，《〈二月〉小引》，最初發表於一九二九年九月一日《朝花旬刊》第一卷第十期）是的，那天在城裡亂走，我是挺狼狽的，滿腳的泥，就像是鞋子外面又穿了一雙黃泥的鞋子。回去的時候，大巴又經過了那幾間上午造訪過的屋子，小橋邊，一個瘦小的老婦人向我們招著手。風很大，她一直目送著我們。她的頭髮是秋後經了雨水的稻草那樣的一種蒼然的白。同車有人說，她就是柔石的女兒。她？女兒？有一瞬間，我怎麼也無法把這個老婦和印像中那個還不脫稚氣的青年聯繫起來。是的，死者是不會老的，因為時光的箭矢再也不能穿過他，所以在時間的河床裡他是永遠的三十歲。而那個看起來像他的祖母一樣老的他的女兒，她還記得年輕的父親的音容和笑貌嗎？那一刻忽然心裡鈍鈍的撞了一下，為這個家族的故事，也為流動的時間和停滯的時間在這樣一種情勢下的相遇。我忽然感覺到了他，一個年輕的生命的氣息。這種氣息，在我走進那幢百年老屋時並沒有如預想中的出現。它的出現，全然是因為那個站在風口在我的視野裡變得越來越小的老婦。

好了，接著來說他的故事。因家境的拮据，這個小商人家的男孩十歲才開蒙。小學校的旁邊，就是那個被明成祖朱棣磔殺的方孝孺方正學先生的祠堂，男孩不知從何處竟覓得了這個道德家的一幀木刻畫像，題上「永遠保存」，裝上鏡框掛在了自己的居室的牆上。好多年後——那時他已經死了——魯迅這樣說到他和那個緱中鄉賢：「這只要一看他那台州式的硬氣就知道，而且頗有些迂，有時會忽然令我想到方孝孺，覺得好像也有些這模樣的。」（魯迅，《為了忘卻的紀念》，最初發表於一九三三年四月一日《現代》第二卷第六期，後收入《南腔北調集》）。順便提一下，男孩的出生地寧海，舊時轄屬台州府。

男孩小學畢業就到台州去念書了，可是那所學校學費昂貴，他聽說省城杭州有一所省立第一師範學校，可以享受官費，就決定中途退學自修，準備報考那所學校。一九一八年初秋，改名為趙平復的少年從北鄉的薛嶴埠頭坐上「寧波航船」，轉道寧波從招商局買了一張開往上海的輪船票，到了上海又坐上開往省城杭州的火車，來到了位於西湖邊上舊「貢院」院址的浙一師。同學多為貧苦子弟。學校不僅免學費，而且食宿便宜。趙平復在一封家書中這樣向父母彙報在學校裡的心情，「戰戰兢兢，如履深淵，如履薄冰」，因為一種道德使命感的驅使，他的日子過得像一個苦行者，「於身體則晨昏謹慎，飲食適宜，於功課則克勤自進，努力前行，修養品性，完善人格……」到讀書的第二年，寒假回家，趙平復就和老家一個老童生的女兒結婚了。這個還未脫盡童稚味的青年很快就做起了父親。可在他畢業前，他未滿兩周歲的兒子染上了痲疹——「鼻息的呼引如風箱一般」——針藥無效，竟然夭亡了。接到消息時他在杭州，他感到「心，如蔽了一張黑布那樣」。

他變得怕敢回家，放假了，同學星散，他一個人待在空曠的校園裡，要麼就在夜色下的西湖邊像個瘋子般亂走，走得心力交瘁了才回到學校，把自己交給逼窄板床上的睡眠。一邊是夫妻間的琴瑟異趣，一邊是年輕人對愛情的天然的嚮往，這撕心般的糾纏中他只有把自己交給或許也並不可靠的文字，塗抹日記以遣悶懷。同學都在轟轟烈烈地戀愛，那湖邊的愛情帶著江南水汽的迷朦，也帶著那個年代新青年的革命腔加文藝腔。只有他，只是「空看著時錶跑去」（見一九二二年十月二十六日日記。《柔石日記》，陳漱渝等編，收入「中國現代作家日記叢書」，山西教育出版社，一九九八年。），「過的是渣滓的生活」。西湖邊上的春夢，雖說醒來後了無一痕，但在夢裡抱著「伊」，「久長的KISS」，縱是醒了也還是如飲過葡萄酒一般的酣暢的，也難怪他不想回去了。

可是又有誰逃得過生計問題呢，革命家不能空著肚子去喊口號，戀愛家也不可能兜裡沒有一點下館子的錢就去泡女生。馬上就要畢業了，同學們聚在一起談以後的志向，趙平復同學說了一通雲裡霧裡的話：「我，好比是幾何學上的所謂的點，有位置而無長、寬、厚，有時它渺不可言，在輕塵中飛蕩，實在毫無意義，有時它會擴充到無限大，窮宇宙所不能盈。真正的我，應該是幾何學上理想的點，能過一點，可作無限長之直線，通過一點，可作一任意形狀的曲線。」這時候的他已經在複習功課，準備報考設在南京的國立東南大學。這年七月初，趙同學取道上海，坐了八個小時的慢班火車不要驚破我心，阻止我的去路，那些微波細浪，總能戰勝它」（見一九二二年五月二十二日日記，《柔石日記》，陳漱渝等編，收入「中國現代作家日記叢書」，山西教育出版社，一九九八年），心境的起落實在天壤之間。

第二年春，妻舅吳文欽幫忙聯繫，趙平復應聘到慈溪普迪小學做教師。這是由旅滬實業家秦潤卿開辦的一所小學，由「普迪學會」（類似學校基金會的組織）委聘校長，按年撥給辦學資金。據聞當時的校長只知一味克扣斂財，給教師的年工資壓低到了只給六十銀洋。但趙平復在這裡還是得著了所謂的「小學教師的清福」，這情致就是他在日記裡所說的：晚餐後，十餘位同事聚坐在牽牛棚下，嚼著楊梅，喝著白酒，自由地談，任情地唱，互相說些個人經歷的不平，而此時，微風吹動白衣，遠處的晚燈透過牽牛花架的葉子投在身上，一個個都像白衣飄飄的天使（見一九二四年七月三日日記。《柔石日記》，陳漱渝等編，收入「中國現代作家日記叢書」，山西教育出版社，一九九八年）。

這期間，趙平復把以前寫的一些小說輯作一冊，取名《瘋人》，於第二年元旦在寧波華升印局印刷自費出版。他頗為樂觀地估計，賣了書就能收回錢款。但這本不起眼的小說集的上市，在這座終日喧響著算盤聲和桐城派古文的誦讀聲的海邊小城幾乎沒有激起一點回聲。因薪水微薄，購買圖書報刊又花費甚大，他只好回家幫助經營父親的「趙源泉號」，想增加一點收入，但經營不善，反而虧損了一百幾十銀元。就在此時，他的又一個兒子出生了。

接下來是為期大半年的北遊。一九二五年二月中旬，無業青年趙平復做起了「京漂」，到北京大學旁聽哲學英文兩科，也旁聽魯迅的《中國小說史略》課程。此時的經濟狀況如下：

由父母寄二百銀洋，與好友鄔光煜同住北大紅樓附近的學生公寓孟家大院通和公寓（隔壁是潘漠華和馮雪峰合住），每月食宿費二十——三十元，購書的錢至少十元。到北京，他本來是想一邊做些文章去賣，一邊等小說集《瘋人》賣完，可大半年過去了，他讓書局結帳，寄來的錢還不滿五元。「囊中時空」，有時竟然窘迫到了「沒有早餐的錢」。只好時而打一些抄錄、校對的短工，以補生活之用。窮困再加疾病，他連死的念頭都有了，在一封寫給好友陳昌標的信中還出現了這樣的話：「自己時想投北海以自決者。」

這一期間，青年趙平復經常在想的一個問題是，「我現在究竟算個什麼人呢」？學生不是學生，職員不是職員，工人不是工人，最後他依吳稚輝先生的說法把自己自嘲作了一個「野雞學生」。北大於二月二十二日開學，聽課一學期後，九月收到父親的信，希望他報考北京師範大學，可以減免學費、食宿費，又可謀一個好的前程。父親也是望子成龍心切了些，他一個小縣城的咸貨店主哪裡知道在北京上一個大學要多少費用。趙平復回信說，「復，豈不願讀書，實以家中之故，六年長期，斷難遂願而畢！」到第二年初，終因病且財力不濟，只得快快地離開「苦悶的北京城」，回他那個「綠色的海濱」了。北京是那麼好待的地方嗎，北京，是你一進去就想著總有一天會離開，離開了又覺得住過的一個地方啊。

南歸後的一段時間，生計的鞭子驅趕著趙平復頻頻奔走於滬杭道上。在上海，他邂逅了也正為找不到工作犯愁的浙一師同學汪靜之。兩人在寶興路悠遠裡合租了一間小屋，一邊切磋文藝，一邊尋找就業的機會。此時，趙平復認識了一個叫王方仁的鎮海人。此人身上一股子商人的機靈能幹，據說有個哥哥在上海的四馬路上開設了一家教育用品社。王方仁正聯絡幾個同道謀劃著在杭州創辦一所私立中學，與趙平復一說，趙平復當即高興地表示願意參與。他們的計畫是，擬找十個朋友，集資開辦費一千銀元，每人出資一百銀元。在一封家書中，趙平復頗為樂觀地估計：「如此舉成，則兒偕二三友人將至杭州籌備，是則下半年即可招收學生矣。兒之友人中，多半做過中學教師，努力辦一初中，當不無相當成績，此可斷言也。如此初中能辦成而完善，則兒輩此後之生活，高枕無憂矣」。（一九二六年四月二一日家書，轉引自王艾村《柔石評傳》，上海人民出版，二〇〇二年，頁一一七）

　　但創辦私立中學哪裡是容易的事，身體的困頓再加心力交瘁，趙平復病倒了，還時有咯血。秋天回鄉養病，父親埋怨他說，一個才二五歲的青年，竟這樣憔悴，連背也駝了。「你今年正二十五歲呀，正該是壯氣凌人的時候，你自己知道麼？你卻帶了一身的悲與痛，躲避在家裡，負了百萬債似的，什麼心事呢？誰給你有委屈嗎？還是你怨自己之不得志？」終日飄蕩著中藥味的屋子，哥嫂的不解，侄兒輩的嘈雜，讓他覺得這家裡是無論如何也待不了一天了。他頻頻在向外面的同學和朋友發信，希望有個「做事吃飯的地方」。封閉的環境最易於使人的思維走入極端，他竟然還有過吞金自殺的荒唐念頭，只因金子太貴不易到手才作罷。

　　已經年老體衰的父母，決定把家產分給平西、平復兄弟兩人。分配辦法是：兄長平西得西大房住居，並繼承「趙源泉」店鋪；平復與父母住西廂，分得五百銀洋，作為股金存入店鋪，支取分紅。（引自《柔石日記》頁四五注，陳漱渝等編，收入

「中國現代作家日記叢書」，山西教育出版社一九九八年）。趙平復那時已是家鄉中學的一個教員，對家中日常經濟生活從不過問的他，或許是愧於自己毫無建樹，對這一分居析產「心甚悲苦」。他時常獨自步出縣城西門，登上崇寺山，那裡埋葬著他一個早逝的朋友。和死者的對話庶幾可以撫慰他內心的難言之痛。他為亡友的荒塚攝下一張照片，背面寫下的題記流露了他那時的淒苦心情：

> 一九二七・三・一四，父母將予與西哥分居，雜事糾葛，心甚悲苦，以此常至崇寺山繞友仁夫婦墓徘徊。墓周五十步，每次必六周，很能體貼生死之滋味。

趙平復本就性格內向，敏感多慮，在學校也少與人往來，分家讓他感到一個人被孤零零地拋進了險惡的世道，竟至到了「體貼生死之滋味」。這些日子他聊以自遣的，只是埋頭修改前些年寫的一個長篇《舊時代之死》。他的想法很美好：希望賣了這部作品能到法國去。

可能是近山傍海的地理環境使然，舊屬台州府的寧海人的血液裡總是渲騰著造反的因素，未幾，一次失敗的農民暴動涉及到了寧海中學。那時趙平復剛剛出任政府的教育局長，同時還兼著這所學校的課。看著學校封閉、解散，同事遭難、星散，心灰意冷的趙平復也不想做這個小官了，找了一個藉口單身出走，跑到上海，在法租界內租了一個亭子間住下。說是「赴滬謀生」，其實也是前途茫然的。夏天他寫信到老家，說是正在學習德文，想出國留學，希望父母支持。父母把他存放在鹹貨店裡的五百銀元寄給了他。不久，他又寫信來，說是五百銀元還不夠盤纏（當時赴歐起碼要一千銀元），沒有辦法，只能望洋興嘆，圓不了去德國的美夢了。他在信裡說，「眼前到外國去，錢從何處來，外國最少一年要一千元用，來回路費每次要二百……到外國去的心，等一兩年再談了。」（《柔石日記》，陳漱渝等編，收入「中國現代作家日記叢書」，山西教育出版社，一九九八年，頁一五二）。

好在也不是全然斷了希望，上海之行雖說倉促，趙平復還是帶出了「用毛筆謄寫得非常漂亮」（林淡秋語）的那部長篇手稿。初到上海的兩個月裡，他把這部稿子重新修改了一遍，並端端正正地在書稿的最後一頁簽上「一九二八年八月九日午前謄正於上海」。兩天後，在一封寫給兄長平西的信中，他報告了這一消息，「夙興夜寐，努力讀書作文，目下已將二十萬字一書著好。」（一九二八年八月十一日柔石致趙平西信，轉引自《柔石年譜簡編》，王艾村《柔石評傳》，上海人民出版，二〇〇二年，頁一四二）在這封信中，他還隱喻自己雖然羈身上海小小的亭子間，但那是暫時的，總有一天，他這條胸懷吞舟大志的魚兒一定會游進更廣大的海域。

這部氣氛悲苦的小說寫的是一個叫朱勝禹的青年在貧窮和疾病的雙重擠迫下心理變態，最後在未婚妻自縊後服毒自殺，寫作者自身和時代的病症使得小說的敘事像一場咬牙切齒的詛咒。他在小說前面簡短的自序中，流露了表現「時代病」的野心：

> 在本書內所敘述的，是一位落在時代的熔爐中的青年，八天內所受的「熔解生活」的全部過程……我就收拾青年們所失落著的生命的遺恨，結構成這部小說。這部小說是我意識地野心地掇拾青年苦悶與呼號，湊合青

年的貧窮與憤恨，我想表現著「時代病」的傳染與緊張。（柔石，《〈舊時代之死〉自序》，上海北新書局，一九二九年）

一日，從廣州中山大學來滬的舊時朋友林淡秋來看他，問起目前生活如何，以後怎樣打算，他從抽屜裡取出了那兩大厚冊的稿子，翻了翻說，「暫時只有靠這部稿子了。」林淡秋問他，找好了出路嗎？他回答：「還沒有，打算去找魯迅先生。」

同年八月，趙平復在一封給兄長的信裡說，「近日此間亦有一中學聘弟，如月薪有八十元，福即允諾，若太少福決不就，仍自求讀書作文，為前途計也！此信一到，望西哥為福設法（銀）洋五十元寄下。」過了些日子又去信說，中學教書的事也靠大不住，倒不是為錢的多少，而是因為有別的緣故，實在是不想去了。「滬外友人，雖時有信來邀弟，而弟情願在滬謀生，並望一有機會，即赴海外讀書，故不願離此。」「但求人不如求已之態，願自己吃苦，自己努力，開闢自己之路！」（一九二八年八月十一日柔石致趙平西信，轉引自《柔石年譜簡編》，王艾村《柔石評傳》，上海人民出版二〇〇二年，頁一四二）有一種說法是，他那時認識了魯迅，魯迅勸他不要去中學教書，專心文學，並把他的稿子寄給了北新書局。

一九二八年九月二十七日，趙平復的名字首次在《魯迅日記》上出現。這天晚上，魯迅邀請林語堂、周建人、許廣平、王方仁等八人往「中有天」晚餐，趙平復也在被邀之列。這顯然不是趙平復初次與魯迅相識，三年前，他就在北京聽過他講《中國小說史》，但對魯迅來說，這個操著一口浙江話的模樣淳樸的青年是第一次進入他的視野。或許是他的淳樸，也或許是他殷殷無助的眼神讓大師動了惻隱之心，他一下子就喜歡上了這個小同鄉，慨然應允一定會細細看他這部長篇的稿子。

這年九月，魯迅從靠近寶山路的閘北橫浜路景雲里二十三號遷居到裡內十八號屋，他隨即就想到了這個居無定所的青年，介紹他和廈大的學生王方仁、崔真吾一同租下他剛剛搬出的屋子。考慮到他們在上海都沒有眷屬，飲食多有不便，還叫他們來與自己一起搭夥用膳。在日記中，趙平復這樣敘述他在魯迅家吃飯的感受，「好幾次，我感覺到自己心底是有所異常的不舒服，也不知為什麼，可是在周先生家吃了飯，就平靜多了。」他說出這樣的話也應該不是對一飯之恩的奉承：「先生底慈仁的感情，滑稽的對社會的笑罵，深刻的批評，更使我快樂而增長知識。」（《柔石日記》，陳漱渝等編，收入「中國現代作家日記叢書」，山西教育出版社，一九九八年）。

趙平復按捺不住興奮，致信兄長說，「福已將小說三冊（《舊時代之死》上下冊和《二月》）交與魯迅先生批閱。魯迅先生乃當今有名之文人，如能稱譽，代為序刊印行，則福前途之運命，不愁蹇促矣……」信中還說：「福近數月來之生活，每月得香港大同報之補助，月給廿元，囑福按月作文一兩篇。惟福尚需負債十元，以廿元只夠房租與飯食費，零用與購書費，還一文無著也！不能不請西哥為我設法五十元，使半年生活，可以安定。」（一九二八年九月十三日柔石致趙平西信，轉引自陳明遠《文化人與錢》，百花文藝出版社，二〇〇一年）可見當時他每月維持衣食住行和零用購書的基本生活費為三十元。相當於今人民幣一千元左右。

魯迅悉心看完這部書稿，贊之為「優秀之作」，並慨然介紹給北新書局的李小峰。一九二八年十月，長篇小說《舊時代之死》由北新書局出版，合同約定版稅二十%（當時上海各書局所訂的版稅通常為十五%—二十%）。他以前的《瘋人》是自費出版的，像這樣由書局正式出書，有版權又有版稅的收入，還是破天荒頭一遭。他給兄長寫了一封空前長的信，詳細說了「賣版權」還是「抽版稅」的情況：

> 福現已將文章三本，交周先生轉給書局，如福願意，可即買得八百元之數目。惟周先生及諸朋友們，多勸我不要賣了版權，云以抽版稅上算。彼輩云，吾們文人生活，永無發財之希望。抽版稅，運命好，前途可得平安過活，否則一旦沒人要你教書，你就只好挨餓了。抽版稅是如此的：就是書局賣了你一百本的書，分給你二十元。如福之三本書，實價共二元，假如每年每種能賣出二千本，則福每年可得八百元，這豈非比一時得到八百元要好？因此，福近來很想將此三部書來抽版稅，以為永久之計了。（一九二八年十月二十五日柔石致趙平西信，轉引自陳明遠《文化人與錢》，百花文藝出版社，二○○一年）

其實像趙平西這樣一個小縣城裡的鹹貨商，哪裡搞得清他兄弟說的什麼版權版稅的，趙平復只是想有人分享他的快樂罷了。一個歎貧嗟苦的青年，現在總算有了「自由撰稿人」的社會地位而獲得文學界的承認（雖然他當時的稿酬標準是千字二元，在作家裡面是屬於比較低的），經濟和文藝命途上出現的這一線光明怎不讓他歡欣雀躍呢。經濟上的初步自立連帶著說話的口氣也壯了不少：「福總想做一位於中國有貢獻的堂堂男子，我現在已經有做人的門路了，只要自己刻苦，努力，再讀書，將來總不負父母之望。」（一九二八年十月二十五日柔石致趙平西信，轉引自陳明遠《文化人與錢》，百花文藝出版社，二〇〇一年）他給日後的自己定的做人信條，一是努力、刻苦，忠心於文藝，二是如有金錢的餘裕，就補助於諸友。

趙平復把那一時期的經濟狀況報告如下：「福現今每月收入約四十元。一家報館每月定做文章一萬字，給我廿元。又一家雜誌，約廿元至三十元。不過近來食住兩項，每月要抽去廿五元，書籍每月總要十元。因此這兩筆所賺，沒有錢多。」（一九二八年十月二十五日柔石致趙平西信，轉引自陳明遠《文化人與錢》，百花文藝出版社，二〇〇一年）

為了多多進款，他就要讓自己像磨道上的驢子一樣不斷奔跑，不停下來，以至於「每夜到半夜一二點困覺」，「一邊吞胃藥，一邊再寫」。（一九二八年十月二十五日柔石致趙平西信，轉引自陳明遠《文化人與錢》，百花文藝出版社，二〇〇一年）

那一時期他在致兄長的一封信中說：「近日生活亦好，每天可寫兩千字。」（一九二八年十二月六日柔石致趙平西信，轉引自陳明遠《文化人與錢》，百花文藝出版社，二〇〇一年）以稿酬千字二元計算，每日可得國幣四元，如能順利賣掉文章，則每月收入可達國幣一百二十元（合今人民幣四千二百元），趙平復那時候的收入也應該是頗為可觀了。

這種一不依附於官，二不依附於商的經濟自由狀況，是知識者言論自由的後盾，也是一個作家心性自由的物質基礎。趙平復就這樣成了當時一個左翼自由撰搞人的典型。

迷惘的時候，這些青年想到了合夥辦刊物搞出版，二三十年代的文藝青年，到了上海不賣文、不辦報刊就好像白在上海混了似的。他們想好了，合夥建一個文藝社團，出版一種刊物，以後再陸續出版圖書。特別是王方仁說到他哥哥開的「合記」教育用品店可以幫助先墊付印刷的油墨、紙張，還可以幫助代售，他們更是好像看到了成功了的樣子。開辦的時候說好每人股金五十元，魯迅參了一股，拉許廣平參了一股，趙平復的那一份，因一時交不出錢，也是魯迅墊付的。所以魯迅在裡面參到了一大半。取陸機的「謝朝華於已披，啟夕秀於未振」之意，「朝花社」就這樣開張了，擬辦的刊物也就名之為《朝花》週刊。

儘管只是一本十六開八版的小刊物，魯迅還是為之傾注了大量心血。首期出刊，他為刊名「朝花」設計了美術字，還選用了英國版畫家亞瑟·拉克哈姆的一個畫來飾刊頭。他手把手地教會趙平復他們如何編輯一本刊物：辦刊物既要求文章內容扎實，版面設計、編排形式也要生動，不能搞得密密麻麻，給人以壓抑之感。他還幫助他們編選了一些近代木刻畫的選集。

幾個合夥人裡，崔真吾在復旦大學附屬中學當教員，王方仁常東奔西走，實際都是趙平復一個人承擔著編輯、製圖、發稿、印刷的一攬子事務。可是王方仁那個開教育用品社的哥哥給他們供應的紙都是從拍賣行拿來的次貨，油墨也是廉價的，用來印刷木刻圖版，品質次得沒話說，自然影響了刊物銷路。再加他欺趙平復不懂經營，「相信人們總是好的」，常常藉故不付拖欠書款賴帳，以至刊物出到一年後竟至出不下去了。趙平復只好用自己著譯所得的僅有一點稿費去抵償債款，魯迅也賠了一百二十元，至此社事徹底告終。

魯迅後來回憶這事：「他躲在寓里弄文學，也創作，也翻譯，我們往來的許多日，說得投合起來了，於是另外約定了幾個同間的青年，設立朝花社……然而柔石自己沒有錢，他借了二百多塊錢來做印本。不過朝花社不久就倒閉了。柔石的理想的頭，先碰了一個大釘子，力氣固然白花，此外還得去借一百塊錢來付紙賬……一面將自己所應得的朝花社的殘書送到明日書店和光華書局去，希望還能夠收回幾文錢，一面就拼命地譯書，準備還借款，這就是賣給商務印書館的《丹麥短篇小說集》和戈里基作的長篇小說《阿勒泰莫諾夫之事業》。但我想，這些譯稿，也許去年已被兵火燒掉了。」（魯迅《為了忘卻的紀念》，最初發表於一九三三年四月一日《現代》第二卷第六期，後收入《南腔北調集》）

經此挫折，趙平復覺得自己在這個堅固的社會面前還是太敏感太脆弱了，「神經末梢太靈動的像一條金魚」。魯迅像一個父親一樣告訴他「象的哲學」：「人應該學一隻象。第一，皮要厚，流點血，刺激一下子，也不要緊。第二，我們強韌地慢慢地走去。」（見一九二九年十月十四日日記。《柔石日記》，陳漱渝等編，收入「中國現代作家日記叢書」，山西教育出版社，一九九八年。）

越來越沉入孤獨的黑暗中的魯迅，對他中意的青年自覺不自覺地流露著父愛的感情。這青年身上一種特殊的東西撥動了他的心弦，他對之的喜愛之情與日俱增。他喜歡每日的晨昏、晝午與這個青年海闊天空地談論社會、人生與文藝。每次會見友人，上館子請客吃飯，更是把趙平復當作家人，邀他與許廣平、周建人一道作陪。即便是偶爾的看電影、遊公園、逛書店、看畫展，也喜歡邀他同行。而趙平復，這個乖巧的年輕人，也總在合適的時機出現在先生的面前，問他有什麼需代辦的事，相幫著處理一些諸如寄書、寄信、匯款、去出版社取版稅等雜務。當時魯迅想搬家，他就一次次地陪同著去北四川路、老靶子路、蓬萊路、海寧路等處看房子。他成了魯迅在上海「一個唯一的不但敢於隨便談笑、而且還敢於托辦點私事的人」（參見魯迅，《為了忘卻的紀念》）。在魯迅日記中，隨處可見這樣溫暖的記載：「中秋，煮一鴨及火腿，治面邀平復雪峰同食」，「因有越酒，遂邀雪峰柔石」。即便是一九三〇年二月十三日這日，中國自由運動大同盟成立，魯迅到會演說，查這一天的日記，也有「晚邀柔石往快活林吃面，又赴法教堂」的記載。

他們之間的交往，在《魯迅日記》裡載及近百次，在不完整的《柔石日記》中，也載到百餘次。就連美國友人史沫特萊，也看出了魯迅對他那種格外的關愛，多年後她回憶說：「其中有一個以前曾當過教員叫柔石的，恐是魯迅朋友和學生中最能幹最受他愛護的了。」

《為了忘卻的紀念》中，他和魯迅相扶著過馬路的細節，是何等的溫暖、動人：

> 他和我一同走路的時候，可就走得近了，簡直是扶住我，因為怕我被汽車或電車撞死；我這面也為他近視而又要照顧別人擔心，大家都倉皇失措的愁一路，所以倘不是萬不得已，我是不大和他一同出去的，我實在看得他吃力，因而自己也吃力。

這期間，趙平復浙一師時的同學馮雪峰因遭當局通緝從家鄉義烏避居上海，在他的安排下，馮雪峰住進了景雲里甲一一號。那房子的後門斜對著魯迅住的屋子的前門，馮每天晚飯後就在三樓陽臺上張望，一看魯迅家裡沒有客人，就跑過去聊天。馮這個「在中國最瞭解魯迅的人」（許廣平語）後來說：「正是柔石的介紹，使我很快就能夠受到魯迅的指導和取得他的友誼了。」他也發現了魯迅與趙平復之間那種超越於尋常友情之上的父愛式的親情：「我那時感覺到，現在也同樣感覺到：在柔石的心目中，魯迅先生簡直就是他的一個敬愛的塾師，或甚至是一個慈愛的父親，卻並非是一個偉大的人物，而魯迅先生也確是像一個慈愛的父親似地對待他的。」（馮雪峰《回憶魯迅》）

一九二九年一月的一個晚上，魯迅問趙平復，明年的《語絲》，你去看看稿並校對，可不可以？可以的話我給北新書局的李小峰去說說，北新每月會給你四十元錢的編輯費，這樣你的生活便安定了，此後也可以安心做點文學上的工作。（參見一九二九年一月十一日日記：「晚上魯迅迅先生問我，明年（指舊曆）的《語絲》，要我看看來稿並校對，可不可以。我答應了。同時我的生活便安定了，因為北新書局每月給我四十元錢。此後可以安心做點文學上的工作。」《柔石日記》，陳漱渝等編，收入「中國現代作家日記叢書」，山西教育出版社一九九八年。）趙平復想人的一生真的是由機會促成的啊，以前他也想把自己的短篇寄到《語絲》去，可是總怕門檻太高，編輯老爺們看不上，沒想到自己現在居然要親手編這個刊物了。

一九二九年的春節，趙平復是在魯迅家裡和許廣平、周建人等一起分歲過年的。這一天他回去後記日記：「今天是舊曆十二月三十日，此刻是夜半後二時，從吃夜飯起，一直就坐在周先生那裡，夜飯的菜是好的，雞肉都有，並叫我喝了兩杯外國酒。飯後的談天……什麼都談，文學哲學、風俗、習慣，同回想、希望，精神是愉悅的。」（見一九二九年二月九日日記《柔石日記》，陳漱渝等編，收入「中國現代作家日記叢書」，山西教育出版社，一九九八年。）並意猶未盡地寫下了一首小詩：「我是一個完全無過去的人了／將努力捉住那陽光的白點開始有新的光明了。」

這年十一月，趙平復的中篇小說《二月》由上海春潮書店出版，魯迅為之作《小引》。合同規定抽版稅二十%。不久，作為中國自由運動大同盟和「左聯」發起人之一，趙平復被推選為常務委員和編輯部負責人，主持《萌芽》月刊，每月得編輯費三十元。

此後經濟生活日見好轉，月收入可達一百多銀元，他寫給故鄉妻子的信中說，「我今年的生活比較好些，以後我當按月寄二三十元給你，作家裡零用。店裡我虧空了的錢，再由我補還。今年一年以內，我當補足，你無用擔心。」《柔石日記》，陳漱渝等編，收入「中國現代作家日記叢書」，山西教育出版社，一九九八年，頁一五六。）

據《中國勞動問題》的資料（光華書局，一九二七年），二〇年代上海市民一般生活水準為：一個典型的市民五口之家（相當於四個「等成年人」的消費）生活水準，以每月二百銀元為中上等之分界線；每月六十六銀元為一般市民經濟狀況；每月三十元以下為貧民的下等生活分界線。一家月消費六十六銀元，也就是每年八百銀元，每個「等成年人」每月十六元六角七分，這樣水準的家庭，在當時上海工人裡大約占四%，而在普通的知識階層和職員中占多數。這也是當時上海一般文化人的經濟狀況。

另據國民政府工商部對於工人生活的調查統計，一九二八年——一九二九年上海產業工人中的男工月工資最高為五十元，最低為八元，一般工資為十五元八角；女工月工資最高為二十四元，最低為七元，一般為十二元五角。此外尚有獎金、津貼等附加收入。上海工人家庭一般為四—五口人，以兩人同時做工計，一般月工資收入為二十八—三十二元，年工資約為三百三十六—三百八十四元，加上獎金和津貼部分，年收入估計在四百元左右。而當時中國城市底層一個五口之家的月均生活費為二十七元二角。照這樣看來，左翼自由撰稿人趙平復的日子也算是滋潤的了。

但趙平復的稿費收入並不穩定，虧空的日子還是經常有，一遇到經濟拮据，都是魯迅幫他解決。翻檢《魯迅日記》，魯迅就曾五次借款給他，合計達二百七十元。照魯迅的行事方式，這些錢除非是趙平復主動歸還，否則他是不會開口索要的。

從沒出過遠門的「西哥」到上海來探望弟弟了。告知他家裡的一切情形，還帶來一個消息，說妻子又為他生下一個兒子。陪著兄長在上海玩了八九日，送他回去的時候，他給父母買了葡萄酒，給妻子買了法蘭絨衣料和花帕，還給兒子買了皮書包和乳粉，都托兄長帶到鄉下去。

很快就到了他母親六十大壽的生日，本來把吉期定在了十一月的初一日，因一些雜事纏身，他到家已是十一月初四日。儘管錯過了吉期，家人還是很高興。他母親更是笑得合不攏嘴。她坐在兒子從上海買來作為生日禮物的一把木質朱漆藤座靠背搖椅上，心疼地說，人來了就好，何必買介考究的東西，路上又不好帶的。在老家住了四五天，他又匆忙趕回了。他那時還不知道，這是他最後一次回他那個山海之間的小城了。

最後的結局我們都已經知道了，那是來年二月的一個深夜，我們年輕的主人公飲彈十枚，死在了上海龍華的荒場凍土上。他在東方旅社被當局拘捕前的二十四小時，據說是這樣度過的：

前一日的中午，在景雲里吃過中飯，換上西

裝，對合住的朋友說要到外面開一個會，可能要住幾日才能回來。晚間，去魯迅家問版稅的支付辦法，魯迅將以前與北新書局所訂合同抄了一份給他。第二天上午，到永安公司右面隔牆一座三角形樣式建築的小咖啡館裡，出席左聯的一次執委會。在朋友處吃過午飯，就匆匆離去趕赴三馬路的東方旅社三一號房，那裡還有一個會在等著他。就在那裡，他和其他七八個人被警員帶走了，警察局的案卷上記著他的名字叫「趙少雄」。

得知他被捕的消息，魯迅當晚燒掉了與朋友的信件，倉惶出逃，在日本朋友內山完造的幫助下，全家避居到黃陸路一家日本人開設的「花園莊公寓」。

後來，魯迅這樣回憶那個訣別的夜晚：

> 明日書店要出一種期刊，請柔石去做編輯，他答應了；書店還想印我的譯著，托他來問版稅的辦法，我便將我和北新書局的所訂的全同，他向衣袋裡一塞，匆匆的走了。其時是一九三一年一月十六日的夜間，而不料這一去，竟就是我和他相見的末一回，竟就是我們的永訣。第二天，他就在一個會場上被捕了，衣袋裡還藏著我那印書的合同，聽說官廳因此正在找尋我……（魯迅《為了忘卻的紀念》，最初發表於一九三三年四月一日《現代》第二卷第六期，後收入《南腔北調集》）

剛入獄時，他還有生的念想，且對形勢的險惡估計不足，以為還會有獲釋的可能，在獄中想方設法托人帶出了兩封給同鄉的信。其中的一封經魯迅在《為了忘卻的紀念》中的引述已廣為人知：

我與三十五位同犯（七個女的）於昨日到龍華。並於昨夜上了鐐，開政治犯從未上鐐之紀錄。此案累及太太，我一時恐難出獄，書店事望兄為我代辦之。現亦好，且跟殷夫兄學德文，此事可告周先生；望周先生勿念，我等未受刑。捕房和公安局，幾次問周先生地址，但我哪裡知道。諸望勿念。祝好！

（背面附字——洋鐵飯碗，要二三隻如不能見面，可將東西望轉交趙少雄）

另一封，魯迅應也是親見了的，但他沒有抄錄，或許是信中流露的強烈的求生慾望與監禁中非人的折磨之間的反差讓他憤怒且悲哀，或許是信中慘苦的措辭讓他不忍卒引，「趙少雄」入獄十幾天後發的這封信的全文是這樣的：

在獄裡已半月，身上滿生起虱來了。這裡困苦不堪，饑寒交迫。馮妹臉膛青腫，使我每見心酸！望你們極力為我倆設法。大先生能轉託得一蔡先生的信否？如需贖款，可與家兄商量。總之，望設法使我倆脫離苦海。下星期三再來看我們一次。借錢給我們。丹麥小說請徐先生賣給商務。祝你們好！

雄　五日

——（《柔石年譜簡編》，參見王艾村《柔石評傳》，上海人民出版，二〇〇二年，頁三〇九）

信發出後隔了一日，我們的主人公並他年輕的戀人，和其他二十二人一道，在一個寒冷的夜晚，被當局秘密處決了。

二、青年趙平復的愛情生活

自從嫁到趙家，這個叫吳素瑛的女人就經常夢見自己被拋棄。夢中的場景一律是在春天泥濘的田野上，下著雨，她和小她兩歲的丈夫一前一後的走著，回娘家，或者是去城外的村莊為病著的兒子去請郎中。雨不大，結在草尖上像閃亮的露珠。他們不住起落的腳踢得這些水球四處飛濺。忽然她抬頭，或者回頭一看，那個好端端走著的男人就不見了。她哭，她喊，可是無濟於事，那個男人就像一片水汽化入了天地間的蒼茫之中。

她知道，時光是再也不能回轉了。那一年，黃壇的元宵燈會初相見，她二十歲，他十八歲，都是花兒一樣的年齡啊，她記得他會立馬紅起的臉，記得他把臉湊近她耳邊時急促的呼吸，像一頭雄性的小動物，咻咻地響。她還記得，他初次上她東溪的家，喝多了她父親家釀的米酒，鼻尖上滲著細密的汗珠，給她的弟弟們講除暴安良的俠義故事。真快啊，一下子就成了拖著三個孩子的母親（還有一個他稱作「我愛」的，沒有照顧好，早早夭亡了，這是她一想起來就覺得對不往他的）。都這個年紀的女人了，她不再有別的奢望，只希望那個男人和別人家的丈夫一樣，同出同入，點燈說話，吹燈作伴，和自己安安穩穩過一生。

可他總是不著家，先是省城讀書，後來是北平上海滿天下的跑，偶而回趟家，也只知捧著一本書呆呆的出神，視她和兒女如無物。天哪，他會不會在外面有了別的相好的女人？聽說城裡的女學生現在膽子都大得很呢。一冒出這個念頭，她把自己都嚇了一跳。越是要把它按下去，越是要冒上來。結婚那麼多年，儘管相伴無多，可她自信不會有別的女人比自己更懂得他：外表像綿羊，內心卻潛藏著一隻暴烈的老虎。她是知道他有個乳名叫「歸山虎」的。她希望自己孝敬公婆的懿德終能感化這只一年到頭遊蕩在外的老虎回家。

吳素瑛的父親是個老童生，一生也沒有考取什麼功名，但這並不妨礙這個可愛的小老頭以讀書種子自居，並把方孝孺方正學先生成天掛在嘴上。想當初，他不也是衝著那個鹹貨店主的兒子是個讀書人，才把女兒嫁了過去嗎。現在，出於某種對文化過於尊崇的心理，那個嫁出去的女兒嚷著要回娘家來，跟表妹們一起上私塾念書了。丈夫識字，自己不識字，這在她看來已成了橫亙在自己和夫婿之間最大的障礙。

老童生說，你一個過了門的媳婦，不做家務，不幫翁姑持家，反倒要回娘家讀書，招人笑話哩。但終拗不過寶貝女兒，讓她留下了。塾師是個老婦人，除了教些打算盤、記帳，再就是如何給外出夫君寫信的《女子尺牘》之類。這倒是投她所需。趙平復在杭州葛嶺做家庭教師的時候，收到了妻子寫來的第一封信。他後來說自己當時讀信的心情，剛開始，「也似有曇花一現的甜味」，但馬上——「悲哀就滿浹了全身」。何至於如此呢？她後來也覺得自己太傻，怎麼可以在信中直截了當地說什麼擔心變心不變心的話。果然他的回信是一番賭天咒地的發誓。第二封信，她學聰明了些，一邊告訴他家裡兄嫂反對她讀書，以示自己要跟上他的腳步是多麼不易，一邊呢，試探著問他明年的打算。女人小小的機心誰能知曉啊，她真希望明年就隨在丈夫身邊，不要回這個家了。但這也只是一廂情願的想法。人一到窮途，最怕你問他明天的事，果然，趙平復的回信都帶著一股怒氣了：「你的明年，這四個字我早已預想過了，容易和艱難，就是痛苦與幸福所羈絆的我們未來的人生。」和女學生、女友在紙上談人生、談未來當然是很愜意的事，可她又不是女友顧君或者李君或者柳君，能引得他的心「完全在信箋上舞蹈」，那是鄉下的結髮妻子呀，談什麼？怎麼談？

校園裡女學生們銀鈴般的笑聲把空氣盪出了小小的漩渦，她們黑裙青衫的輕盈身影在教學樓和操場的小徑上倏忽來去。這空氣中到處飛揚著腎上腺激素和慾望的日子呀，這憂傷、絕望的青春期，汪靜之們大膽直露得讓人臉紅的詩句正在校園裡無恥地流行。滿目的姹紫嫣紅鶯鶯燕燕，已婚男人趙平復真要感慨自己過著的是「渣滓的生活」了。但也止是做做春夢，「從昨夜到今晚，卻有兩件可紀念令我心悅的事：第一，當然要算是昨夜的親美夢，和一位——就是伊，擁抱著久長的KISS，就是醒了，還覺得全身如飲過葡萄酒，眠在愛人懷裡一樣。」（一九二三年十月二十六日日記。陳漱渝等編，收入「中國現代作家日記叢書」，山西教育出版社，一九九八年。）更多的時候，則是把性苦悶與婚姻生活的琴瑟異趣的衝突在日記中作一番自慰式的發洩。「種種意見和我不合，我的計畫又難融洽。我本來知道所謂愛，是肉體上的一部分……夜裡計算一夜的生命之賬，結果總是破產。我精密的判斷——這是我惻隱之心太富的緣故，理想也被人道所支配了！現在想起，怕已絕了方法。唯一的路，走上周赫王所建築的避債台了。」（一九二三年七月十八日日記。陳漱渝等編，收入「中國現代作家日記叢書」，山西教育出版社，一九九八年。）

過年前兩日到家，吳素瑛還在黃壇念書，家人火速傳訊去，大年初一的早晨她回來了，臉讓北風吹得紅撲撲的。進入房門的一刻，他不由自主的緊握了一會她的手。待放好包裹，坐在床框，他迫不及待地擁抱起了她。她嚶嚀了一聲，你總是如此的，就紅著臉跑了出去，扔下他一人對著屋樑發怔。他歎息了：唉，到底是浸慣於舊風氣的女子，不知日間的擁抱，是更甜美於夜半的接吻。在家住的這些日子裡，他再也沒有在白天抱吻過她。

知道了妻子在黃壇念書的大概，趙平復心裡忽然起了一絲感動。他說，還是我來教你吧。吳素瑛以為他說著不當真的，沒想到接下來幾天他真的編起了教材。他為她選的白話文是郭沫若翻譯的《少年維特之煩惱》，古文是《春夜宴桃李園》、《秀州刺客》幾篇。她埋怨道，這裡一篇，那裡一篇，翻也翻不著，怪討厭的。話這樣說著，心裡卻是喜歡的。他作發恨狀，那就去抄起來！她抿嘴笑，你對學生仔也這麼凶的？就不抄，抄是抄不起來的！她嫌「維特」裡面的句子「如刺蓬般，扳來扳去，搞不清楚」，他便又依著她，找來了《紅樓夢》。這閨房調笑的一幕在他們的婚姻裡可算是最動人的了，但一下也就過去了，更多的時候，倒是隔膜著，兩顆心之間忽近忽遠的，像漂移著的大陸一樣越來越覺著遠了。

「同未出嫁的姑娘通信是應該的麼？」

「半年所賺的錢，非但一文沒多，倒要從家裡匯去，並不見你買回好東西，不過幾本書而已！」

這樣的一連串詰問下，趙平復直覺得自己在家裡成了一條灰頭土臉的狗，直不起腰。後來的去上海，不管什麼堂皇的理由，有一條就是想避開這個女人。在外兩年多了，時間沒有消去他對她的不滿，竟至於說出這樣的話來：「想想妻的不會說話，常是副板滯的臉孔，有時還帶著點凶相，竟使我想得流出眼淚來！……冷靜一些，曠達一些，朋友已說我現在能這樣恬淡靜默做人，和以前的多感、煩惱，處處發現情愫衝動，已相差很遠了。但我的內心，火焚的內心，誰知道！」（見一九二九年一月十九日日記。《柔石日記》，陳漱渝等編，收入「中國現代作家日記叢書」，山西教育出版社，一九九八年。）而此時，他已在半冷不熱的婚姻生活中捱過了近十個年頭，並成了三個孩子的父親。

大哥平西去上海看他回來，帶來的消息是令人高興的。家人也和吳素瑛一樣，不知他一個人在外面做著什麼緊要的事，但匯來的錢畢竟是看得見的。他託大哥給她帶來的法蘭絨外套和一方花帕、給孩子買的皮書包和乳粉，這一切讓她相信，他心裡還是有她的，有這個家的。可是她還是放不下心來，他在外頭會不會有別的女人？這個念頭一天又一天的折磨著她。

初冬的天氣變化無常，兩個孩子都病倒了，求醫問藥，端湯端水，搞得吳素瑛人都消瘦了不少。偏偏有一天在村頭聽到有人在說，她丈夫在上海和某某好上了。本就疑心的她，這下一心要趕往上海了。急得她公公只好寫信給兒子，讓他無論如何回家一趟，安定家人之心。接到父親來信，趙平復在日記中寫道：「帝國弟妹均小病，景況蕭瑟，藥石為難，且年成荒歉，告貸不易。素瑛一心要外出，意不願任我一人在外，逍遙自在。於是母親叮囑年內歸家一次，以安家人之心。我讀了信，心灰意冷！問自己不知如何解脫。」（見一九二九年一一月二十六日日記。《柔石日記》，陳漱渝等編，收入「中國現代作家日記叢書」，山西教育出版社，一九九八年。）趙平復向朋友借了五十元寄回家，本來以為可以聊作安慰，沒想到女人還真說得出做得到，就拿著這五十元錢作盤纏，抱著最小的兒子跑到上海來找他了。

見妻子大老遠的跑來，趙平復自是好言勸慰。住了幾天，她也覺得市塵嘈雜的上海遠沒有鄉下來得清靜。看丈夫那麼老實相，也不像有女人的樣子，再加住房狹小，兒子又是屎又是尿的，搞得日子很狼狽，她就想回家了。那天，趙平復一手抱兒子，一手提藤篋，送她去十六浦碼頭坐船。剛出門的時候天還陰沉著，到得碼頭，天竟下起了雨。怕她們娘兒倆淋著，他又折回去買了一頂油布傘。吳素瑛也是個容易滿足的女人，看他一來一去跑得滿頭大汗的，她心裡頭又是甜蜜又是痛楚。

很不幸的是，女人的直覺往往是對的。敵人果然已經出現，只是她一直蒙在鼓裡罷了。那是個姓馮的女人，有個男性化的名字：馮鏗，還有個女人味很重的名字：嶺梅，廣東潮州人，正當二十四歲的妙齡。這個文藝女青年人也長得像她的名字，濃眉大眼，貌似男子，不喜裝飾，而愛辯論，從不拿自己當女人看，很小的時候就據說立志要學秋瑾。馮女士在潮汕的時候本就有一個戀人，叫許峨，是一起做小學教員的同事，兩人在那邊因赤化的嫌疑待不下去了，才一起跑到上海的。感情的事也真說不明白，馮女士跑到景雲里蹭過一頓飯後，竟一門心思迷上了那個清清瘦瘦的江南書生柔石。柔石對她的印像看起來也不錯，稱她是「烈火般的性子與秋水般的心靈薈萃於一身」。就在吳素瑛來上海探夫之前，馮女士已經是景雲里的常客了，不久前，她還和柔石一起跑到杭州西湖玩了幾天，用他們的說法是，「度過了幾天歡快的時光」。

他們曾帶著幾枚產自廣東新會的柳丁去拜訪過魯迅。魯迅對馮女士的第一印像並不佳，「她的體質是弱的，也並不美麗」。談了一會天，魯迅還是覺得這女子「很隔膜」。「有點羅曼諦克，急於事功」（參見魯迅，《為了忘卻的紀念》），這是魯迅對她的初始印象，很不幸這印像到她死了也沒有改變。而且他疑心，柔石那時候說要「轉換作品的內容和形式」，要做大部頭的小說，也是來自這女子的主張。他終於發現除了自己，還有一個女人能夠影響他一向視作兒子的柔石了。

有誰能阻擋一個熱情如火的女子向著愛情飛奔？除非她自願意停止這撲火一般的飛翔。馮鏗這樣向他傾訴，「自第一次碰見你便覺得給你吸引了去」，「你把我的精神佔領了去」，「一種神秘的、溫馨的情緒縈繞著我」（一九三〇年十月十四日馮鏗致柔石的信，轉引自王艾村，《柔石評傳》，上海人民出版社，二〇〇二年，頁二一六），這如火的情話，哪一個男子聽了不動心？趙平復的小說《二月》完稿了，第一個給她讀，她幾乎把小說裡的女主人公陶嵐看作自己的化身，而他理所當然成了「蕭澗秋」，那個「極想有為，懷著熱愛，而有所顧惜，過於矜持」（魯迅《〈二月〉小引》）的青年才俊。這樣的比附連她自己也覺得了「不可救藥」。真是個羅曼蒂克的女子！他們經常見面，還一起開會，可她總嫌在一起的時間不夠，坐在有軌電車上也沒忘了忙中抽閒寫個條子給他：「這是我要告訴你的零碎的話句：我的金魚本來是黑色的，但這幾天已漸漸變成紅色的了！你看，多漂亮的信箋，我好像在你的心上寫著一般，一坐下來，你便使我空虛；同時，把這空虛充實了的也是你。」過了些日子，甚至還弄出一首請托終身的七絕遞給他看：天涯何處托孤枝？清冷門前柳葉垂！海燕年年來話別，多情唯有托相知。

後來，馮女士在柔石那兒看到這條子，自己也奇怪當時為什麼要說金魚。那條金魚早就死了。一個女人向著男人暢開自身的時候，總是會絮叨她生命裡一些小小的物事，小小的快樂。她想，我變得多嘮叨了呀，真是此情無計可消除！

連她自己也覺得了慾念的可怕，它會讓你拋開廣大的人群，只想和愛人住在一個荒島上。在情慾的煎熬中，她給他寫信，問他：所謂愛情，是不是一定要離開群眾的、神秘而玄妙的東西？一邊又在矛盾的心情中，自責沉溺於纏綿幽婉的兒女之情的這樣一種「可恥的心情。」

愛情讓女人變得細心。她一直記著她的生日，只是埋在心裡不說，到了他生日的那天，她出其不意的來了，只是想給他一個驚喜。沒遇見他，只好留下字條，快快回去。他回來了，驚喜之情是不難想見的，把一個個空吻印在了她留下了紙條上。他連夜給她寫信，稱她「梅」，「我的小鳥兒」。他安慰她「我們有明天，有後天，有永遠的將來的晚上」。他說他現在相信了真理是單純的，唯一的。兩人都明白，這真理，就是兩個人的愛情。

已婚男人趙平復要有所行動了。他要努力做得像一個紳士，而不是一個卑劣的橫刀奪愛者。第一步是給她的前情人寫一封信。他稱那個見過三次面的男人為「親愛的同學、許峨兄」：

你現在或者在怨我，在罵我，我都接受……一月前，馮君給我一封信，我當時很躊躇了一下；繼之，因我們互相多於見面的機會的關係，便互相愛上了。在我，以於事業有幫助，但同時卻不免有糾紛；這是事實告訴你我，使我難解而且煩惱的。（轉引自王艾村，《柔石評傳》，上海人民出版社，二○○二年，頁二二二——二二三）

在這封不長的信中，這個戀愛中的男人一面理直氣壯地告訴情敵，「我是一個青年，我當然需要女友」，一面曉諭於他：你若愛馮君愈深，你亦當顧馮君有幸福愈大，如果馮君與你仍能結合，仍有幸福，我定不會再見馮君，相信你不會強迫一個失了愛的愛人，一生跟在身邊，我也決不會奪取有了愛的愛人，滿足一時肉慾。

趙平復帶著勝利者的高姿態勸他，我們的全副精神，都應該放在和舊時代的鬥爭上，我們的前途是光明的，我們所需要做的是事業，戀愛，這不過是輔助事業的一種「次要品」。

上海，真是個好地方，有革命，有戀愛。戀愛是為革命，因此愈是革命就愈是要戀愛。連「大先生」都與他的「廣平兄」住到一起了，還有什麼好顧忌呢，這就是開化，這就是文明社會。信發出沒幾天，左翼自由撰稿人趙平復（現在圈子裡的人都叫他柔石）就和文藝女青年馮鏗在靜安寺泰利巷找了一處秘密的房子，正式同居了，時當寒風吹徹的一九三〇年隆冬。

兩個月後，在上海城外的龍華，一陣排槍洞穿了他們的愛情之舟。兩人的血流在了一處。

夜色如年老的瞎眼的母親，
抱著我感到一溜緊貼而淒涼的溫存。
而我卻幾次地像一支白白小飛蛾般掙扎，
願撲向那燈光自尋到了殞滅。

——柔石，《熄燈後，兀自在窗前》

這幾句讖言般的詩，正是柔石自己、也是那個時代無數青年的命運的一個寓言。他們不甘於黑屋子裡的沉悶，為著對光明的渴望和找尋，終於不願僅僅流連於小我的安穩而走上了一條更為危險莫測的命途，直至青春殞滅，韶華永逝。他們的生命如流星一樣劃過黑暗的天幕，留給生者的是永不忘卻的紀念。

附記：柔弱與堅硬

我和柔石最初的相見，不知道是何時，在那裡。他彷彿說過，曾在北京聽過我的講義，那麼，當在八九年之前了。我也忘記了在上海怎麼來往起來，總之，他那時住在景雲里，離我的寓所不過四五家門面，不知怎麼一來，就來往起來了。大約最初的一回他就告訴我是姓趙，名平復。但他又曾談起他家鄉的豪紳的氣焰之盛，說是有一個紳士，以為他的名字好，要給兒子用，叫他不要用這名字了。所以我疑心他的原名是「平福」，平穩而有福，才正中鄉紳的意，對於「復」字卻未必有這麼熱心。他的家鄉，是台州的寧海，這只要一看他那台州式的硬氣就知道，而且頗有些迂，有時會令我忽而想到方孝孺，覺得好像也有些這模樣的。

看他舊作品，都很有悲觀的氣息，但實際上並不然，他相信人們是好的。我有時談到人會怎樣的騙人，怎樣的賣友，怎樣的吮血，他就前額亮晶晶的，驚疑地圓睜了近視的眼睛，抗議道，「會這樣的麼？——不至於此罷？」……後來他對於我那「人心惟危」說的懷疑減少了，有時也歎息道，「真會這樣的麼？……」但是，他仍然相信人們是好的。

……他的迂漸漸的改變起來，終於也敢和女性的同鄉或朋友一同去走路了，但那距離，卻至少總有三四尺的。這方法很不好，有時我在路上遇見他，只要在相距三四尺前後或左右有一個年青漂亮的女人，我便會疑心就是他的朋友。但他和我一同走路的時候，可就走得近了，簡直是扶住我，因為怕我被汽車或電車撞死；我這面也為他近視而又要照顧別人擔心，大家都蒼皇失措的愁一路，所以倘不是萬不得已，我是不大和他一同出去的，我實在看得他吃力，因而自己也吃力。

無論從舊道德，從新道德，只要是損己利人的，他就挑選上，自己背起來。

> 我記得柔石在年底曾回故鄉，住了好些時，到上海後很受朋友的責備。他悲憤的對我說，他的母親雙眼已經失明了，要他多住幾天，他怎麼能夠就走呢？我知道這失明的母親的眷眷的心，柔石的拳拳的心。當《北斗》創刊時，我就想寫一點關於柔石的文章，然而不能夠，只得選了一幅珂勒惠支（Kathe Kollwitz）夫人的木刻，名曰《犧牲》，是一個母親悲哀地獻出她的兒子去的，算是只有我一個人心裡知道的柔石的紀念。（摘自魯迅《為了忘卻的紀念》，最初發表於一九三三年四月一日《現代》第二卷第六期，後收入《南腔北調集》）

相關連結．人物小傳

柔石（一九〇二～一九三一）

浙江寧海人。原名趙平福，又名平復、少雄，筆名有金橋、趙橫、劉志清等。一九〇二年九月二十八日出生於寧海城西。幼孱弱，十歲方就學，好文學、音樂。民國六年（一九一七）畢業於縣城正學高等小學堂，入省立第六中學（設臨海），嫌其學費昂貴且辦理不善，退學自修。翌年入省立第一師範（設杭州）。「五四」運動和「一師學潮」給柔石以深刻影響，後參加該校進步文學團體「晨光社」，走上文學之路。一九二三年畢業，次年任教慈溪普迪小學，課餘創作小說。一九二五年元旦，自費出版短篇小說集《瘋人》。同年二月，赴北京大學旁聽，專修哲學、英文，兼聽魯迅所授之《中國小說史》和《文藝理論》。

第二年因經濟拮据而離京南歸，為職業奔波於滬、杭、甬之間。是年北京發生「三・一八」慘案，甚為震怒，作散文《詛咒》及小說《舊時代之死》以舒憤。秋，因病返家休養。旋赴鎮海中學任教員，繼升教導主任。一九二七年秋返鄉，執教於寧海中學，自編《國語講義》及《中國文學史略》授課。一九二八年春，被薦任縣教育局長。六月間離鄉去滬。

在上海，經王方仁介紹結識魯迅。先後出版《三姐妹》、《舊時代之死》、《二月》、《為奴隸的母親》等小說，並翻譯蘇聯及北歐文學。是年冬，在魯迅領導下創立朝花社，發行《朝華旬刊》、《藝苑朝花》諸刊物。一九二九年初受魯迅委託，接編《語絲》。翌年二月，參與發起成立中國自由運動大同盟。三月，中國左翼作家聯盟成立，被推選為執行委員，後任常務委員、編輯部主任，負責編輯「左聯」機關刊物《萌芽》。五月，由馮雪峰介紹加入中國共產黨。接著，以「左聯」代表身份出席全國蘇維埃區域代表大會。一九三一年一月十七日被捕，二月七日犧牲。

紅色少年
殷夫的親情與愛情

一、紅色戀人之少年

一九二八年十月，少年徐白出獄後乘坐一艘從上海開往象山港的小火輪迴到了浙東故鄉。他對上海這座喧囂之城的嫌惡，在面對故鄉靜穆和平的山水時終於爆發出來。此時，已如一場噩夢般遙遠的上海，在這個十九歲的少年看來是「白骨造成的都會」——一個鬼狐魑魅到處橫行的世界。

家人把他安置在城西的一處寺院裡。

同年秋天，少年的小阿姐——一個叫徐素韻的省立女子蠶桑講習班的學生，也回到了這座叫「丹」的江南海濱小城。因時任縣教育局長的姐夫的關係，這個小女子得以出任縣立女子完全小學的校長一職。她還寫信邀來了在蠶桑講習班的一個叫盛淑真的杭州同學做她的幫手。也在這年十月，浙東山地的紅柿子像燈籠一樣掛滿枝頭的季節裡，已在省城杭州一所教會學校裡謀得教職的盛淑真興沖沖地來到了丹城。

誰都可以預料這個故事的方向：在少年和這個多愁善感的杭州姑娘之間會有故事發生。其實故事已經發生，事件的起始可以追溯到兩年前的一個夏天。這個當時還叫徐白的少年從上海民立中學畢業後，暑期無事，到杭州遊玩，住在廣福路他大哥的家裡。徐素韻放假帶了盛淑真來玩。少年羞怯的天性使他不敢與這個模樣纖秀的女學生對視。直到兩個女孩清泠的笑聲在綠茵蓊鬱的庭院盡頭消失，他還沒有和她說上一句話。不久，他們開始了頻繁的通信。這些混合著青春期激情和二〇年代進步青年人生苦悶情緒的書信今天已不可尋覓，但有據可考的是少年從上海這座摩登之都向他的女友頻頻寄送了《奔流》、《婦女雜誌》、《拓荒》這些當時的時尚雜誌。

這是新文化的啟蒙，也是愛情的啟蒙。啟蒙是必要的，因為那個年代他們的精神和身體都禁閉在整齊劃一的校服裡。但少年徐白從來沒有看清過她的面容，提筆作書時更是無從憶想，只好似一個美麗的幻影——幻影中的女孩戴著一頂夏天的草帽，穿著白色大襟倒大袖圓角短衫和一襲齊膝的黑色葛裙，像傳說中的洛神一樣縹緲。

通信的結果是「徐白」成了「殷夫」（他同時還有一個筆名叫「白莽」）。這個同濟大學德文預科補習班的學生，喜歡在每封信的信尾把「殷夫」兩個字寫得大大的。殷者，紅也，不經意間他把自己的一生與紅色繫連在了一起。戀愛出詩人，他要做一個紅色的詩人。

小女子徐素韻用心良苦，兩年前她介紹少年和盛小姐相識，又寫信告知小弟要多關心盛，希望他們成為好朋友。現在她又把盛小姐從杭州邀來，安排小弟也來女子學校代課。但少年突然面對現實中的女孩卻驚惶失措，再也沒有了面對一葉信箋的輕鬆與自信。他們一道在女子學校教課，同桌吃飯，他卻故意裝出一副素不相識的冷漠。

只有到了晚上，他才又變回自己，把白天沒說的話塗抹在一頁頁白紙上。從上海回到象山的三個月裡，他寫了二十多首詩。在詩裡，他小布爾喬亞地稱盛「我的心」、「星」、「玫瑰花」，他思念，表白，狂想，懺悔。

去愛近在眼前的美女卻偏偏去和紙上的美女說

話——現在的人也實是看不明白了。說清楚其實也很好理解：一、青春期輕微的內心幽閉症；二、負罪感。

每個從青春期幽暗的長廊過來的人，大多都會有程度不一的內心閉鎖的經驗，這一點不去說它了。說說少年在盛姑娘這件事上的「負罪感」，即他自以為「罪惡深沉」的「罪」是什麼。

這一年他為盛淑真寫的情詩裡，死亡拖著長長的影子在遊蕩——「死以冷的氣息，吹遍你的柔身」；「我蹂躪你，我侮辱你，我用了死的尖刺，透穿了你的方寸」——這「罪」，跟死亡連在一起，既預見到自己的死亡，又怕連累愛人。這話聽來好像矯情了些，像文明戲裡刻意安排好的一段愛情臺詞。但惟其是真實的，方顯出少年的純潔和真誠來。

以此「臨終的眼」看去，人們習見的鄉野上死嬰的墳塚，那些傾聽晚風無依的悲訴的「稚骨的故宮」，也被賦予了別樣的意義：

孩兒塔喲，你是稚骨的故宮，
佇立於這漠茫的平曠，
傾聽晚風無依的悲訴，
諧和著鴉隊的合唱！
呵！你是幼弱靈魂的居處，
你是被遺忘者的故鄉。

白荊花低開旁周，
靈芝草暗覆著幽幽私道，
地線上停凝著風車巨輪，
淡曼曼天空沒有風暴；
這喲，這和平無奈的世界，
北歐的悲霧永久地籠罩。

你們為世遺忘的小幽魂，
天使的清淚洗滌心的創痕；
喲，你們有你們人生和情熱，
也有生的歌頌，未來的花底憧憬。

只是你們已被世界遺忘，
你們的呼喊已無跡留，
狐的高鳴，和狼的狂唱，
純潔的哭泣只暗繞莽溝。

你們的小手空空，
指上只牽掛了你母親的愁情，
夜靜，月斜，風停了微噓，
不睡的慈母暗送她的歎聲。

幽靈喲，發揚你們沒字的歌唱，
使那荊花悸顫，靈芝低回，
遠的溪流凝住輕泣，
黑衣的先知者驀然飛開。

幽靈喲，把黝綠的林火聚合，
照著死的平漠，暗的道路，
引主無辜的旅人佇足，
說：此處飛舞著一盞鬼火……

——殷夫，《孩兒塔》

一個十九歲抱著政治熱望的青年學生，在與政府的衝突中已經兩次入獄，這個現代監禁制度下的漏網之魚，死亡對他來說並不陌生——它一直緊貼著他的生命，像一個住在隔壁的小丑，說不定什麼時候就會破牆而入。他嚮往紅色，他選擇了紅色，紅色是激情的，炫目的，也是危險的。少年徐白要革命，也要戀愛，但戀愛就要把「死的尖刺」「透穿了你的方寸」。因此——愛，還是不愛，確實是一個問題。

一九二八年秋天，紅色少年徐白在象山半島上的猶豫、彷徨、遲疑和不決由此而來。

再敘述下去就有點索然無味了，因為它掉進了似乎早就預設好的紅色經典敘事的模式：革命高於愛情，愛情服從革命。他終於決斷了——「我不能愛你，我的姑娘！」（《宣詞》）他要把自己的「微光」加入到整個「燃燒著的朝陽的旭輝」，直至「喪鐘狂鳴，青春散殞」。想是這麼想了，卻還沒來得及說出口。放著這麼一個美人在眼前，心就是硬不起來。那些詩稿也是深鎖篋中，從沒有勇氣拿給姑娘去看。這就好似鞘中長劍，寒光內斂，傷不著人的——隱秘的語言還沒有造成事實。一個還蒙在鼓裡一相情願地等著你來捅破那層薄紙，一個卻在理智與情感的糾纏中把絕望的話語在舌底下盤來盤去就是吐不出口。這種情感的「懸擱」狀態對誰都是一場疲憊不堪的折磨。一九二八年的年末就在這種看似永遠沒有盡頭的拖延中來臨了。這是江浙人所說的一個「爛冬」。邋遢的天氣，邋遢的心情。慘白如鹽的浙東丘陵浸泡在一場又一場的凍雨裡，卻沒有落下哪怕是半片的雪花。就在這樣糟糕的時日裡，盛的父親，杭州警察局的一個小科長從省城拍來電報，催盛速歸，說是在省建設廳已為她謀得廣播員一職。盛姑娘銀牙一咬，即刻準備起了行裝，準備天一亮就離開這個叫丹城的傷心之地。

那個雨夜的情狀在一本當地的鄉土史教材中被描述得像數十集的電視連續劇中的一個分鏡頭：

> 在昏黃的燭光下，盛淑真一件一件地整理皮箱裡的衣物，整著，整著，回顧這半年來的生活，她忍不住哭了起來：我懷著一顆火熱的心來，希望的是一個美滿的結局，哪知道……（引自象山縣委宣傳部、象山縣文聯合編，《海山仙子國——象山》）

而此時的少年——「站在室外，冒雨徘徊」。他想敲門進去，理智又制止了他。他在室外站了半個多小時，全身都濕透了，冷風吹來，牙齒格格打顫。

他終於沒有如你希望中的破門而入。那不是二○年代的作派。那個晚上他又回去寫詩了。怯懦和絕望使他對著一張白紙才有勇氣叫喊。這句打動芳心的話盛姑娘要在三年以後少年真的「青春散殞」了才有機會看到——你第一個勾起我純潔的愛念。現在的戀人分手不咬牙切齒算好的了，誰還會有這樣溫柔的情話。

敘述到這裡，還有一個人物應該出場了。她就是少年的母親，一個叫錢月娥的鄉村女人。在少年的這場情事中，一開始她和女兒徐素韻都是有力的撮合者，她把盛姑娘視作未過門的媳婦青眼有加，後來她不知從哪兒得來的消息，說盛早已在杭州訂婚，就變了臉。這個大家族事實上的當家婆——育有九胎，存活六胎——像大觀園中的賈母一樣在兒女的婚姻上手腕沉著。如同那些兒子——情人——母親這一類型的小說中發生的一樣，兒子在一場失敗的愛情之後又回到了母親身邊，把母親視作失衡的情感的依賴。她在少年的眼裡成了「東方的聖瑪利亞」。少年描述她苦辛、屈辱的生命「如永不見天日的蒼悴地草」。但年輕的「太陽社」社員終究不甘在慈愷的母戀中自縛手足，他很快找到了離開母親和家庭的一個理由。他誇張地說，在深夜的山風中他聽到了「時代悲哀的哭聲」。

他要去救世了。他還要去上海。

在很大程度上，詩，替代了這個害羞、固執的鄉村少年的嘴和舌頭。真如你已經看到的，在許多該說話的時候他的舌頭似乎膠住了，他變得像一個重度的失語症患者，他能做的只是在一張紙上釋放出所有被禁錮的聲音。現在，詩又成了他療診「愛情的苦毒」的一劑猛藥。一九二八年冬天，這場失敗的愛情終於有了一個結晶，一首散發著自由精神的五言詩歌。半個多世紀以來，它一直被革命青年陰差陽錯地掛在嘴邊當做愛情的誓言：

> 生命誠可貴，愛情價更高；若為自由故，二者皆可拋。

這是少年從德文版《斐多斐詩集》轉譯的。詩集是一九二七年冬天少年的大哥徐培根送的。

二、多餘的話

故事的後面還有一條尾巴：

盛小姐回到省城去建設廳應聘，可是她的國語太臭了，做廣播員的事也就黃了。她想去上海讀書。怎麼說她也算是個新女性呀，一個新女性怎麼可以躲在閨房裡等著父母把自己給嫁出去。可是她那個做著警察局小科長的父親極力反對。盛小姐發狠說，你就把將來陪嫁的那筆錢給我讀書去吧。在上海，她上的是一所私立的法學院（她的一個兄長也是從這所學校畢業的），可是她去上海好像存心不是讀書的，沒多過久，她就想法子搞到了少年在上海的住址，興沖沖地找去了。

少年已經是一個年輕的職業革命家了。每天

混在一幫碼頭工人和人力車夫中間搞「工運」。同時他也成了監獄的常客，前不久又進去了一次，才出來不久找到「組織」。那天盛小姐像一隻剛出籠子的小鳥，嘰嘰喳喳大講與父親的鬥爭，少年則一如慣常地沉默。傍晚分手時，他請她吃了一碗陽春麵。前嫌似乎盡釋了。幾天後，少年約她坐小火車去吳淞口看了海，回來後的第二天，少年和一個畫家朋友一起把一隻裝有宣傳品的柳條箱扛到了她那裡，說要存放一段時間。盛小姐把箱子藏在了自己床底下。少年終於意識到這樣做是在玩火，盛小姐這樣一個小公務員家庭出身的女子，怎麼可能成為一個燒炭黨人的妻子呢？半個月後，他又偷偷跑去把那只危險的箱子取了回來。此後，他們再也沒有見面。

少年後來又進過監獄。他自己都記不得是第幾回進去了。反正他的運氣總是很好，關進去了，就像外面跑累了去休息幾日，便又生龍活虎般跑了出來。魯迅曾記述他「又一次被了捕」剛釋放出來時的模樣，那是一個夏天：

> 有人打門了，我去開門時，來的就是白莽，卻穿著一件厚棉袍，汗流滿面，彼此都不禁失笑。這時他才告訴我他是一個革命者，剛由被捕而釋出，衣服和書籍被沒收了，連我送他的那兩本。身上的袍子是從朋友那裡借來的，沒有夾衫，而必須穿長衣，所以只好這麼出汗。（魯迅，《為了忘卻的紀念》，最初發表於一九三三年四月一日《現代》第二卷第六期，後收入《南腔北調集》）

三、一本家世的流水帳

少年的父親是個鄉村郎中，識得幾個字，擅治婦女病和痲疹。這樣的人物在鄉村算得上一個知識份子。徐家祖籍一個叫上虞的鄰縣，大約在十九世紀上葉遷至大徐村——象山縣城東南三十里一個五百戶人家的大村。開門見山，山名珠山，為半島瀕海第一峰，海拔五四五米。峰名由來，照例是一段捕風捉影的傳說：舊志載，古時有海船遙望岩頂寶光直射星漢，尋之不獲乃去，岩之半則有古松如張蓋，人取則不見。百年鄉村生活如古井深水，波瀾不驚，超穩定的鄉村生活蓋緣於一個家族宗法制的社會結構，家族體系是鄉村傳統的權力結構方式，多子多福多壽即其重要的價值取向。鄉村知識份子徐郎中和他的妻子錢月娥生命不息耕耘不止，育九胎，活六胎——這在當時已經是一個很不錯的成績了。一部家世的流水帳，背後是淚和笑，是等待、祈盼、屈辱和生活重軛下的喘息。

一、二胎，女，生下後得「七日瘋」（小兒破傷風症）夭。

三胎，女，取名祝三。

四、五、六胎，男，按徐氏宗譜，排行「孝」字輩，譜名依次為孝瑞、孝祥、孝邦，取名芝庭、蘭庭、松庭。

七胎，女，早夭。

八胎，女，取名素韻。

少年是這個大家庭的第九胎。生下這天是一九一〇年農曆五月初五，一個掛艾蒿插菖蒲的節日。時其母四十歲，大姐十八歲。按「芝蘭松柏」序，取名柏庭。

四、親情地獄，溫情羅網

寫以上這段文字時，總想到傳統宗法制社會裡的一個規則：長兄如父。

少年的長兄徐培根，是個標準的現代軍人。查有關資料，在徐培根條下有以下履歷式的介紹：北京陸軍大學畢業。辛亥革命時曾參與攻打軍械局。北伐時在廣東革命軍總司令部任職。一九二三年回杭，任駐浙陸軍第一師中校參謀。一九二七年春，奉調上海，任國民革命軍第二十六軍司令部上校參謀處副處長。

徐培根的修養品性，是典型的儒家傳統一脈：對父母孝，對弟兄愛，對朋友信，對上司忠，於生活儉。一九二七年，少年徐白入讀上海浦東中學，時徐培根已經杭州調至上海，駐紮龍華，對兄弟自然關愛有加。他要求小弟每半個月到他那兒報到一次，一、領取生活費；二、報告學業；三、改善伙食。「四・一二」事變，少年第一次被捕入獄，又是他利用軍界的關係把他救了出來。

少年在浦東中學開始接受新知識，他學會了兩個新名詞，「階級」和「鬥爭」。一個史姓同學動員他加入了黨的週邊組織青年團，理由是——「因為你是一個熱血青年」。出獄後，少年住在虹口公園附近的大哥家，兄弟倆時常就時局爭論。雖是在書房和飯桌上進行的溫和的爭論，但兄弟分歧已一日深似一日。徐培根為了照顧好小弟，把妻子從象山老家接來調理打點。二十天後，少年體重增加了四公斤，身高增長三公分。

一年後，少年徐白再度入獄，時徐培根留學德國未歸，這個大家庭的又一個女人——大嫂張芝榮——憑著丈夫的關係疏通了關節，再次營救出獄。

當女人們在鄉下哭成一團時，少年驚叫著，「世界大同的火災已經被我們煽起」。

一九二九年農曆正月裡的一天，少年的愛情創傷剛剛彌平，又迫不及待地重返上海。在三哥徐松庭處，他讀到了大哥從德國寫給他的信。他覺得再也不能重投溫情羅網，當夜寫了一首《別了，哥哥》的詩，要他大哥把「二十年來的手足的愛和憐」、把「二十年來的保護和撫養」作為一場惡夢收回去。他說他已經選好了一條道路——這條路，「有的是黑的死和白的骨」，但他決意要走下去了。詩的最後兩句像一封火藥味濃烈的戰書：「再見的機會是在，當我們和你隸屬著的兩個階級交了戰火。」

別了，我最親愛的哥哥，
你的來函促成了我的決心，
恨的是不能握一握最後的手，
再獨立地向前途踏進。

二十年來手足的愛和憐，
二十年來的保護和撫養，
請在最後的一滴淚水裡，
收回吧，作為惡夢一場。

你誠意的教導使我感激，
你犧牲的培植使我欽佩，
但這不能留住我不向你告別，
我不能不向別方轉變。

在你的一方，喲，哥哥，
有的是，安逸，功業和名號，
是治者們榮賞的爵祿，
或是薄紙糊成的高帽。

只要我，答應一聲說，
「我進去聽指示的圈套，」
我很容易能夠獲得一切，
從名號直至紙帽。

但你的弟弟現在饑渴，
饑渴著的是永久的真理，
不要榮譽，不要功建，
只望向真理的王國進禮。

因此機械的悲鳴擾了他的美夢，
因此勞苦群眾的呼號震動心靈，
因此他盡日盡夜地憂愁，
想做個普羅米修士偷給人間以光明。

真理和憤怒使他強硬，
他再不怕天帝的咆哮，
他要犧牲去他的生命，
更不要那紙糊的高帽。

這，就是你弟弟的前途，
這前途滿站著危崖荊棘，
又有的是黑的死，和白的骨，
又有的是砭人肌筋的冰雹風雪。

但他決心要踏上前去，
真理的偉光在地平線下閃照，
死的恐怖都辟易遠退，
熱的心火會把冰雪溶消。

別了，哥哥，別了，
此後各走前途，
再見的機會是在，

當我們和你隸屬著的階級交了戰火。
——殷夫，《別了，哥哥（算作是向一個「階級」的告別詞吧！）》

這些革命話語在激情的驅使下如洪水奔湧，固執、自信而譫妄。「階級」、「鬥爭」這些詞語滋生的新知識的譜系，把親情驅趕到了一個角落，而代之以「陣營」：革命的陣營和反革命的陣營。在這種新的話語系統裡，親情是絆腳石，是地獄，少年要拋開它，「踏著虹的橋，星河的大道」，是造他的「新生」去了。

這年夏天，少年的大嫂張芝榮來到上海，意外地得到了一本新出的《拓荒者》，上面正好有少年的大作《別了，哥哥》。她把這本雜誌寄給了徐培根。徐培根讀了此詩，又從德國給小弟寫來一封長信，談為人信條，父母期望，兄弟情誼，家庭榮耀，要少年早早悔悟。但少年以為這封看似溫情脈脈的信不是一個大哥寫給一個小弟的，而是「一個猙獰的階級向另一個新生的階級的脅迫和威壓」，於是他回信說，覺得讀那封信比讀一篇滑稽小說還要輕鬆，覺得好像有一把不重不輕的擔子從肩頭移開了，覺得把他的生命苦苦地束縛於舊世界的一條帶子，使他的理想與現實不能完全一致的溶化的壓力終於是斷了，被消滅了。

他承認，「當我的身子已從你的階級的船埠離開一寸的時候，我就開始欺騙你，利用你或者甚至鄙棄你了。」

他也承認，純從個人的角度，他感謝和佩服兄長，父親早逝，他的確做得不一般的周到——「你是一片薄雲似的柔軟，那麼燙貼」。可是一當他站在「階級的立場」上，他就「不禁要憤怒，不禁要反叛」。

> 哥哥，這是我們告別的時候了，我和你相互間的繫帶已完全割斷了，你是你，我是我，我們之間的任何妥協，任何調和，是萬萬不可能的了，你是忠實的，慈愛的，誠懇的，不差，但你卻永遠屬於你的階級的，我在你看來，或許是狡詐的，奸險的，也不差，但並不是為了什麼，只因為我和你是兩個階級的成員了。我們的階級和你們的階級已沒有協調、混和的可能；我和你也只有在兄弟地位上愈離愈遠，在敵人地位上愈接愈近了。
>
> （殷夫致徐培根信，轉引自張瀟，《殷夫傳》，浙江人民出版社，二〇〇一年）

說到底，他還是一個孩子，一個任性、固執、容易害羞的孩子，當世界在他面前剛剛打開，他就像一隻飛蛾滿懷獻身的渴望撲了進去，並被推到烈焰的中心。他對一直關愛著他的大哥的惡劣態度，看似絕情，更似一場孩子氣的遊戲。這裡找不到情感上的根源，大哥對他諄諄關懷，他們兄弟感情一直不錯。也沒有有力的思想的支撐。環境和新知識在這裡起了決定性的作用。一次次的監禁已經使少年的內心暗暗發生了逆轉（現代監禁制度下什麼樣的可能不會發生，它可以使一個享樂主義者奉受苦為生活真諦，可以讓紳士變流氓、流氓變聖徒），禁錮中埋下的仇恨和叛逆一直在尋找釋放的途徑。他遭遇了新知識、新學說，並進而奉之為奮鬥終生的信仰，於是當他祭起「階級」這面空鏡，滔滔天下，兩個陣營涇渭分明。又是一出革命的經典敘事：爹親娘親不如階級親，革命大於親情，甚至要消彌親情。

「別了，哥哥」——哥哥在這裡成了一個符號，一個「階級」的符號。在少年新的知識譜系中，這個符號代表著一個腐朽、殘忍、不人道和終將沒落的舊制度，還隱約透露出傳統的權力體系——父權的陰影。他是個叛逆者，弒神者。革命者的崇高感和弒神者的快感在少年的心中交替出現互為消長。

當一種知識成為信仰，一種話語成為霸權，它在方法論上的簡單和粗暴勢必造成人性的戕害、扭曲和異化。好在少年的純樸和本性的天良還沒有讓他完全走到親情的背面去，把這一切全部埋入「孩兒塔」。這一封信和一首詩是一次告別的儀式，儀式之後，革命家還要繼續生活。因為沒有生活的附麗就沒有戰鬥。幾次入獄，冬天到了，他只穿兩件夾襖，穿街過巷，站在寒風凜冽的大街上演說。夏天，他在太陽底下奔走曬出一身的臭汗，清苦的職業革命家開始向家裡人求援：

我的工作是忙碌的，在整天的太陽火中，我得到處奔跑！但是天哪，我所有的只是件藍色愛國布大衫，兩件麻布的襯衣，我想我怎麼過得了這夏天啊！所以我迫切地請求，給我想法十元或十五元錢吧！我沒有辦法再可以想了。（殷夫致家人信，轉引自張瀟，《殷夫傳》，浙江人民出版社，二〇〇一年）

他還寫信勸阻小阿姐陪母親去南京，理由是「近來時局太壞，南京也不是什麼太平地方」。

這筆旅費倒還不如讓我做件夏衣呢！（再：夏布衫及襯衫已在去年為恐怖所吞沒，所以沒有了。附告。）（殷夫致徐素韻信，轉引自張瀟，《殷夫傳》，浙江人民出版社，二〇〇一年）

信發出不久，他收到了一件夏布衫，十五元錢。

五、少年血

一九三一年一月十七日，少年與八個同志在上海的一家小旅店開會時被英國巡捕逮捕。兩天後，被引渡至警察局。

這是少年第四次入獄，也是最後一次。這次再也沒有奇跡發生，沒有人把他從死亡的邊界線拉回來。二十天後的一個深夜，少年在龍華監獄遭當局槍決。和他一起處死的四個作家中，有一位是他的同鄉，寧海人柔石。

附記一：兄弟

「東有啟明，西有長庚」，語出《詩經》，意思是說金星有兩個名字，當它出現在凌晨，是啟明星，出現在黃昏，又叫長庚星。一九二三年，融洽一時的北京新街口八道灣周氏大家庭徹底破裂，魯迅憤而遷到西四磚塔胡同，從此兩人不和，成為參商，一變以前「兄弟怡怡」的情態。時人曾借用這種天象形容兄弟間的失和（魯迅周歲時取法名「長庚」，周作人字啟明），長庚和啟明不能在一起，似乎是天命註定。

安頓好新居，魯迅最後一次回八道灣取自己東西時，爆發了兄弟之間最激烈的一場正面衝突：

> 周作人抄起一尺高的獅子銅香爐，朝魯迅的頭上打去，幸好被門客搶下。魯迅也不客氣，回敬了一隻陶瓦枕。（阿憶，《周氏三兄弟》，載《中外文藝家》二〇〇一年十一月號，第三八頁）

魯迅日記關於這一日的記載是這樣的：「下午往八道灣宅取書及什器，比進西廂，啟孟及其妻突出罵詈毆打，又以電話招重久及張鳳舉、徐耀辰來，其妻向之述我罪狀，多穢語，凡捏造未圓處，則啟孟救正之，然終取書、器而出。」（魯迅日記，一九二四年六月十一日）

許多關於周氏兄弟的傳奇裡都有意無意地省略了這現代性倫理敘事的一節。

事後，兄弟兩人竭力避免正面接觸，但免不了在各自的文章中對此事的隱秘影射。周作人寫了篇《破腳骨》。「破腳骨」在紹興話裡是撒潑流氓的意思，這種人不惜殘害自己的身體來達到制服對手的目的。在周作人看來，他的兄長正是這樣的流氓。魯迅回擊一篇《兄弟》，取材於一九一七年周作人剛到北京時治病的故事，無情嘲諷了兄弟之情。

一九二五年十月十二日的《京報》副刊上，周作人發表了短文《傷逝》，借用古羅馬詩人的一首詩和英國畫家的一幅畫，傳達了他對不可再得的兄弟情誼的追念，「只囑咐你一聲珍重！」這是他向兄長發出的一份意味複雜的密碼電報。看到此文的九天後，亦即十月二十一日，魯迅完成了短篇小說《傷逝》，這個以「涓生的手記」為副題的第一人稱的小說是他的小說中最沉鬱悲痛的一篇，「如果我能夠，我要寫下我的悔恨和悲哀，為子君，為自己……」世人都誤以為這是一篇愛情小說，但只有周作人看出來了，這不是一篇普通的愛情小說，而是假借小說中男女主人公的死，哀悼兄弟之情的斷絕。

他在一則讀後感中（後收入《知堂回想錄》）如是說：「《傷逝》不是普通戀愛小說，乃是借了男女的死亡來哀悼兄弟恩情的斷絕的，我這樣說，或者世人都要以我為妄吧，但是我有我的感覺，深信這是不大會錯的。因為我以不知為不知，聲明自己不懂文學，不敢插嘴來批評，但是對於魯迅寫作這些小說的動機，卻是能夠懂得。我也痛惜這種斷絕，可是有什麼辦法呢，人總只有人的力量。」（周作人，《知堂回想錄》，第一四一篇《不辯解說（下）》，《周作人文選》，群眾出版社，一九九九年，頁三八一—三八二）

從新文化運動肇始時的兄弟一體而分道揚鑣，他們施向對方的每一招，也都無情地傷著了自己。

阿憶的文章寫到，魯迅死後的第二天，周作人正好有一堂關於六朝散文的課。他沒有請假，而是挾著一本《顏氏家訓》，「緩緩走進了教室」。

在長達一個小時的時間裡，周作人始終在講顏之推的《兄弟篇》。下課鈴響了，周作人挾起講義說，對不起，下一堂我不講了，我要到魯迅的老太太那裡去。這個時候，大家才看到周教授的臉色是如此幽黯，讓人覺得他的悲痛和憂傷不是筆墨所以形容。

附記二：何其不堪

一九三一年那個寒冷的冬天，一起被處決的共產黨嫌疑分子中，還有四位文人是：柔石，馮鏗（女），胡也頻，李偉森。這五位左翼作家的死，幾經渲染，成為聳動國際的「五烈士」事件。

同時赴死的五人中，以教師為業的柔石年歲稍長，死時也不過三十一歲。柔石饒有文才，極得魯迅賞識（從一九二九—一九三〇年魯迅日記的記述來看，兩人情逾父子）。一篇《為奴隸的母親》寫女性身體被剝削的痛苦，充滿人道主義的深情。他的惟一一部長篇小說《二月》以江南水鄉為背景，娓娓敘述「五四」之後知識份子在啟蒙熱情和傳統桎梏間的兩難，是早期現實主義小說的典範之一。平心而論，柔石之外，其餘四人在文學上皆是泛泛之輩。但事實是成了烈士之後，他們文名反而為世人所知。王德威有一段話說得好：

> 求仁得仁，原是革命作家的宿願。何其不堪的是，日後資料顯示，五烈士之被捕犧牲，未必是當局偵警如何的神通廣大，倒可能是出自紅色左派人士的內訌及告密。（《文學的上海——一九三一》），見王德威《想像中國的方法——歷史・小說・敘事》，三聯書店，一九九八年）

相關連結・人物小傳

殷夫（一九〇九～一九三一）

浙江象山人。原名徐柏庭，又名徐祖華，筆名殷夫、白莽等。一九二六年前後到上海讀書，加入共產主義青年團。一九二七年秋轉為中國共產黨黨員。一九二八年加入太陽社。一九二九年離開學校，從事青年工人工作。一九三〇年參加中國左翼作家聯盟，並任團中央刊物《列寧青年》的編輯。一九三一年一月十七日，在上海東方旅社被捕，二月七日在國民黨淞滬警備司令部龍華看守所刑場就義。早期詩作，憂鬱而孤寂，大多歌詠愛情和故土。後主要創作政治鼓動詩，如《別了哥哥》、《血字》、《一九二九年的五月一日》、《我們》、《我們是年青的布爾什維克》等。這些詩作以粗獷的音色和高昂的節奏，從正面謳歌了工人階級的鬥爭事業，傾訴著自己與舊世界決裂的信念，具有鮮明的政治傾向和強烈的時代感。殷夫也因此成為繼郭沫若、蔣光慈之後又一位重要的革命詩人。魯迅稱讚殷夫的詩是「屬於另一世界」的，「是對於前驅者的愛的大纛，也是對於摧殘者的憎的豐碑」（《白莽作〈孩兒塔〉序》）。

舞，舞，舞
穆時英一生中的十一個詞

一、模仿

天才作家、舞廳的狂熱顧客穆時英，在「月宮」裡單相思地迷上了一個大他六歲的舞女，從上海追蹤到香港並最終娶了她。這則發生在三十年代初上海灘上的傳奇，太像「新感覺派」小說的情節模式了，給人的感覺是穆時英的生活在自覺不自覺地模仿藝術。一般以為是穆時英從上海追到香港的狂熱無畏打動了舞女的心並最終有了這一段並蒂連理的佳話，殊不知穆時英赴港的最初動機倒並不是這個曾讓他夢縈魂繞的舞女，歡場如同獵場而尤物們又永遠是勝利者，年歲不大卻又洞悉此理的穆時英對此早已不抱什麼希望，這年冬天的香港之行，他是應大鵬影片公司之邀為他們執導《夜明珠》一片的。這部被吹噓「有《逆旅奇觀》之作風、有《茶花女》之豔事」的影片好像是穆時英自身故事的一個拙劣翻版，說的是有一個舞女，遇上了一個真正愛她的男人，可是這段情愛卻不為社會所容，最後舞女含恨而終。影片公司或許是看中了穆時英以往的小說中對都市景觀的電影化的描述而讓他來執導這部影片，的確他的視覺天賦和電影技法再好不過地呈現在了《夜總會裡的五個人》和《上海的狐步舞》等給他帶來巨大聲譽的這些小說裡。就在香港的某次社交場上（除了舞廳又會是哪兒呢），他再次遭遇了那個讓他曾經心動不已的舞女，他鄉遇舊識的的興奮過後是舊情的復燃。世事的流轉不定讓穆時英相信，生活未始不是在模仿藝術並照著藝術的路子在走。於是再度高漲的情愛中他恍然成了自己執導的電影中那個憂鬱又不乏衝動的男主角，一個新時代的阿爾芒斯。唯一不同的是電影的結局是灰色的而他在情愛的獵場上得以勝出把舞女變作了他名正言順的妻子。一個一門心思泡舞廳、下館子、追女人、擲骰子的人哪還有精力拍電影，再說又要侍弄新婦又要應付屢屢上門要債的賭友（好賭的穆時英一到香港就欠下了一筆不菲的賭債），正好他的朋友、另一位都市作家劉吶鷗致信相邀，他趁機攜婦回了上海。他不可能不知道，他的小說家朋友劉吶鷗此時已是傀儡政權的一個要員，他的欣然前往要麼是甘心附逆要麼就是負有某種不能為世人知曉的使命。但這一切不可能清楚地寫在一個人的臉上，要不歷史的煙雲也不會這麼弔詭莫測了。現在的穆時英已是使君有婦了，儘管妻子從前做過舞女，他也沒有理由像以前那樣任性地出入歡場了，生活或許會在某些轉折處似乎模仿了藝術但它還是有著物質生活打底的密實的底色。可是他在上海剛剛展開的生活似乎又成了對好友劉吶鷗的一次模仿：當他準備接管汪偽政權下的一份報紙並出任「國民新聞社」社長一職時，被秘密特務組織「除奸隊」槍殺。在這之前不久，他的前任劉吶鷗的生命也是在四馬路上的晶華酒家終結於一顆黑暗處射出的子彈。

二、香港

如前所述，穆時英曾在一九三八年抵港製片，但除了收穫了一個出身舞女的妻子外他對香港文化並沒有作出什麼貢獻。雖說男人的一生不是精子太忙腦子太閒就是腦子太忙精子太閒，但後來的文學史家普遍認為穆時英的浮華與好色還是讓他失去了

閃發光。印度手鼓的節拍，上百個樂隊的音樂聲，色欲的交響樂，曳步而舞，身體搖擺，休止符，燈海裡的慾望，慾望的濃煙，杜松子酒，爵士樂，伴舞女郎——一毛錢到一美元，俄國的，中國的，日本的，朝鮮的，歐亞混血的，全都對你親親熱熱……這就是夜生活中心的舞廳，這就是歡樂，這就是生活。儘管跳社交舞就像賽馬一樣是一種西方人的習俗，但當在上海的外國人最初把它介紹進來，時尚的男女就熱烈擁抱了它並樂此不疲。穆時英，這個光華大學的畢業生，這個年輕的天才小說家，這個衣著時髦燙著頭髮懂得享受「舉凡近代都市的各種知識無不具備」的摩登boy型人物，操著一口堀口大學（日本新感覺派小說家）式的俏皮話，把無數個夜晚和不可計數的錢財都扔在了這裡。百樂門舞廳、大都會花園舞廳、維也納花園舞廳、聖安娜、仙樂斯、洛克塞，這閃閃發光的夜晚這曖昧的燈影這情色味的空氣，他潛入其中就像魚在水中一樣自如。因了他小說家的虛銜，人們以為或許他是在舞廳裡為他的小說尋找靈感，笑稱他把舞廳當作了丈母娘家，把所有的錢財都揮霍在了夜生活上，卻沒有人看到昏暝的光線中他盯著女人乳溝的眼睛像獵手一樣銳利。那些舞女，坐在離他一臂遠的檯子上，嗑著西瓜籽，也在打量著男人。她們擺出一副做作的冷漠就像在等待一輛輛慾望的街車駛近，她們敷了白粉的臉和猩紅的唇搭配著就像日本能劇中的人物。都市的夜把這個遊手好閒者磨練得收放自如老辣沉著，他熟習從快步、狐步、華爾滋、探戈到新查爾斯頓和倫巴的各種進退姿勢，懂得如何為看中的舞女開上足夠的香檳而不至於丟臉，如何在舞池中調動腹部的肌肉以有效地吸引女性。他挺拔的身材輪廓分明的臉和闊綽的出手使他獲得了小姐和舞女們一次次的青睞。作為對他大方的回報，這些高瘦各異妍媸不一的女人中也有出去和他欣然上床的，並在他寫實主義的敘寫中進入了他一篇篇照相攝錄式的小說。作為男人慾望的對象，她們也把自己的慾望投射在了男人身上，在情感的方式上也在作愛的體位上顯得比男人更大膽更姿肆更激情，甚至扮演起了控制男人的角色。他在「月宮」裡喜歡上又屢追趕不得的那個舞娘，誰說不是在與他玩欲擒故縱的情愛遊戲呢，只是後來這情愛遊戲演到了天邊是他始料不及的。

四、尤物

於是故事便在這燈紅酒綠的都市景觀下上演了，大同小異的模式不外是男性主人公在這裡邂逅摩登女郎或者說尤物。雖然邂逅的結局不外是男性的落敗（都市裡的一個奇怪邏輯），但其過程中包含的精妙的形式和細節卻足以讓一個遊手好閒者怡然自樂。從詞源上探究，「尤物」本指超群拔萃的人或物，當穆時英和他的朋友們用這個詞來指稱這些美豔而惹禍的舞女、交際花、飽暖思淫慾的都市中上層女子時，已經把她們另眼相看同正常的婦女群區分了開來。她們在穆時英的眼裡已經只有了「女」而沒有了「人」，她們成了品鑑、消受的寶貝和捕誘、傷害男人的獵手。

那是些有著「蛇的身子、貓的腦袋」的溫柔和危險的混合物，有著「柔滑的鰻魚式的下節」和「石榴一樣的神經質的嘴唇」。她們穿著紅綢的長旗袍站在輕風上似的飄擺著袍角，踏在海棠一般可愛的紅緞的高跟鞋上的一雙腳看一眼就知道是一雙慣於跳舞的腳。她們外表妖冶，富於挑逗，像一朵朵豐肥妖豔的花，讓你明知有毒卻又甘於被她的色澤和醇鬱所魅惑。她們工於心計、狡黠淫蕩、愛慕虛榮，追逐肉的享受和浮華的生活。美麗的外表下藏的是一顆狐狸的心，「紅菱的嘴」裡吐出的只是謊言。她們相貌的挑逗誘惑和狐狸般的性格正象徵著都市的浮華、淫侈與奢靡。一眼看到這些尤物你就會有這樣的疑問：我到底是個好獵手，還是只不幸的綿羊？在一篇題為《駱駝・尼采主義者與女人》的短篇小說裡，男主人公邂逅了一個神秘女郎，一個異國情調的尤物：「她繪著嘉寶式的眉，有著天鵝絨那麼溫柔的黑眼珠子和紅膩的嘴唇」。他挑逗她的方式是說了這樣一句話：小姐，我要告訴你，你喝咖啡的方法和抽煙的姿態完全是一種不可饒恕的錯誤。然後是一場調情鬥智的對話：男——小姐，人生不是蓮紫色的煙圈，而是那燃燒著的煙草。女——我不懂你的話。男——人生是駱駝牌，駱駝永遠不會疲倦，駱駝永遠不歎一口氣。女——先生，我不懂你的話。男——不懂嗎？我告訴你，我們要做人，我們就抽駱駝牌。女笑了起來——你真是個有趣的人，也生得很強壯，我想和你一起吃一頓飯，看你割牛排的樣子。隨後是一對風塵男女在「親切友好的氣氛中」共進晚餐，那風情萬般的尤物在餐桌上教了他「三百七十三種煙的牌子，二十八種咖啡的名目，五千種混合酒的成份配列方式」，一腔慾火的男主角終於一無所獲，敢情她是拿他當消遣品來著！

被當作消遣品的男子——人影幢幢的舞池裡又未嘗不是如此，這歡場上的追逐到後來誰又分得清哪個是獵物哪個是獵手。明月裝飾了我的窗我又裝飾了你的夢，你承載了我的慾望我又滿足了你的虛榮，真個是你中有我我中有你大搗慾望的漿糊。在這個不無ＳＭ色彩的的標題的短篇裡，穆時英借集合著「JAZZ、機械、速度、都市文化、美國味、時代美」的女大學生蓉子小姐之口，道出了三〇年代上海灘上的時尚男女追逐的藝術家的名字：

「我喜歡讀保爾穆杭，橫光利一，崛口大學，劉易士——是的我頂愛劉易士。」

「在本國呢？」

「我喜歡劉吶鷗的新的藝術，郭建英的漫畫，和你那種粗暴的文字，狂野的氣息……」（《被當作消遣品的男子》，《穆時英小說全編》，學林出版社，一九九七年）

對於左翼作家們把舞女們描繪成社會底層受盡欺凌的可憐的生物，穆時英認為最好的辦法是讓他們進舞廳來親眼看看，他們不看怎知道這些尤物的一身春裝行頭，從皮鞋、絲襪、吊襪帶、奶罩、衛生褲、紮緄綢夾袍、春季短大衣到胭脂、面油、唇膏、皮包、燙髮、眉筆要花去通用銀元五十二元零五分（《摩登條件》，《時代漫畫》一九三四年二月），這在一九三〇年代的上海相當於一個小學教師或者普通記者編輯一個月的薪金，更抵得上一個四口市民之家一個月的生活費。而這無非就是為了吸引男人的慾望投射並在這投射的應對中刺痛男人的眼球！尤物啊尤物。

五、女體

這個故事講的是一個醫生對一個女子身體的探究。有一天，一個女子走進了一個作息刻板得像時鐘一樣的醫生的診所。醫生注意到她的身體，窄肩膀，豐滿的胸脯，脆弱的腰肢，纖細的手腕和腳踝，高度在五尺七寸左右。她說她感到衰弱，沒有胃口，還飽受失眠之苦，醫生的診斷是她要麼患了「沒成熟的肺癆」，要不就是「性慾的過度亢進」。他要求她脫下衣服躺在床上，以便對身體作進一步的檢查。然後他看到這個一絲不掛的女人，這個女體讓他想到了一尊塑像：把消瘦的腳踝作底盤，一條腿垂直著，站著一個白金的人體塑像，一個沒有羞慚、沒有道德觀念、也沒有人類的慾望似的無機的人體塑像。他的目光在「金屬性的、流線感的軀體的線條」上面一滑就滑了過去，這個沒有感覺、也沒有感情的塑像還在那兒等著他的命令。這不是一個醫生面對女體應有的解剖學的描述，它是情慾主義的，身體膚色的「白金」更強調了女體的混血意味，而這也是一個時代的口味。果然要命的事情發生了，醫生在這具好像沒有血色的女體面前感到了慾望的勃動。他喃喃著主救我白金的塑像啊，他是在祈禱擺脫女病人的身體誘引得到拯救嗎？問題是女病人並沒有作出什麼誘惑性的動作，那麼他的囈語是為壓抑的性幻想折磨所致了。故事的最後是他被女病人喚起了慾望找到了一個出口——他的新婚妻子——一個合法的佔有物。這個故事就是穆時英把筆墨首次集中於女性身體的經典文本《白金女體的塑像》。

還有一次他把一個女性的身體畫成了一幅國家地圖。故事的開始是男主人公看到一個坐在歌舞餐廳裡的摩登女郎（又一個摩登女郎！），在角落裡一邊靜靜地抽著一種Craven A（他把這作為了這個小說的題目）牌子的香煙，聞著「純正的爵士樂裡邊慢慢兒地飄過來」。很快他就非常專注地窺視起了她，並非常誇張地描述起了尤物的臉和身子：他全景式的注視從女郎的頭髮（「黑松林地帶」）開始，接著是眼睛（湖泊），嘴（「火山，中間顫動著一條火舌」），乳房（「兩座孿生的小山」），一直向下看到南方「更豐腴的土地」和「更神秘的山谷」（下體），直到他的視線被桌子擋住了，這個窺視者還要低下頭去，他還會說出什麼話來形容他的所見？——「在桌子下面的是兩條海堤，透過了那網襪，我看見了白汁桂魚似的泥土。海堤的末端，睡著兩隻纖細的、黑嘴的白海鷗，沉沉地做著初夏的夢，在那幽靜的海灘旁。在那兩條海堤中間的，照地勢推測起來，應該是一個三角形的沖積平原，近海的地方一定是個重要的港口，一個大商埠。要不然，為什麼造了兩條那麼精緻的海堤呢？大都市的夜景是可愛的——想一想那堤上的晚霞，碼頭上的波聲，大汽船入港時的雄姿，船頭上的浪花，夾岸的高建築物吧！」

沒有人會以為看到的是黃浦江入海的一景，「兩條海堤」是尤物的大腿。「三角形的沖積平原」是尤物的陰阜，那麼「大汽船入港的雄姿」又是什麼呢，這幻想中的地貌裡潛在的色情寓意真是攝人心魄。一九三○年代的上海真是個五彩斑斕的大雜拌，一邊是像蕭軍、蕭紅這樣的愛國作家把遭受日軍踐踏的東北比作女人的身體，一邊是在白日夢的譫妄中懶洋洋地描繪著一幅色情的身體地圖，難怪後來周樹人先生對上海文人會有才子加流氓的惱怒斷語，雖則在京派海派的分割中無論從文化淵源還是氣質特徵上說周更近海派文人，但由此存下的芥蒂使他一直恥於與之為伍。

六、狐步舞

《上海的狐步舞》，穆時英短篇小說，最初發表於《現代》雜誌第二卷第一期。如果舞廳是穆時英的小說裡最重要的場景，舞女是他小說裡最重要的人物，那麼他也習慣了用舞廳裡的聲色去比照外面的都市。舞廳，那是他為「被看」的對象——都市——找的一個「看」的視角，由此他得出一個重要的發現，一九三二年的上海正在跳著「狐步舞」：這是一個聲光電氣的現代生活，一切彷彿都在生成，一切都沒有規律可言，這無法捕捉的眩惑就像舞池裡燈影幢幢下的一支fox trot——狐步舞：「蔚藍色的黃昏籠罩了全場，一隻saxophone正伸長了脖子，張著大嘴，嗚嗚地沖著他們嚷，當中那片光滑的地板上，飄動的裙子，飄動的袍角，精緻的鞋跟，鞋跟，鞋跟，鞋跟，鞋跟，蓬鬆的頭髮和男子的臉。男子襯衫的白領和女子的笑臉。」何其的輕快狡猾，眩人欲醉，資本家姨太太黑白道交際花投機客小市民會在這狐步中舞著自己的韻律。這個比喻，在今天看來就像E・L・多克特羅用「拉格泰姆」這種帶切分音的爵士音樂來指稱一次大戰前夕的美國一樣經典。

這個小說以火車道邊的一場暗殺開場（這筆法讓人想到早期桀驁不馴的穆時英），這種殘酷的對幫會生活的描寫似乎在寓言著這個都市便是在殺戮中存續。沒有細節，只有動作和對話。接下來的片斷就像現代電影的一個分鏡頭劇本，傳達出光怪陸離的都會意像：

> 上海，造在地獄上面的天堂！
>
> 滬西，大月亮爬在天邊，照著大原野……原野上，鐵軌畫著弧線，沿著天空直伸到那邊兒的水平線下去……（《上海的狐步舞》，見《穆時英小說全編》，學林出版社，一九九七年）

然後，「嘟的吼了一聲兒」，我們看到一道孤光從水平線底下伸了出來。鐵軌隆隆重地響著，鐵軌上的枕木像蜈蚣似地在光線裡向前爬去。要的就是這電影一樣的刺激，要的就是這高效的刺激，要知道這是舞池裡足不點地般滑行的年代，熱愛時尚的人們需要的不再是京劇式的眉眼之間的傳情品味而是速度和力量。畫面再一轉，開始了一個富人家庭不倫的戀情：富商劉有德「法律上的妻子」（論年齡只能算作他的媳婦），與劉有德的兒子小德「開著一九三二的新別克，卻一個心兒想一九八〇年的戀愛方式」，深秋的晚風吹來，吹動了兒子的領子和母親的頭髮，「法律上的母親」偎在兒子的懷裡道：「可惜你是我的兒子。」歡場上的逢場作戲不會有也不需要靈魂的苦痛和掙扎，所以在舞場上他們各自在舞伴之間上演著已操練了無數遍卻依然動聽的話語：「有許多話是一定要跳著華樂滋才能說的，你是頂好的華樂滋的舞侶——可是，蓉珠，我愛你呢！」真是都市裡的香豔一九三〇年代的香豔。而小說開頭和結尾時的一句「上海，造在地獄上面的天堂！」，正好流露出了小說家穆時英本人的對都市的複雜認知：它是地獄，也是天堂。

然而狂歡總有一個終結，當舞會結束，隨著舞場裡白燈一亮，那種迷離和瘋狂全像佈景一樣消失了。「剩下的是一間空屋子，凌亂的，寂寞的，一片空的地板，白燈光把夢全趕走了。」作為一個風月場中的常客，穆時英那張因縱欲而蒼白的臉想必也被這種寂寞的酒深深浸染，不然他怎麼會說：「每一個人，都是部分的，或是全部的不能被人家瞭解的，而且是精神也隔絕了的。每一個人都能感覺到這些。生活的苦味越是嘗得多，感覺越是靈敏的人，那種寂寞就越加深深地鑽到骨髓裡。」（《公墓・自序》，上海現代書局，一九三三年）

穆時英寫《上海的狐步舞》時還有一個更大的野心，他聲明，這是他準備寫的長篇《中國一九三一》的「一個斷片」。在那個尚未問世的小說裡，他暗示說會讓都會景觀承載更多的意義，並藉此成為民族寓言的一部分。如果對照茅盾的長篇《子夜》（它的副標題是「一九三〇年的一個中國傳奇」），這或許可以看作是穆時英作出的對茅盾的英在這部充滿著粗野暴戾之氣的集子裡描繪了一群生活在城市底層受著貧困與過剩的「力比多」雙重擠壓的男人，這些海盜、鹽梟、匪徒、人力車夫、乞丐和青紅幫弟子像上個時代的草莽英雄和市井小混混，他們滿嘴粗口，魯莽、殘忍、好殺、狡獪，動不動就給你一個大耳刮子吐你一身仇恨的唾沫，他們學著水滸人物慷慨任俠快意恩仇拿女性不當人看（女人也一次次地背叛他們）。一個不到二十歲的年輕人寫出這一堆粗獷潑辣的故事，怎能不讓人驚呼「左翼作品中出了尖子」？他們唯一感到不滿的是，這樣的小說居然不是登在《拓荒者》、《奔流》這些主流的左翼刊物上而是登在了一幫學生張羅起來的《新文藝》上。正當他們對穆時英寄予厚望，期待著他在這個方向上為無產階級文學事業的振興作出更大貢獻時，穆時英卻背叛了他們——至少在左派文人眼裡是這樣——跳開了風流奢靡的「狐步舞」，且一跳就沒有終場。他以後寫得越多在他們眼裡是愈益加速了在道德上的滑坡，從一個無產階級的寫實主義者兌變成了一個醉生夢死的都市里的頹廢者。後來那些香豔而又靡爛的故事居然出自寫出《南北極》的同一人之手，其水火之不相容就像南極與北極之迢遙，但這是一個人內心的南北極一個人內心的海水與火焰。穆時英就像一個孤魂被拋在勞工階級掀動的塵囂之外孤獨地飄擺著。但他不後悔，他要用他的「第三隻眼」冷冷地注視著上海這造在地獄上的天堂。誠然上海不全是歌台舞榭的升平，但上海也不見得全是菜市場裡的低級消費，他只是相信這「第三隻眼」所看到的，相信這所見或許更逼近上海的真相。所以他要寫下另外的一些故事，從繁華的台前拉你到深不可測的陷阱前讓你倒抽一口涼氣，讓你感受到生活的飄忽與輕浮，感受到眼花繚亂的瘋狂的節奏背後荒漠般的悲南，長於東瀛，他到上海比穆時英要晚得多，時間大約在一九二六年秋天。當時他是作為日本青山的高等學部文科畢業生，到上海震旦大學法文班插班入學。二〇年代的最後幾年，劉吶鷗創辦了兩份重要的先鋒文學刊物《無軌列車》和《新文藝》，把他的同學和朋友施蟄存、戴望舒們捧紅的同時，自己也以日本「新感覺派」宗師橫光利一的傳人的面目橫空出世。當創造社和太陽社的年輕作家們大聲呼籲「革命文學」時，這個小圈子裡的人卻拒絕依附於任何一派政治力量，相似的學業背景和對藝術純粹性的追求使他們成了中國先鋒文學最初的實驗者。在劉吶鷗的身上，奇怪地融合著三分之一的日本文化基因、三分之一的臺灣土著文化基因和三分之一的上海都市文化基因。和穆時英一樣，劉吶鷗年輕時也是個十足的浪蕩子行事派頭的都市摩登紳士，熱衷時尚，服飾講究，喜歡在舞廳、咖啡館、電影院、酒館這些地方悠遊歲月，在朋友們中間有「舞王」之稱。讓人奇怪的是，穆時英並不是劉吶鷗最好的朋友，在當時的社交場上兩人幾乎很少同時出現。劉的死黨是幾個臺灣同鄉和震旦的幾個同學戴望舒、施蟄存和杜衡，他們軋在一起談論文藝和女人時也從來沒有主動邀請過穆時英來參加。明眼人都能看出來劉對穆時英的輕慢之心和敵意。但事實上這刻意做出的輕慢態度實際上正好洩露出了他對穆時英的不敢輕視。作為同樣熱衷於描寫都市景觀的小說家，劉吶鷗不無悲哀地發現，自己好像在扮演一個開路先鋒的角色，而這個比自己小一大截的年輕人卻後來居上遠比自己走得漂亮，自己全部的作品也就薄薄的一本《都市風景線》外加幾篇翻譯過來的日文小說，而這個年輕人從《北極風》到《公墓》到《白金女體的雕像》再到《聖處女的感情》，一步一步走得越來越像個年輕的大師了。

或許對他來說穆麗娟太容易上手了他們的結合太沒有戲劇性的波瀾詭譎了，他的感情不再有初戀時那樣強烈的爆發力和衝擊力。向一個詩人要感情——這很可笑——但事實就是這樣，她終於爆發了，說，你的感情給了施絳年去了。這是往詩人的傷口上撒鹽哪，說實話這也是給逼出來的，她以一個女人的直覺意識到不讓他在劇痛中回頭這日子就過不下去。幾年前，戴詩人以跳樓相挾迫使施絳年同意了他的求婚，隨後施絳年又以學業和穩定的收入為由逼他赴法留學，期間移情別戀於一個小鬍子的冰箱推銷員，這讓他曾經有「心的枯裂」之感的往事的重提，完全有可能激怒憂鬱內向而又不乏衝動的詩人。很可能戴詩人對她動了粗，因為她後來發出了這樣的威脅：「你再壓迫我，我要和你離婚。」她和女友們在一起時說起丈夫也是一副怨氣：他的第一生命是書，我和女兒是第二位的，說到底，他是他，我是我，誰也不管誰幹什麼。他們的感情更加冷淡乃至對立了，穆妹妹開始認真思考起自己的前途和命運，自己還才二十三歲，怎麼可以想像和一個沒有了感情的人生活一輩子。她回了上海，在書信中正式向丈夫提出離婚。完全可以想像外表高大、面孔黝黑的詩人在收到這封信時的可怕模樣，他像一隻動物園柵欄後面的豹一樣咆哮著、詛咒著，把這封信扯成了碎片。詩人回到上海，低聲下氣的，找她長談了三次，都沒有效果。一貫溫和的穆妹妹決絕地說一旦決定了我就不再輕易改變。有一點讓戴詩人沒有想到的是穆妹妹在上海已經陷入了一個姓朱的大學生的火熱攻勢之中，雖然她最後沒有躍過雷池但已然感受到了另一份感情的撫慰。鬼影幢幢的上海讓戴感到了迷惘，他只得在一個晚上離開了這傷心之地並發誓不再回來。但他一直沒有放棄挽回婚姻的努力，並期望著穆妹妹回心轉意。穆麗娟的堅持讓他感到了絕望，終於在發出了那封著名的絕命書後服毒自殺，幸而被發現獲救。這次沒有成功的自殺是詩人為女人第二次自戕。這封信是這樣寫的：「從我們有理由必須結婚的那天起，我就預見這個婚姻會給我們帶來沒完的煩惱，但是我一直在想，或許你將來會愛我的，現在幻想毀滅了，我選擇了死……」事情到了這一步，只好經中人辦理了分居協議，他們相約半年為期以觀後效，在這半年中雙方都是不爭論政策把這個問題暫時懸擱起來。說實話，到了這一步我們的詩人還沒有放棄修補殘破婚姻的努力，在一封封信函中表達著重歸於好的企圖。她終於在已然崩潰的婚姻的邊緣找回了一直想要的感情，幾經正反感情的震盪她答覆他：我也等待著那一天的到來。然而戰爭的爆發打亂了他們的步伐，戴詩人因涉嫌反日被關到了日本人的監牢裡，後幾經曲折出獄，穆妹妹已然找到了情感上新的歸宿。以後的幾年裡，他一直住在香港薄扶林道一個可以看到海景的山腰別墅裡，直到一九四九年應左翼作家之請回到大陸。第二年他就死了，身邊沒有一個親人。離婚五十年後，他們共同的的女兒問母親穆麗娟：「媽媽，你為什麼要和爸爸離婚？」年華老去的她能夠告訴女兒上一代的苦衷與感情的磨難嗎，面對這詰問她終於無言以對。

十、慈溪

這座地處寧波腹地的縣城是穆時英的出生地，它悠遠的歷史可以追溯到兩千年前，據說秦朝的方士徐福帶著五百童男童女就是從這裡啟程東渡日本。近代以降，鼎盛的商風和大量湧入的外來物品使它一直是中國東南沿海最開化的縣份之一。一九〇五年出生的穆時英在這裡度過了一生中最初的年頭，在他十歲那年他離開了這裡。他的身為銀行職員的父親把他接到了上海，開始按中產階級的趣味打造他的性情與生活。如果不出意外他或許會成為一個銀行經理或者精明的買辦。這不是沒有可能，浙東作為近現代商幫勃興之地，自清末起就有無數俊彥才傑、販夫走卒進入上海，並有如葉澄衷、虞洽卿、黃楚九等實業界人士打拼而出以他們各自的方式影響著一座城市，他們是鄉人眼裡神話般的英雄。比之他們，穆時英自己都覺得成了一個異數。父親生意場上的失意致使家道中落，也使他在一個兒子的眼裡早早失去了為父者的尊嚴，失去了管束的少年在眩目的都市背景下成長為一個墮落於聲色的都市客。他後來能寫一些被時人稱之為小說的文字了，這卻使他更不敢走近老家。他能告訴鄉人他是一個小說家而且是一個「新感覺」小說家嗎？他們說不定會用一種看傳說中的學了屠龍之技的人的眼光看他呢。從十歲離鄉到二十九歲猝然遭殺，他短暫的一生中再也沒有回去過。他也很想把他的筆伸向鄉村，可是面對慈溪這個生份的詞，他的記憶中只留下潔白如同夢境的棉花田和同樣潔白的鹽田。他終於不無悲哀地發現，他生活在都市，都市的奢侈也改變了他，離開了上海，他簡直不知怎樣生活怎樣寫作了。這就是「一個都市人」的哀歎：「脫離了爵士舞、狐步舞、混合酒、秋季流行色、八汽缸的跑車，埃及煙……我便成了沒有靈魂的人。」一中國的城市生活書寫者都有著深淺不一的鄉村背景，並在一種集體無意識中把城市當作鄉村的鏡像，然而龐大的中國鄉村對他來說實在太遙遠了，遠得就像從地球到火星一樣，終其一生他都是一個都市慾望的器官。

十一、檔案

第一聲槍聲響起的時候，穆時英正舉著酒杯和坐在旁邊的一個朋友說著什麼。這是一次安排在法租界裡的小範圍的朋友聚會，來的都是些公認為有教養的人士，語聲都不太高。從飯店陰暗的廊柱背後猝然射來的子彈擊中穆時英的右胸的同時也收割走了席上所有的喧嘩。有一瞬間穆時英還以為出現了幻覺，他詫異地看著周圍突然安靜下來的人群而他們則把眼光齊唰唰地投向了他。無邊的寂靜把這一短暫的時刻無限拉長了。隨後，他聽到了第二聲槍響，這一聲要乾淨得多也響亮得多，像從前浙東鄉下人家過年時的爆竹，他的胸口感到一陣錐心的痛，好像有一隻小黃蜂螫了一下他的心臟。他重重地倒下，聽到了鈍鈍的一聲悶響好像自己的腦顱骨摔裂了。他躺在地上，眼前飛快地奔過過那些驚惶失措的腳，還有從廊柱後面若無其事地走向門口的那個穿著黑風衣的男人的影子。他現在知道了，那就是死神。沒有誰知道這個人的來路，中統？軍統？還是青紅幫的嘍羅？也沒有人知道是誰安排了這次看上去天衣無縫的暗殺行動。無可奈何而又可以預料到的結局是，穆時英被殺的卷宗和一大堆發生在戰時的偷竊、綁架、謀殺、失蹤、車禍、欺詐等案件材料和大事記、物資供應清單等一起堆放在了上海法租界公董局的雜亂的檔案架上，越積越厚的時間的塵埃使他無可避免地墜入了遺忘的深淵。

相關連結・人物小傳

穆時英（一九一二～一九四〇）

浙江慈溪人。現代小說家。筆名伐揚、匿名子。父親是銀行家，自幼隨父到上海求學。畢業於光華大學中國文學系，讀大學時潛心研究外國新文學流派。一九二九年開始小說創作。翌年在《新文藝》上發表第一篇小說《咱們的世界》及《黑旋風》，又有《南北極》經施蟄存推薦到《小說月報》發表，引起文壇矚目。一九三二年在《現代》雜誌創刊號上發表小說《公墓》，成為現代派健將，以其年少多產又風格獨特，被稱為「鬼才」作家。同年出版第一本小說集《南北極》，反映上流社會和下層社會的兩極對立。一九三三年出版的第二本小說集《公墓》，轉而描寫光怪陸離的都市生活，技巧上也顯示出作者著意學習和運用日本新感覺派橫光利一等人的現代派手法，還嘗試過寫作佛洛德式的心理小說，迥然有別於《南北極》。自此與劉吶鷗、施蟄存等形成中國文壇上的新感覺派。此後又出版了小說集《白金的女體塑像》、《聖處女的感情》、《夜總會裡的五個人》、《上海的狐步舞》，穆時英筆調風靡一時。一九三三年前後參加國民黨圖書雜誌審查委員會。後參加編輯《文藝畫報》。抗日戰爭爆發後赴香港。一九三九年回滬，主編汪偽政權的《中華日報》副刊《文藝週刊》和《華風》，並主編《國民新聞》。後被國民黨特工人員暗殺。

生如夏花

民國女子蘇青

生如夏花之絢爛，死如秋葉之靜美

——泰戈爾

一、大屋裡的女孩

這個叫馮和儀的女人將要出世時，父親考取了庚子賠款去國外讀書了，母親就去娘家生產，生下她後，母親也去女子師範念書了，她就一直住在外祖母家。她的外祖父，據說是一個有著很多風流韻事的不第秀才，早年經過商，由殷商而成了地主，在她出生前十二年就已經去世了。這樣的家道，雖算不上十分殷實，但靠著祖上遺留下來的山林、田地和房子，一家人倒也衣食無虞。這樣，在她人生的初年，外婆家的那所古老大屋內，就清一色全是女性：外婆、姨婆（外祖父的小妾）、癟嘴奶媽及做粗活的鄭媽，唯一的男性就是看門的阿花。

外婆家的老屋背山臨水，共有十餘間房間。房屋分為前後兩進，後進的正中是廳堂，廳堂的左右各有兩間房間，分別為一間正房，一間廂房，正房與廂房之間有小弄相隔。外婆住在右邊的正房，右廂房為女傭鄭媽所住，左邊的廂房作為佛堂。每逢初一及十五，一生禮佛的外婆總要去燒香跪拜一回。每晚臨睡前，外婆都要叫鄭媽在前面舉著燭臺引路，她自己帶著女孩在後面一路巡視家中的各個房間。大屋的有些地方是長年不見陽光的，穿堂風倏忽來去，都是冷的，在這陰盛陽衰的空氣裡成長的女孩，卻是熱情的、直率的。這或許是因為，一個人出落成什麼樣，取決於他與家庭成員間的關係，更取決於他處身的家庭在時空中處於一個什麼樣的點上。

她出生並度過人生初年的山鄉相去寧波五六十里。稍大一點，她回到了祖父母身邊，寧波城西約十公里處一個叫浣錦的地方。這一帶廣闊的地域是浙東到上海的門戶，浙東的魚、鹽、絲、茶、皮革和上海的洋貨對流，給了寧波的行家以興起的機會。這個早在十九世紀中葉就開埠的商城還有外灘與輪船公司，它們是旺盛的，熱鬧的。一百多年來，寧波人就有了這麼一種新興的市民的氣象，熱辣，實利，不陳腐，卻也缺少回味。馮和儀雖然生長在一個破落的縉紳之家（她的祖父是一個舉人），卻也是屬於這新興的市民群的，現實，乾淨，爽利。和她說過話的人說，那真是個喜歡說話的女人啊，脆崩崩的，語氣連珠炮般快捷，聽她說話你會感受到現實生活的活力與熱意，不陰暗，也不特別明亮，就是平平實實的那種快樂。作為吳方言一個分支的寧波話，男人女人說來都是石骨鐵硬的，擲地有聲的，這也像她的內心，什麼也藏掖不住，也不想去藏掖。她也說俏皮話，但她的俏皮話沒有一句不是認真的。她長的模樣也是同樣的結實俐落：頂真的鼻子，無可批評的鵝蛋臉，俊眼修眉，有一種男孩的俊俏，面部的線條雖不硬而有一種硬的感覺。閨中女友張愛玲這樣形容她的臉：像從前大戶人家有喜事，蒸出的饅頭上點了胭脂。

把她和張愛玲放在一起看，兩個都是明白人，但張愛玲的通透坦白，會讓男人看了之後不敢去愛、不敢去追求、不敢娶她，這樣一個小妖一樣的女人娶到家來，男人就要像瓷器店裡的貓一樣小心了。而馮和儀的通透和坦白，卻讓男人瞧了之後願意去愛她，追求她，娶她到家來，跟她過著穩健的日子。為什麼？她看上去就是一個為過日子而生的女人啊。奇怪的是這兩個性情大異的女人竟會成為密友，出生名門、對人不無挑剔的張愛玲，說起冰心、白薇來語氣透著一股鄙夷，說起她，連語氣也是歡暢的了：「把我同她們（冰心、白薇）來比較，我實在不能引以為榮，只有和蘇青相提並論我是甘心情願的。」（張愛玲，《我看蘇青》，《張愛玲散文全編》，來鳳儀編，浙江文藝出版社，一九九二年，頁二五六）

在張愛玲眼裡，這個女人「比較深」，話很多，又都是直說，卻並不是一個「清淺到一覽無餘的人」。這也是這個女人吸引她的原因——「我喜歡她過於她喜歡我」。作為她們私密友誼的一個見證，張愛玲還以她小說家的筆法描繪過女友的一幅肖像：

> 鏡子上端的一盞燈，強烈的青綠的光正照在她臉上，下面襯著寬博的黑衣，背影也是影憧憧的，更顯明地看見她的臉，有一點慘白。她難得有這樣靜靜立著，端相她自己，雖然微笑著，因為從來沒這麼安靜，一靜下來就像有一種悲哀，那緊湊明倩的眉眼裡有一種橫了心的鋒棱，使我想到「亂世佳人」。（張愛玲，《我看蘇青》，《張愛玲散文全編》，來鳳儀編，浙江文藝出版社，一九九二年，頁二六六）

二、一個新女性的婚姻生活

她五歲那年，父親馮松卿從哥倫比亞大學畢業回國了，先是在漢口的中國銀行謀得一份工作，後來到了上海，兩年後做到了一家銀行的經理。經濟一寬裕，就把妻女接到了上海。他們按自己的願意裝扮她、教育她，每天晚上把她打扮得花蝴蝶似的，帶著出去應酬、兜風、吃西洋大餐，還專門請了家庭教師，教她英語、音樂和舞蹈。「這是她將來當個公使夫人所必需的。」銀行家父親說。可是女孩讓他們失望了。鄉野的空氣放任了她的性情，她總喜歡和車夫、僕人和他們的孩子處在一起，還為上海的水泥汀地不能像鄉下一樣攀野筍、摸螺獅埋怨。女子師範甲等畢業的母親也想不出法子來，只能歎息，「這孩子實在是沒有當公使夫人的福份」。

未幾，一次經濟風潮中她父親經營的銀行倒閉，憂急之下，一病身亡。母親帶她回到寧波，在城內月湖竹洲的縣立女子師範念書。那一年她十二歲。不久轉入縣立女子中學念書。那時起，這個愛笑愛鬧的女孩已經顯示出了編故事的才能，信口胡編的一些故事還賺了女同學們不少的眼淚，這也滿足了她小小的虛榮心。流年似水，四年後，她升入省立第四中學。這時候她迷上了看戲，戲臺上的才子佳人故事吹開了她最初的情竇。在雙方家長的暗許下，她和一個男生開始通信並迅速訂了婚。即便是同校讀書，他們還是喜歡採用書信這種方式來互訴衷曲，多年的魚雁往返，這個平庸的男子在少女的夢幻中早成了《三國演義》中趙子龍一樣白衣飄飄的人物。但這戀愛更多的是被一種虛幻的激情驅動著，浮在想像中無處著落的，所以也並不妨礙學業，以她的聰明，除了完成功課，高中的三年裡她還看了近三十部英文原版小說，及各種報刊散文無數。因有了這基礎，高中一畢業，她就考入了中央大學外文系，去南京讀書了。這一年，她虛齡二十歲。

這個出生於書香門第的女孩，有幸受到了新

式教育，然而在世人眼裡那到底不是女兒家的正經事，於是大學才讀了一年，她早早地結婚去了——這也沒什麼，那個時代的許多女人都這樣。丈夫是一個叫李欽后的寧波人，就是中學同學時訂婚的那個，當時在東吳大學上海分部讀法律。李的父親是一個茅盾小說《子夜》裡的高老太爺一樣的古董，怕上海大街上滿是妖妖嬈嬈的女人，把寶貝兒子的魂勾走，催著兒子早日完婚。而馮和儀家裡，一個寡母供著一個女大學，日子也過得殊為不易。雙方家長軟硬兼施，不管女大學生願不願意，這個婚她還非結不可了。

定下了婚期，女大學生哭吵著不依從：「他們怎麼能言而無信，我還要讀書呢。」

母親說：「你既然許給了人家，便是他家的人啦，說娶就得娶，不然我做娘的還有臉去見人嗎？好在你同他結婚了，也還是可以繼續讀書的嘛。」

然而這場婚姻從一開始就顯露出了危機，還在婚禮的儀式中，和儀就無意中發現李欽后與他家的一個親戚寡婦關係曖昧。她突然覺得這個通了多年書信、即將成為自己丈夫的男子是那麼的陌生。喜筵既散，行將熄滅的燭光映在窗上，幽暗地、寂靜地悄然無語，她對以後的日子不自禁地生出了恐懼。這與新婚日的氣氛是多麼的不相宜。很多年後，她這樣回憶那個無聊的洞房花燭夜：

> 我們兩個誰都不敢開口，我本來是斜倚在梳粧檯旁的，這時索性面對著鏡，疲乏而無聊地剔著自己的指甲。他在桌上拿了支香煙，擦根火柴把它燃著了，吸不到兩口，卻又把它放下，口中輕輕吹起口哨來……（蘇青，《結婚十年》）

婚後回校，正是新學期的開始，隨著天氣回暖，她的肚子不爭氣地鼓了起來，雖然新做了寬大的衣服，一天天鼓起來的肚子還是要讓人看出來，於是校方勸她退學。她回到寧波，在夫家心安理得地享受著一個孕婦短暫的尊貴。家人都預言她會生下一個兒子。難堪的是她生下的卻是一個女兒。大戶人家婆媳間的齷齪不說也罷，回想產女前後別人態度的變化，她才感到真個是「人情冷暖、世態炎涼」，發誓再也不生孩子了。「養的時候多痛苦，養下一個女的來又是多麼地難堪呀！」還連帶著對婚姻也發生了失望。寒假丈夫從上海回來，按理說小別勝新婚，但不管丈夫在床上如何百般溫軟做前戲，她卻實在鼓不起熱情，嗔著把他推開了，還說，「結婚真沒多大意思，說到兩個人的心吧，心還是隔得遠遠的，說到男女間的快樂，一剎那便完了，不過十分鐘，卻換來十月懷胎、十年養育的辛苦。」

在婆家的日子雖說衣食無虞，卻又是空洞苦悶的，想去小學做代課教師又做不長，和母親說些體己話想覓得些安慰也終究是隔膜著，聊以消遣的只有家中幾本翻得起了毛邊的《論語》和《人間世》。於是幽閒寂寞中的少婦以自己生女兒過程中的種種難堪為素材，寫下一篇《產女》寄給了《論語》。只是她那時還不知道，這預示著這個女人的另一條生活的路。終於，忍受不了在婆家生活的苦悶，丈夫畢業前她也去了上海。

三北輪船公司的甬班輪，開出了寧波輪船碼頭。海面聚然寬闊，海風激起浪花打在船頭。偌大的一條船漂在滔滔海水裡，顯得那樣的孤獨而渺茫。「我怕。」她尖叫起來，抓緊了男人手臂，「要是輪船遇了險沉下去，我們怎麼辦呀？」

「我也沒有辦法呀，這麼大個海，我又不能救你。」男人說。

「我知道你會這樣說的。不過兩個人一起死，比一個人孤零零地死要好些。」

男人掩住她的嘴：「不許你講這麼不吉利的話，我們就要去上海築我們的新巢，應該說喜慶的話才對。」她卻覺得即將到達的上海就像無邊大海上一隻顛簸的船，心中生出一種無依無靠的恐懼來。

他們租的房子是房東家的三樓朝南的一間，臥室兼客廳兼書房兼餐廳。房間裡擺設的亦新亦舊，透露出了主人的趣味，是純西式的，或方或圓的桌子，圍著四把椅子，居於房間中央，這是為了便於就地打麻將，也便於在打麻將的時候，旁邊放兩張高腳茶几，隨時可以抓一點茶几上的零食吃。沒有大床，兩張鋼絲床懸空放著，帶鏡子的大衣櫃並不緊貼牆壁，而是在兩堵牆之間搭角放著。寫字臺前放一張單背靠椅。五斗櫥上有一個收音機，插著鮮花。因為收入有限，這樣的新婚家庭，在上海只能過最低限度的日子，連傭人也不可能雇，幸虧她母親安排周詳，讓家裡的林媽跟著到了上海，也好有個照應。

她不太說話，見人只禮貌地笑笑。旗袍，高跟鞋，燙成微捲的長波浪，淡淡的胭脂朱紅的唇膏，弄堂人家的眼裡，她是個很難親近的人。偶爾，房東家的小孩子會上她家玩，她就一人給他們一人一顆糖，不幾分鐘就把小孩子打發出來，嫌他們鬧。她的這一份嫌，讓隔壁的房東太太不滿意了，雖不至於給看臉色，但總歸是隔。她對丈夫說，等我們自己有了錢，要租一棟房子，獨門進出，免得受人閒氣。可要等到什麼時候才有錢啊——他還在一邊讀書，一邊靠去中學代課賺一些薪金——可別到吃得起上好的牛排了，牙齒卻不行了。

為結婚而中途輟了學，在親戚朋友看來都是理所當然的，在她的心裡，卻總是有些不甘心，她甚至羨慕那個叫煙鸝的同班女同學，人不聰明，也不漂亮，臉上還長著一個個愚蠢的紅痘痘，卻能夠太太平平地把大學念完。然而，她又明白，女人終究是嫁了的好，時代是這樣的亦新亦舊，新的好處都讓男人瓜分了，而舊的壞處又時時追捕著女人，自己又能怎樣？哪一個新女性能逃脫家庭的牢籠？讀不讀完大學，讀不讀大學，有什麼要緊？

許多結了婚的女朋友都這麼說。午後的寂寞，把上海的日腳拉得格外長，她們常常會聚在誰的家裡，咭咭呱呱地談衣服談頭髮談化妝品談哪裡好白相，發一通做小女人的牢騷和感慨，有時也搓搓麻將。更多的時候，是女主人端出瓜子、糖果，泡一杯綠茶招待。談著談著，就問：「我這裡有紅棗、桂圓、蓮心、木耳，你們要吃什麼點心？」一七嘴八舌地說了，就喚娘姨燒了來吃。吃完，便到不得不打道回府的時候，披披掛掛地整裝說再會再會，走時，不忘相約下一次聚會的時間和地點。急著回家迎接丈夫的人，一腳跨在樓梯口一腳踏在門裡，催著同伴：「好了好了，再打電話聯絡好啦。」

雖然晚飯是林媽的事，但服侍丈夫還是新女性的事。每天早晨，服侍了丈夫早餐、出門之後，還是有許多事好做：鋪床疊被，簡單打掃，去四馬路的各個書店翻翻雜誌書刊，去風和日麗的公園讀讀《論語》和《人間世》（三〇年代林語堂在上海創辦的兩本雜誌），翻看《良友》畫報，按上面說的學著如何統籌家務如何美化居室如何美容。回來時在街角一家店看中了的喬其紗衣料印花竹布，暗暗的記在心裡，預備與丈夫一起出門的時候再來買。半日將盡，踏著梧桐葉間漏下的碎碎點點的陽光帶回家的，不是香糯的糖炒栗子，就是沙利文的糕點，預備著宵夜或當明早的早餐。颳風下雨的日子，她會一整日坐在家裡沙發上，與收音機相伴，翻翻最新一期的歐美流行雜誌，磕磕瓜子，聽聽百代公司的各式唱片。興致好的話，就織織絨線衫。柔軟蓬鬆的絨線，纏在手裡，有一絲微醺，一絲慵懶。週末的夜晚，兩個人去國泰、大光明看一場電影，各人有各人的所愛，或者阮玲玉或者蝴蝶，或者顧蘭君或者王人美，反正女兒留在寧波有公婆照看著，這日子大可用來揮霍。

還有一個消遣的辦法，是她偶然在舊書架上找到一本《The Best One-Act Plays》（獨幕劇）時發現的。那本書的第一篇是愛爾蘭劇作家葛列格里夫人的《新月》。她讀了幾遍，忽然覺得有好幾種聲音在身體裡面撞擊著要跳將出來。她在中學時是演過幾次話劇的，於是一個人關起門演起獨角戲來。她把全劇看熟後，就模擬劇中的不同人物，用不同的表情和語氣說對白，又自己當導演和劇評家，每當進入高潮，自己也禁不住笑出聲來。這樣，到上海雖沒多久，卻也自演了五六個本子了。

不甘心，是新女性的通病。蕭紅女士在香港淺水灣的醫院裡，吐盡最後一口氣說不甘不甘，那是在歎她的事未成身先死，是帶著血聲的悲啼。像她這樣過著尋常日子的女人，沒有這般的死生契闊，不甘心的只是尋常日子裡自己的庸庸碌碌，丈夫的頤指氣使。

可是時代是這樣的半新半舊著，新的女人舊的男人，要改變都不是那麼容易，不甘心又如何呢。那個自己羨慕過的女同學煙鸝，大學畢業了，嫁的男人不是連自己也不如嗎？芥蒂已經種下，洗洗刷刷湯湯水水的日子裡不免焐得發芽，再加女兒一個接一個的出生，於是手忙腳亂，把鹽甂當作個糖缸，於是心浮氣躁，看丈夫的臉色像是欠著他幾吊子的錢。於是這樣一個少奶奶她也當不下去了。這一切在日後都成了一個經驗至上的小說家的素材，自傳體小說《結婚十年》有一處寫到夫妻矛盾的爆發，多半是紀實的：

> 先是家裡的傭人林媽對女主人說，一斗大米快要吃完了，女主人當即告訴丈夫家中沒了米，說時心急，語氣自然是不婉轉的。丈夫當著傭人面，自然覺得臉上掛不住，便陡地把臉一沉，道，沒有米你去買呀。妻子一聽來言不善，臉色頓時也陰了下來，心裡雖然自勸不要發作，嘴裡卻不甘示弱地說，錢呢？卻不料他回答得更乾脆，這個我就不知道了。她氣得手指發冷，心想你雖有難處，可這也怪不得我呀。我向你要錢又不是瞎花掉，飯是燒給大家吃的。當即心裡一陣委屈，眼淚便撲簌簌地滾落下來，可這眼淚並沒有打動丈夫，反而刺激得他的無名火一竄老高，衝著一步指著妻子罵道：你嫌我窮就給我滾！我是人，你也是人，憑什麼你問我要錢？這下把她氣得心裡發苦，眼淚也倒流了回去，只冷笑作答道，我就是出去也不怕餓死，嫁給你這種只會做寄生蟲的男人！說時只圖心裡痛快，也就不管出語的輕重。這話正擊在了男人的痛處，他怒目圓睜，連脖子也漲得紅紫了，大喝一聲，你要出去馬上就給我滾！說著就搶步上前揪住她的頭髮往外拖。她再也沒料到丈夫真的會動武，一時竟沒覺得痛，倒像是被嚇壞了。傭人一見，趕緊插在中間死拽活拉也把他們勸開了，男人氣喘如牛轉身頭也不回地甩門而去……

真實的情形是李欽后確實打了她一巴掌，並說了諸如「我們一樣是人，你憑什麼向我要錢」這樣的話。後來的情形或許如小說中所寫，夫妻吵架當夜就和好了，但她這樣一個要強的女子自尊心受到如此的傷害肯定不會輕易釋懷，所以說，倘若不是在向丈夫要錢家用時挨了一耳光，她也許不會想到賣文謀生。她發表在當時有名的《論語》雜誌上的《生男與產女》（編輯自作主張把題目改了），為她帶來了五塊錢的稿費收入，也為她打開了另一重生活的大門。「賣文，她就有了另一個名字：蘇青，有了這個名字的女人就像伍爾夫說的有了一間自己的屋子一樣在精神上獲得了獨立。

自一九三五年秋天到上海以來的四五年前，她一口氣生下了三個女兒（其中一個剛出周歲就因病夭亡了），其間他們一家子的經濟狀況時好時壞。李欽后東吳大學畢業後，先是進洋行做賣辦，後來自己掛牌做律師，在著名的金門飯店租了幾間房做事務所，收入好時每月有三五千的進款。有了錢，口銜煙斗、戴副玳瑁眼鏡的大律師就在外面花天酒地起來，後來還勾引了一個從慈溪跑到上海的作家的妻子做情人。日軍進佔租界，李欽后失了業，心境惡劣時借酒澆愁，遷怒於妻子，惡言相加竟至發脾氣打人，而此時他妻子的腹中正懷著他們的第五個孩子。家庭失和的刺激，再加物質條件差，她生下兒子不久就患了肺結核，還吐了血，連死的心都有了。

文章只值三兩個小錢，夫妻越來越像仇人，她終於熬不住了，感到「這日子真不是人過的」，於是，先是分居，忍痛離家八九個月後，在一位醫生朋友的說明下正式辦了協議離婚手續。她一次性付給丈夫四萬元，就此了結。這時已經到了一九四四年初，距結婚正好十年，此時的蘇青已是三十一歲的婦人了。

關於她的不成功的婚姻，朋友張愛玲的話還是比較公允的：「其實她丈夫並不壞，不過就是個少爺，如果能夠一輩子在家裡做少爺少奶奶，他們的關係是可以維持下去的。蘇青本性忠厚，她願意有所依靠，只要有千年不散的宴席，叫她像《紅樓夢》裡的孫媳婦那麼辛苦地在旁邊照應著招呼人家吃菜，她也可以忙得興興頭頭。然而背後的社會制度的崩壞，暴露了他的不負責，他不能養家，他的自尊心又限制了她職業上的發展，而蘇青的脾氣又是這樣，即使委曲求全也弄不好了的，只有分開。」（張愛玲，《我看蘇青》，《張愛玲散文全編》，來鳳儀編，浙江文藝出版社，一九九二年，頁二五九）

張愛玲還是懂她的。她就是這麼個簡單的女人，她想要的「家」也是這樣的單純。女人的單純是恆久不變的，像時間深處的琥珀，今天的、以後的城市女人，有著單純之心的還會這樣渴望下去：有一個體貼的，負得起經濟責任的丈夫，有幾個乾淨的聰明的兒女，有公婆、妯娌、小姑也好，只要能合得來，此外當然還要有朋友，她可以自己動手做點心請他們吃，還要有一塊自己的時間，於料理家務之外可以寫寫文章。

她提出離婚，丈夫縱有一千個不願意，也是無法挽回。丈夫不知道，女人都是自私的，她們的眼裡只有愛，卻沒有這個「愛」字背後的那個男人。今天的都市女人這樣，六十年前的蘇青也是這樣。可憐的男人，他怎麼就不知道討討自己女人的歡心呢，他可以從自己有限的薪水裡擠出一點來買下她早就想要的那頂綠色貝雷帽送給她呀，他也可以在下班的路上帶一束花（可能價格不菲，為了愛情，咬咬牙吧）在跨進門的時候給她一個驚喜呀，他怎麼不知道，自己的女人雖然喜歡熱鬧的、著實的人生，可她畢竟是個新女性呀，新女性沒有了愛就像一件漂亮的大衣沒有了胸飾。

張愛玲的男友，那個有著漂亮的文藻的男人胡蘭成太懂女人了，他說蘇青的離婚，很容易使人把她看做浪漫的，其實她骨子裡根本就不是一個浪漫的女人，她的離婚，一種是女孩子式的負氣，另一種是成年人的明達，覺得事情非如此安排不可，她就如此安排了，她在冒險，卻不是娜拉式的沒有選擇的，那是一種有底氣的冒險、正常的冒險，她的出身的底子不是上海灘上闊人公館的小姐，所以她的人生態度比較嚴肅，也不是清末仕宦之家的小姐，所以比較明朗，說到底，她還是熱情、直率的，還是單純的。看看吧，什麼叫懂女人的男人？沒有一些手腕，能把小妖精般的張愛玲迷得發昏嗎？

三、十二姻緣空色相

正式離婚前一年，蘇青夫婦事實上已經分居了。丈夫無力撫養孩子，只好由她來帶，亂世之中，養家所迫，她只想著如何把文章賣出去，連白道黑道也顧不上了。只顧口腹，不避腥氣，一個女人因生存的驅趕到了這樣饑不擇食的地步也真是可怕。從在日本人控制的電影公司任職到在汪偽報刊上發表文章，再到應陳公博之請出任偽市政府專員（儘管只有兩三個月就上了岸），她是越走越遠了。她是被丈夫推入社會的，於是她找飯吃也找得理直氣壯，即使這飯菜可能來路不正，她也會負氣吃下，心想這都是你們逼我的，若有什麼後果也怨我不得的。和女友說話，也是這樣的淒清語氣：「如果我的丈夫能給我生活依靠，我寧可受他的氣，殊不知在外工作要受很多人很多事莫須有的氣。」

她只知不吃飯要「餓死」，卻沒想到吃了會被視作「失節」。她走向歧途的關鍵一步卻是物質上的困頓，再怎麼聰明的女人鑽到物質的死扣裡，想不糊塗也難。

到她結識了陳公博（時任汪偽政權上海市長）、周佛海等幾個政治人物後，自信心膨脹了，久埋心底的願望不可抑制地泛將上來，陶醉於自己繪的宏圖了，卻不知政局詭譎，自己連前面的路都沒看清，就兩眼一抹黑地撞了上去。於是乎頭腦發熱，於是乎把朋友的忠告「只要能糊口就行，現在根本不是做事業的時候」都拋到了腦後。她是出走的娜拉，民國的一個新女性，新女性總是要有追求的。不幸的是丈夫的無能和壓制把她驅出了那個年代婦女的正常生活，又偏偏是那樣的歷史夾縫給她提供了個人奮鬥的土壤，那樣的一群人給了她成名成家的機會。她終於沒能把持住，動機單純卻大節有虧，她在那段尷尬歲月裡的經歷再次向世人證明：一個女人想隻身闖蕩社會做番事業，從貞潔的角度看總是一場冒險，是身體的冒險也是靈魂的冒險。

蘇青辦《天地》雜誌的念頭，最早起於她的自傳體小說《結婚十年》在刊物發表時的受冷遇。最初發表這部小說的是上海太平書局辦的《風雨談》月刊，小說連載時不脛而走，為雜誌打開了銷路，主編卻只是把它放到版面湊數的位置上，連移到卷首上來都不肯，這使她發了憤要辦一個完全可以由女性自己支配的刊物。於是「天地出版社」的牌子就這麼掛了起來，經費除了自己手頭有的一些，加上陳公博和周佛海的夫人送的幾筆賀儀，七湊八湊的就準備開張了。她又做採辦又做主廚，捋起袖子準備大幹一場了。

當時紙張奇缺，尤其是白報紙，本來每令（上海人又叫一拈）三元左右，孤島時期物價飛漲，升到了每令要幾萬元，乃有專門囤紙發財的人，人稱「紙老虎」。頗為欣賞蘇青的陳公博下了一紙手諭，配給《天地》雜誌五百令白報紙以示支持。蘇青拿了陳的手諭，到外灘某大倉庫搬運紙張，坐在大卡車副駕駛座上親自押運，招搖過市。殊不料此景被遊手好閒的漫畫家江棟良所見，畫了一個大腳女人坐在一堆滿載白報紙的卡車上，且神態生動，暗含譏誚。此畫在某小報上刊登了出來，上海灘上哂笑一片。（參見陳存仁，《抗戰時代生活史》，上海人民出版社，二〇〇一年，頁二七三、二七九）

事情已到了這一步，也管不了那麼多了。《天地》雜誌的發刊詞是她親自操刀的，從「天地之大，固無物不可談者」，一扯便扯到了「女子寫作」上去：

> 我還要申述一個願望，便是提倡女子寫作，蓋寫文章以情感為主，而女子最重感情，此其宜於寫作理由一；寫文章無時間及地點之限制，不妨礙女子的家庭工作，此理由二；寫文章最忌虛偽，而女子因社會地位不高，不必多所顧忌，寫來自較率真，此理由三；文章乃是筆談，而女子頂愛道東家長，西家短的，正可在此大談特談，此理由四。還有最後也就是最大的一個理由，便是女子負擔較輕，著書非為稻粱謀，因此可以有感便寫，無話拉倒，固不必如職業文人般，有勉強為之痛苦也。

這在她應該是一個切身的經驗，除了最後一個理由言不由衷，其他四點，也算是她為「女性浮出歷史地表」在爭取一份「話語權」。

《天地》的最初幾期封面，是請譚惟翰設計

的，圖案是婆羅門教及印度教的三大神之一婆羅馬的坐像的變異，寓意要創造一個新的天地。蘇青自以為這個封面「別致得很」，預示著不僅要做文藝的創造者，更要做社會的創造者。後來幾期，採用了張愛玲的設計稿，畫面是有天有地，天上有幾片雲，地上是一尊佛的仰天臥像，只畫到脖頸下一點。說到底，她也沒什麼別樣的趣味，有點情調，看上去還賞心悅目，也就行了。

但這女人的活動能量確是不容小覷，《天地》的作者陣營，自周作人以降，到陳公博、胡蘭成、譚正壁、秦瘦鷗、朱樸、紀果庵、周佛海父子、周越然、文載道、柳雨生、徐一士、張愛玲、施濟美等，政客名流文壇耆舊新銳作家黑白道雜然相陳，可謂極一時孤島文壇之盛。也正是這本雜誌，不僅肇始了她與張愛玲的交往，也促成了張愛玲與胡蘭成的一段「亂世之戀」。

蘇青剛辦《天地》時，張愛玲已經文名雀起。蘇青向她約稿，信中有「叨在同性，希望賜稿」等語，心高氣傲的張愛玲會心一笑，欣然允其所求，寄去一篇《封鎖》。「她的臉像一朵淡淡幾筆的白描牡丹花，額角上兩三根吹亂的短髮便是風中的花蕊」，讀到這樣的句子，她一時愣愣的，想這傳說中的張家的女兒究竟是個什麼樣的妙人兒呢，當即發稿，排在雜誌的第二期。

這兩個女人似乎合謀著要在破碎的山河上空塗上一層別樣的玫瑰色。從這期雜誌開始，每一期的《天地》上除了蘇青自己的作品，也都會有張愛玲的如陳年絲綢般幽亮光滑的作品：《燼餘錄》、《談女人》、《童言無忌》、《造人》、《打人》、《私語》、《雙聲》、《公寓生活記趣》、《談跳舞》等等，這些當今「張迷」的經典讀本，幾乎都是在《天地》上首發。連成雙璧的她們倆，文風各異，主題卻是相近的，都是在致力於表現懸崖盡頭、危機四伏的女性生存境況，描述她們如何在這逼窄的空間中突圍。只不過一個是展示綺麗的想像力把女性一步步逼入到幽暗的深處，另一個則快口利舌，拿常識當真理，絲毫不留情面地剝落掉男性中心社會華美的外衣。

雖說同行相妒幾乎是不可避免的，又是身為女人，但這兩個寫作的女人的情形還真有些特殊。她們相互看到對方的好，並希望更多的人能看到這份好，這般的相敬相惜著，連意趣迥異的文字，也似乎早就派定好了自己的角色，一個的平樸扎實成了另一個縹渺的虛構的最好的注腳。

在南京賦閒的胡蘭成初次看到《天地》時，對《天地》似乎樣樣中意。發刊詞寫得好，主編的名字「馮和儀」也好。「女娘筆下這樣落落大方，倒是難為她」。才子氣盛，按捺不住技癢，當即寫了篇應和文章寄過去。第二期上刊出來，看到同期張愛玲的短篇小說《封鎖》，喜歡莫名，於是寫信去問蘇青，「張愛玲」何許人也？蘇青只告訴他是個女子。胡雖然心急，也只好耐住性子靜等下文。

雜誌出到第四期，除了登有張愛玲的一篇散文《道路以目》外，另刊玉照一張，這使得胡尚未見其人便已十二萬分的鍾情了。

不久，胡從南京回上海，下了火車不回家，先去見蘇青。在胡的央求下，蘇青把張愛玲的地址告訴了他，「今生今世」的亂世之戀由此正式開場。

也是在這一年，蘇青的第一本散文集出版。婚後多年失和，孩提時在鄉下的日子成了想像中的樂園，她把老家的一座橋用作了這本書的書名：《浣錦集》。在張愛玲看來，蘇青的這本新作有一種天涯若比鄰的廣大的親切，喚醒了古往今來無所不在的妻性母性的回憶。繼這本被稱為「五四以來寫婦女生活最好也最完整的散文」出版之後三個月，由周作人題簽的小說《結婚十年》單行本也接著推出，兩書在不到一年的時間裡，各印到七版和九版，創下了一個小小的奇跡。以致當時的上海小報上出現了這樣的八卦消息，說公館裡的太太小姐們都把看蘇青的作品當成了時尚和潮流，誰若不知道蘇青，就會被人笑為老土。而她最為時人傳誦的名言，據說是對一句古之熟話的惡作劇式的戲仿：「飲食男，女人之大欲存焉」。

從家裡搬出來過一個人的日子，其間的辛辛苦苦亦悲亦喜也只有自己去體味了。有一點卻是肯定的，用自己一分一分掙的錢，不會再有使男人錢的快感。那個時期，蘇青有一句名言，「家裡牆上的每一根釘子都是自己釘上去的。」語氣是驕傲的，也是無可奈何的。後來還要一邊帶著一串孩子，一邊在筆頭上討生活。坐在電燈下一手寫文章，一手還要替孩子們打著扇。更要命的是望穿秋水，稿費遲遲不來。

有一年快到春節了，她一時錢不湊手，性急慌忙的在大雪中坐了輛黃包車，載了滿滿一車的書，各處去兜售。風大雪大，一不小心書掉下來，一本本龍鳳貼式封面的《結婚十年》都紛紛滾落在雪地裡。這般的俗裡——用張愛玲的話說——卻又有一種「無意的雋逸」。

相約逛商店買衣料的是女友，陪著去時裝店試新的也是女友。有一次張愛玲去她的寓所，遇到胡蘭成也在，莫名的生出一股委屈。但她與胡相識於前，後來的交往也是無愧無疚，此事並沒有影響到她們兩人的交情。

一日，她做了件黑呢大衣，到時裝店試樣的時候把張愛玲、炎櫻一併叫了去。她套上了新衣，炎櫻說：「線條簡單的於你最為相宜。」說了許多意見，要把大衣上的翻領首先去掉，裝飾性的折裥也去掉，方形的大口袋也去掉，肩頭過度的墊高也去掉。最後，前面的一排大紐扣也要去掉，改裝暗紐。蘇青聽著漸漸不以為然起來，用商量的口吻，說道：「我想……紐扣總要的罷？人家都有的！沒有，好像有點滑稽。」

兩手插在衣袋裡的張愛玲，就在旁邊笑了起來。她看著蘇青，蘇青正在對鏡看自己。她想，如果是她來試衣服的話，她想她不會說出蘇青這樣的話。「人家都有的！」蘇青就要。「人家都有的！」張愛玲卻偏不要。

她忍不住對著張愛玲埋怨：「你是一句爽氣話也沒有！只知道笑。甚至於我說出話來你都不一定立刻聽得懂。」張愛玲聽了直覺得歉疚。

一個人的日子，照樣要紅塵滾滾。她不漂亮，可說只有中人之姿（刻薄的上海人叫她「寧波娘姨」），但一個有才情、有熱情、有著端莊還可以說有幾份秀麗的外貌的單身女作家，怎可以少了那一則則綺麗的故事？

一個單身女子，謀生之外更要謀愛。走出家庭之後的蘇青的生活，我們可以從她滿滿的家庭影集似的自傳體小說《結婚十年》和《續結婚十年》中看到：一個單身的職業婦女，那個時代一種比較稀有的動物，她身邊走來了一個又一個的男人（文人），他們欣賞她，引她為紅顏知己，和她談文學人生，談著談著談上床，「結果終不免一別」。

「他們別開我，就回家休息了，他們有妻，有孩子，有小小的溫暖的家，就算是同我很要好，又怎肯放棄他們的已經建築起來的小家庭呢？他們對我說那是沒有辦法，那我的丈夫怎麼有辦法同我拆散呢？我恨他們，恨一切的男人，我是一個如此不值得爭取的女人嗎？」

《續結婚十年》中的蘇懷青，在同大男子主義的丈夫離婚後，寫稿賺錢，與異性交往，同男友們剪燭夜談，結伴遊蘇州南京，相約著去看新上映的電影，偶爾也約在咖啡館碰面。於是，一個個亦正亦邪的男人，一場場愛情逐水而來又逐水而去。

一個飽嘗獨立生活之艱辛的女性總是自戀的。她之所恨，實在於這世上沒有一個她想嫁的男人是屬於她。人家看上她的，她看不上，她看上的，人家又不願或不能娶她。她恨的是那些求之不得的男人。這些在一個婦女的單身生活中出現過的男人中有軍界的、商界的、有立法委員、報社主筆，也有工程師和教員，她先後與他們中的一些人同居，但沒有一個能夠長久，有的甚至一開始就向她表明不能正式結婚。這情形，真個是應了句，到頭來，終究是十二姻緣空色相。

四、單身女子公寓

離了婚的蘇青，寫文章辦雜誌，經營自己所寫的書，還坐著黃包車去追討書商的欠款，儼然是一個非常精明、張致的女人。平時走得比較勤的，也還是一些單身女子，張愛玲、「姑姑」（張的姑姑），炎櫻，還有一兩個職業女性。她們單門獨戶租住在公寓裡，一個人居住一個人生活一個人經營，行事完全是西派的，傳統的女大不嫁的尷尬、棄婦的悲慘，在她們身上似乎失去了意義。「姑姑說話有一種清平的機智見識。」蘇青這樣描述初次見到那個年近五十的「姑姑」的印象。「姑姑」做著電臺的播音員，看上去比實際的年齡要小得多。這個生於一八九八年的獨身女子就像她們的前驅，盡情享受著現世的樂趣，把一個人的日子過得趣味十足，聘一個法國廚師烹調飲食，再聘一個白俄司機駕駛那輛白色的私家轎車。她並不是個抱定終生不嫁的禁慾主義者，而只是在等待一個自己願意終生廝守的男人中老去了年華。後來，張同她的姑姑合住在一套公寓裡。《續結婚十年》中離婚的蘇懷青，也同情人長期租了一套公寓幽會。

獨立的公寓房子，這或許就是維吉尼亞．伍爾芙所說的代表了女性獨立的「一間自己的屋子」吧。

三四〇年代，上海興起了大批公寓房子。開始的住戶都是外國僑民。這種公寓房子，同傳統民居最大的不同，不在於鋼筋水泥、電梯陽臺，而在於一門一戶不必往來，有利於保護個人隱私。很快，認同這種西方生活方式的華人開始入住公寓房子。這些公寓房子大多建在熱鬧的交通要道的拐彎處，非常適合年輕的單身女子居住，居住在這些公寓的女子，大多有著良好的職業和收入，於都市的繁華興味無窮，看個夜場電影、出席派對、跳跳舞之後，深夜晚歸也不用擔心安全。單身女子入住公寓人數之多，以致有了專門的「女子公寓」。一九三六年，《社會日報》有一則對「大眾女子公寓」的專訪：該公寓樓高四層，位於法租界魯班路幸福坊六號，鄰近現在的復興公園，周圍環境相當優雅，裡面的佈置，則是「淡黃的粉刷，新的床，新的桌椅，以及一切女子日常所需的新用具，有美皆備，無麗不臻」，「有水汀，有漂亮的浴室，有聰明伶俐的女侍者，甚至於燒飯的娘姨，也是一個年紀在二十左右絕無村俗之態的女子來擔任」。這樣奢靡的女兒國，讓前往採訪的男記者驚羨不已。

這樣一群住在單身公寓裡的女子，這樣一種新潮的生活方式，正是由現代都市培養並欣賞的妖嬈之花。

一九四五年早春的一個黃昏，張愛玲送走了

蘇青，一個人站在常德公寓六樓的陽臺上。她看到遠處一幢高樓，邊上附著一大片胭脂紅，她起先以為是玻璃上的落日反光，再一細看，卻是元宵的月亮，紅紅地升起來了。月亮一點點升起，她的心卻好像在慢慢地下沉，一個聲音在心底裡說：這是亂世。晚煙裡，上海的邊疆微微起伏，雖沒有山也像是層巒疊嶂。她想到了連帶自己在內的許多人的命運，忽地有了一種鬱鬱蒼蒼的身世之感。她很想和剛剛送走的蘇青說說這「身世之感」，不是自傷、自戀的，而是一種應該有更大的解釋的「身世之感」——「將來的平安，來到的時候已經不是我們的了，我們只能就近求得自己的平安。」

蘇青會怎麼回答她呢？或許她會取笑這種公寓女子的閒愁，或許，會用世故的眼神微笑地看著她，說：「簡直不知道你在說些什麼！大概是藝術吧？」她世故之下的簡單、熱情，是她喜歡的。

就在這一年，上海某雜誌還邀請張愛玲和蘇青，對談有關職業婦女及其家庭、婚姻等等問題。種種的牢騷，拉拉雜雜一大堆，包括說沒有職業的婦女可以專注打扮以換取男人的愛和喜歡，事實上，你會發現她們享受著獨身女子自給自足自由自在的樂趣，那語氣是自得的。

她是一個正常的女人，不是古典小說裡那些為破碎的愛情守節的標本，她要男人，要他們給她的一份內心的磁實，要男女在一起過日子的興興頭頭。因為她知道，女友可以陪你去逛街，陪你去試新，撫慰你的心的，卻只能是男人。還是個女孩的時候，外祖母就說過她太貪，貪世間的繁華。虔誠禮佛的外婆說，大千世界一切都是夢幻泡影，她偏偏喜歡的是這個世界的實，街上的燈火，廚房的油煙味，剪子在新買的布匹上的嚓嚓聲，男女的歡樂，實在的、可以觸摸的世界，這一切是多麼的好啊。夜晚一個人躺在床上，暗數一個個皮影一樣在眼前走過的男人，她會問自己，我是個貪婪的女人嗎？

女人都是有所希冀的，期望真愛，期望男人的承諾和溫柔的歸屬。可是他們不給她。她是一個中國女人，心裡還是有恥和悔的，覺得「吃了虧，沒處訴苦」，於是她「悔恨交並」，忍住眼淚說她也是玩弄男人的。但是，一個女人怎麼可能去玩弄男人呢，這是性別的差異，在這種遊戲中女人往往是輸家。

山河破碎，好男人不知都跑哪去了，紅塵滾滾中似乎只剩下勞工階級、小市民、舞男和漢奸，女人的夢在歷史的宏大敘事下愈發成了小菜一碟，可有可無的。張愛玲三十萬日元劵還挽不住一個男人的心，女人在浮世中要抓住一點實在的東西還真是不容易，可是她還是要強的，是那種心掉在泥淖裡還啪啪跳動的強，她抓住了文字，希望它們還是影子一樣的忠實，於是她說：「我要說我所要說的話，寫我所要寫的故事，說出了寫出了死也甘心。我把自己的生活經驗痛快地寫，一字一句，說出女人的痛苦，有時常恨所有的形容字眼不夠應用。我焦急地思索著，幾乎忘卻了自己的存在。」這個報業興隆的年頭成全了她，龐大的市民讀者成全了她，她在報紙的邊角談著穿衣吃飯，侍夫育兒，也毫不避諱地談性，叫喊著「婚姻取消，同居自由」，於是似乎很風光了，掙下個「大膽女作家」的名頭。可畢竟是亂世呀，在進步人士的眼裡看來這聲音太不合時代的節拍了。她卻火燒般跳起來，在《續結婚十年》卷首的《關於我——代序》裡為自己辯護道：「是的，我在上海淪陷期間賣過文，但我那時適逢其時，不是故意選定這個黃道吉期才動筆的。我沒有高喊打倒什麼帝國主義，那是我怕進憲兵隊受苦刑，而且即使無甚危險，我也向來不大高興喊口號的。我以為我的問題不在賣不賣文，而在於所賣的文是否危害國民。否則正如米商也賣過米，黃包車也拉過任何客人一樣，假使國家不否認我們淪陷區的人民也有苟延殘喘的權利的話，我心中並不覺愧怍。」（轉引自李偉《亂世佳人蘇青》，上海書店出版社，二〇〇一年，頁二一二—二一三）她指責世人「黑白不分」，「我因為遭他（指丈夫李欽后）遺棄而離婚，這才不得已以這個時期賣文度日，這就算有罪嗎？……我，一個辛辛苦苦寫了幾十萬言的文藝作者，一個辛辛苦苦養活三個孩子的母親，又有什麼對不起國家呢？」於是人們說，這個女人太厲害，覺悟太低了。

抗戰勝利，她被軍統請去甄別淪陷期間有否附逆，她還和張愛玲陷入了同樣的麻煩，頂著文化漢奸的罵名在國人的唾沫中討生活。兩人都寫了辨白文章。張愛玲說，「私人的事本來用不著向大眾剖白」。蘇青說，「關於我的一切，其實是無須向人申訴的」。說的都是同一層意思。此一番經歷讓她醒悟到以前指望通過達官貴人來改變生活處境的想法是多麼天真。「什麼人都指望不得的」，要靠只有靠自己，自己掙錢養活自己。一九四七年四月，她用「馮允莊」之名在上海市社會局申請開辦了「四海出版社」，次年又註冊開辦了「天地書店」，把以前的作品沒出版過的出版，出版過的再版重版，以此賺錢養活自己。這一期間她又陸續出版了小說《續結婚十年》、《歧途佳人》，散文集《濤》、《逝水集》、《飲食男女》等。

她其實只是一個平凡的女人，一如她小說中的女主角，天真，感性，瑣碎，軟弱，渴望愛與依靠——儘管臉上有看透一切的諷刺的笑容。她對物質生活和生命本身，多了些明瞭與愛悅。她沒有找到安慰她的人，倒是許多人等著她安慰、幫襯：孩子，母親，妹妹，近房遠房的親戚。她善良，重人情，家庭觀念重，她是很中國的女人。所以張愛玲拿中國風格的「一明兩暗」的房屋作比，稱她是明的那一間。又拿唐詩裡的「紅泥小火爐」作比，說她有自己獨立的火，看得見紅焰焰的光，聽得見嗶栗剝落的爆炸，可是比較難侍候，「添煤添柴，煙氣嗆人」。這樣一個麻利、熱辣、很少浪漫氣的女人竟然會做作家，也只是上海才會有的傳奇了。

就像上海故事的另一個書寫者王安憶所說：「每一日都是柴米油鹽，勤勤懇懇地過著，沒一點非分之想，猛然一回頭，卻成了傳奇。」（王安憶《尋找蘇青》，見《幾度風雨海上花》，周介人、陳保平主編，上海三聯書店，一九九六年，頁一四〇）

她這一時期出版的小說《歧途佳人》，結尾有一段「我」對符小眉說的話，可以看作是灰敗心境的自況：「我們都像一株野草似的，不知怎樣地茁出芽，漸漸成長，又不知怎樣地被人連根撥起來，扔在一邊，以後就只有別人的偶一回顧或踐踏了。但是，近年來我漸漸悟到了一個道理，即愈是珍惜自己，愈會使自己痛苦，所以不如索性任憑摧殘折磨而使得自己迅速地枯萎下去，終至於消滅，也就算是完結這人生旅行了。」

在這本書的扉頁，她題了這樣兩句：人生無幾時，顛沛在其間。

那時她才三十五歲，卻已是這樣蒼老的心境！

五、不穿旗袍的日子

解放了，經常穿旗袍的蘇青改穿起了人民裝，一個舊日的朋友在街上看到，覺得很奇怪，這樣一個天生是該穿旗袍的民國女子怎麼也改穿起了人民裝？看來時代真的是變了。

時代是變了，風光的日子像曇花開過，往日再也不會重現。可是不穿人民裝又穿什麼去呢？日子還得過呀。這城市裡第一批穿人民裝的婦女，哪一個不是從旗袍裝的歷史走過來的？只是她即便是穿人民裝，那人民裝也是剪裁可體的，並且熨燙平整，底下是好料子的西褲。

說到底她不是閬苑仙葩，她是一株人間夏日的草花，是柔弱的，也是堅韌的，從浮生的粒粒屑屑、溝溝罅罅裡品嚐著生活的種種滋味。你可以指責她的世俗，指責她在變亂的世界中沒有家國之痛，但你也不能不看到這世俗後面生命力的豐沛。世俗就是力量呀，讓人不至於沉溺於虛無。日子還是要細細屑屑的過，雪裡蕻還是要切得細細的，莖歸莖，葉歸葉，萵苣的莖切成絲，小磨麻油拌著是道涼菜，葉子用油醬焙炒，又是道熱的，這就是涼涼熱熱的民間呀。

所以她沒有像張愛玲一樣選擇離開。她曾經是三〇年代和四〇年代的上海馬路上忙忙碌碌走著的一個女人，忙著去剪衣料、買皮鞋、看牙齒、跑美容院，忙著寫文章，從今往後，她將是忙著跑菜市場、忙著參加各種各樣的學習班的一個。說到底，她還是有著一顆上海心的，這顆心，經得住浮沉，也應付得來世事。

接下來的幾年，蘇青一直生活在這個城市，參加過戲曲編導班培訓，進過劇團任編劇，還報了名要求到內地幫助土改深入生活，因為古文底子好，編的歷史劇還得到過政府的嘉獎。除了鎮反運動中在稅務部門工作的前夫因貪污罪被判死刑的消息讓她心魄悸動，日子總的來說還是太平的。她常常寫戲到深夜，為了推敲唱詞，用寧波話試唱，唱得既不像越劇，又不像甬劇，惹得醒來的孩子們捧腹大笑。這個女人能做到這一步，真是十分的不容易了。可見她生的堅韌。但她還是沒有逃脫，不知是因「胡風案」的牽連還是「潘楊案」的牽連坐了一年半的牢。因為沒有起訴，也沒有判刑，這一年半算是審查，也沒什麼結論。能被寬大就不錯了，她哪敢要什麼結論不結論的。她在自忠路的一套房子，早有住戶搬入占了底層，她和小女兒、外孫只好住在樓上，三人擠在亭子裡的一張大床上。昔日的鄰居好多年後還記得她掛著大木牌在自家門口罰站的情景，一向心直口快不作遮攔的她在鄰居們的印象中是一個不怎麼吭聲的老太太。歷史巨大的車輪快要把她碾碎了，她已經噤若寒蟬。因為和鄰居共用廚房、衛生間，不免有口角發生，為求個安寧她只得與人對調了房子搬到了郊外住。沒有了工作，新的政權體制下又不允許她寫稿維生，搞得連看病的錢也沒有，不得已，向親友求助，對方為了和她劃清界限，毫不通融。這真是應了她早年說過的兩句話：他們（男人）都是騙我的，辛辛苦苦一場空呀。還有一句話是：男人都是靠不住的，在一切都不可靠的社會裡，還是金錢和孩子著實一些。

可是也不著實呀，女兒離了婚，帶了孩子和她住在一起，十幾平方的房子裡住著三代人。一點退休金（退休證上寫明她的退休金是六十一元七毛，打七折，實發四十三元一毛九分）要自活，還要幫助女兒。早年的氣管炎和肺病又發了，咳喘齊作，臥在床上什麼也吃不下，改請中醫，出診上門每次都要收費一元，肉痛這錢沒處報銷，她便不再吃藥，說是「帶病延年」，甚至說出這樣喪氣的話來：我病很苦，只求早死，人生一世，草生一秋，花落人亡兩不知的日子不遠了。有次和女兒一起讀狄更斯的《大衛．科波菲爾》，她竟然大顆大顆地落了淚。

她愛花，早些年身體俐落的時候自己也養花，

地，希望母女倆能合葬在一起。

那時她多年輕啊。她禁不住笑了起來，「等我老死上湖匯山的時候，或許你早已到別處投生去了呢。」

母親卻是認真的：「假使我今日同你說好了，我會等你的，我們娘兒倆一生命苦，魂靈也要在山中同哭一聲呀。」

三年後，她的一個女兒去了美國。再三年，她的骨灰遠渡重洋，被親屬出國時帶走。

再過七年，一九九五年的中秋之夜，張愛玲在美國落杉磯的公寓裡孤獨去世。

附記一：現世中過活

好像是一本舊志上說的，餘姚一地，飲食向來十分奢靡，其實大謬。餘姚這地方，且不說出過嚴子陵這樣辭官不做的高士和王陽明、黃宗羲這樣的大儒，明清兩朝，更是「後生小子莫不讀書」（張宗子語）所以說，餘姚人好學，深思，這是個出思想鉅子的地方。至於餘姚人在飲食上花了功夫，吃出了特色，那也是樂生態度的流露。好美味，乃人之大欲，為什麼非要扼住天性呢？

餘姚人的飲食口味，可用清、黴、鹹三字概括之。餘姚舊屬越州八府之一，紹興人常吃的霉乾菜、黴豆腐、黴莧菜，在餘姚鄉間也大行其道。又因為餘姚鄰近寧波，也常被外頭人挖苦為慣吃鹹蟹魚腥的。其實餘姚人的本色口味，首先還是一個「清」字。譬如八月裡，三江口的海船運來的黃魚上市了，鱗片都是鮮亮的，唇吻微張，煞是喜人。這種魚餘姚人大多清蒸，除了放點鹽、薑片和料酒外，再無須什麼別的佐料。一些野味的做法，也不像外頭傳聞的那樣繁瑣，童諺就有云：「麻雀剝剝皮，醬油蘸蘸好東西」。我覺得餘姚菜的特色，便函是講求原汁原味，這實在是一種很文人氣的吃法。

吃得清口，這是餘姚人飲食審美的一大趣味。清口，即要吃得時鮮、爽口，所以餘姚人日常的餐桌上多素食，多新鮮蔬菜。烹飪方法上，用得最多的也無非是煎、煮、烤，再就是涼拌。初春，田野上多的是草紫，又叫紫雲英的，趁還未開花采來，只須在沸水中一瀏便可撈起盛盤，拌上麻油，吃來又嫩又香。飲食之理影響到了餘姚人做人的信條：清清爽爽，明明白白。

這是我從一大堆剪報中找出的十多年前寫的一篇談吃的文字，那時寫食主義還不像今天這樣盛行，就這樣一個寫吃吃喝喝的小文也端足了架子，一不小心就滑到了做人上去。那時的人也認真，一家飯店的廚師看到後給我打電話，說要和我切磋廚藝，嚇得我趕緊說，我只會寫吃不會真做。

但蘇青的「飲食男女」不只是談的，還要真刀真槍做的。看她細細碎碎地說早餐、說熬粥的火候、說盛點心的鍋碗不與燒菜盛羹的混用，你會覺得，她在那麼簡單的物事中也那麼講究，真是有著一顆在現世中過活的心的。她說到寧波菜式的「不失本味」，「魚是魚，肉是肉，不像廣東人、蘇州人般，隨便炒只什麼小菜都要配上七八種幫頭」，由此扯到文章上去，「以內容有情感的作品原是不必專靠辭藻，因為新鮮的蔬菜魚蝦原不必多放什麼料理的呀」，讓我失笑到底是文人談廚庖，動不動就是微言大義了。

她談「男女」，倒也罷了，談飲食，還是樸實可喜的。今天看去，如看民俗：

我的爸爸在夏天有幾隻常愛吃的小菜，一只是麻油鹽拌豆腐，拌法很簡單，只要把嫩豆腐買來，開水沖過，然後澆上淡竹鹽細粒，用筷子拌起來就得了。另一只是火腿絲拌綠豆芽，那時金華火腿在寧專場賣得很便宜，我們家裡總是永遠掛著三四隻，把它切下一片來蒸熟，撕成絲，然後再把綠豆芽去根，在沸湯中一放下去便撈出來，不可過熱，這樣同上述火腿絲攪在一起，外加蝦子醬油及陳醋，吃著新鮮而且清脆。夏天的小菜最好不要用油煎燒，我爸爸就說殺隻雞吧，也愛把白切雞肉抹上鹽，過了三四小時後再加大量竹葉青（酒名），使浸著，到了次日便可以用匙撈出來吃了。還有紫褐色的光滑而潤的茄子也惹人憐愛，寧波茄子沒有上海的那麼粗大，它是細細軟條子，當中很少粒子，從田裡摘下來便洗乾淨，也是蒸熟透，與蕃茄拌合著吃是怪鮮口的，醬油可用定海的洛泗油。（蘇青，《夏天的吃》，原載《飲食男女》，天地出版社，一九四五年七月出版）

真是會過日子的女人，連茄子都是寧波的好！

胡蘭成拿蘇青的文章與知堂作比，說她的文章正如她的人，是世俗的，沒有禁忌的，這或許是沖著她行事的作派和那句「飲食、男，女人之大欲存焉」的名言。這世俗，俗到了一個女人的骨子裡，卻也顯出了幾分世故的天真來。而且這俗又是有來由的，她來自寧波這樣一個「熱辣、很少腐敗氣息」的地方，愛熱鬧歸愛熱鬧，卻有著物的自信作底子，又不至於偏激到走上大街去鬧革命。你看她把新出的書也叫作了《飲食男女》，給報紙寫的文章又叫《吃與睡》，說的話也是天下事干卿底事的小女子腔：我愛吃，也愛睡，吃與睡便是我的日常生活的享受。在進步人士看來，真是個隔江猶唱後庭花呀。

蘇青的老家是在寧波城西一個叫浣錦的小村莊，她是結婚後和丈夫一起去上海的。到底是吃慣鹹泥螺和水煮白蟹長大的寧波人，又是個風頭正健的女作家，到了上海說起家鄉菜，存了心是要讓你食指大動的，且看她如何說「我們寧波」：

> 在我們寧波，八月裡桂花黃魚上市了，一堆堆都是金麟燦爛，眼睛閃閃如玻璃，唇吻微翕，口含鮮紅的大條兒，這種魚買回家去洗乾淨後，最好清蒸，除鹽酒外，什麼料理都用不著。但也有攙鹽菜汁蒸之者，也有用鹵蝦瓜汁蒸之者，味亦鮮美。

據說蘇青的廚藝並不見得怎樣的高明，剛結婚時還因為不會做菜在朋友面前出過洋相，但作為一個食客他還是滿夠格的了。他說寧波菜的特色，「什麼是什麼，不失其本味」，說只喜歡寧波式的。這一個「不失本味」，讓我想到了我說餘姚菜的吃得清口、吃得本色上去。若真有一個寧波菜系的話，餘姚菜也算得其中的一個分支吧。

附記二：胡蘭成說蘇青

近年出版界對胡蘭成很是矚目，繼《今生今世》之後出版的《中國文學史話》，是上世紀七〇年代胡蘭成在日本、以及後來在臺灣文化學院任教授時的文學研究論著和部分文學評論的結集。把此書中有關蘇青的幾段摘錄出來，可與正文相參照：

> 蘇青是寧波人。寧波人是熱辣的，很少腐敗的氣氛，但也很少偏激到走向革命。他們

只是喜愛熱鬧的，豐富的，健康的生活。許多年前我到過寧波，得到的印象是，在那裡有的是山珍海味，貨物堆積如山，但不像上海；上海人容易給貨物的洪流淹沒，不然就變成玩世不恭者，寧波人可是有一種自信的滿足。他們毋寧是跋扈的，但因為有底子，所以也不像新昌嵊縣荒瘠的山地的人們那樣以自己的命運為賭博。他們大膽而沉著，對人生是肯定的。他們無論走到哪裡，在上海或在國外，一直有著一種羅曼蒂克的氣氛。這種羅曼蒂克的氣氛本來是中世紀式的城市，如紹興，杭州，蘇州，揚州都具有的，但寧波人是更現實的，因而他們的羅曼蒂克也只是野心；是散文，不是詩的。一九世紀末葉以來的寧波人，是猶之乎早先到美洲去開闢的歐洲人。倘若要找出寧波人的短處，則只是他們的生活缺少一種回味。與這種生活的氣氛相應，蘇青是一位有活力的散文作家，但不是詩人。蘇青的文章正如她之為人，是世俗的，是沒有禁忌的。

她的文章和周作人的有共同之點，就是平實。不過周作人的是平實而清淡，她的卻是平實而熱鬧。她的生活就是平實的，做過媳婦，養過孩子，如今是在幹著事業。她小時候是淘氣的，大了起來是活潑的，幹練之中有天真。她的學校生活，家庭生活，社會生活，對她都有好感，因為那是真實的人生。她雖然時時觸犯周圍，但在她心裡並無激怒，也不自卑。她不能想像倘使這周圍的一切全部坍了下來，那時候她將怎麼辦。她不能忍受生活的空白。對於這不合理的社會，她喝斥，卻是如同一個母親對於不聽話的孩子的呵斥。同時她又有一種女兒家的天真，頂撞了人家，仍然深信人家會原諒她，而人家也真的原諒她。她雖然也怨苦，但總是興興頭頭的過日子。

蘇青不甘寂寞，所以總是和三朋四友在一起。可是她不喜歡和比她有更高的靈魂的人來往，因為她沒有把自己放在被威脅的地位的習慣。她是一匹不羈之馬，但不是天空的鷹或沙漠上的獅。她怕荒涼。她怕深的大的撼動。也不喜歡和比她知識更低的人來往，因為她從來沒有想到過要領導別人或替人類贖罪的念頭。也不喜歡和娘兒們來往，因為不慣瑣瑣碎碎。

人們雖然瞭解她的並不多，但是願意和她做朋友，從她那裡分得一些人生的熱鬧。她也不甚瞭解別人。她只是在極現實的觀點上去看待別人，而這也正是寧波人的風度。寧波人做買賣，並不需要考察對方的心裡在想些什麼，卻是只要交易得公道，手續弄得舒齊，便這麼的一言為定，而除此之外，也就無須再有別的什麼來說明人生，說明世界。所以她容易把別人當做好人。在她所生活著的世界裡，有許多好人，可是不能想像有崇高與偉大的人；也有苦人，可是她只懂得他們是在受苦，而對於他們的不幸卻不求甚解；也有可憎的人，但在她看來可憎就是可憎，一切都是這麼簡單明白的。

有時候看她是膽怯的，她怕吃苦，怕危險，怕一切渺渺茫茫的東西，以命運為賭博那樣的事，她是連想都不敢想。因為她是生活於一個時代的。只有生活於一切時代之中的人才敢以命運為一擲，做出人家看來是賭博的行徑，而仍然不是渺渺茫茫的。在一個時代裡看來是否定的東西，在一切時代之中卻有它的肯定。

但蘇青究竟是健康的，充實的，因為她是世俗的。她沒有禁忌。去年冬天沈啟無南來，對我讚揚蘇青的《結婚十年》，就說她的好處是熱情，寫作時能夠忘掉自己，彷彿寫第三者的事似的沒有禁忌。我完全同意他的這讚揚。蘇青的文章，不但在內容上，而且在形式上都不受傳統的束縛，沒有一點做作。她的心地是乾淨的。

……《浣錦集》，裡邊的文章我大體讀了，覺得是五四以來寫婦女生活最好也最完整的散文，那麼理性的，而又那麼真實的。她的文章少有警句，但全篇都是充實的。她的文章也不是哪一篇特別好，而是所有她的文章合起來作成了她的整個風格。

——《中國文學史話》，上海社會科學院出版社，二〇〇四年。

附記三：脆弱的心

媽媽，您給人的印象總是那麼率真、大膽、堅強、樂觀，但我們知道隱藏在您樂觀、開朗、堅強的外表下的是一顆十足女性的脆弱的心。尋尋覓覓，您始終沒有尋到自己的幸福與真愛。由於我們的無能，你也始終沒有得到一雙堅強的手臂給自己以支持、一個厚實的胸脯給自己以依靠。我們是您的所愛，但或許也是您重獲真實的累贅。您無盡的嘮叨，您時發的狂怒，正是您鬱結感情的宣洩。

——李崇善，《緬懷母親——蘇青》（李偉，《亂世佳人蘇青》，上海書店出版社，二〇〇一年，頁二三九）

相關連結・人物小傳

蘇青（一九一七～一九八二）

浙江鄞縣人。本名馮允莊，早年發表作品時署名馮和儀，後以蘇青為筆名。上海淪陷期間與張愛玲齊名。一九五五年因涉嫌「胡風分子」被關進監獄，從此沉寂。一九八二年於貧病交加中去世。蘇青的代表作是一九四四年出版的自傳體長篇小說《結婚十年》，這部印行了十八版的作品使蘇青一舉成為暢銷書作家。她的作品，包括長篇小說《結婚十年》（正、續）、中篇小說《歧途佳人》和散文作品《浣錦集》、《濤》、《飲食男女》等，都是以女性為主人公，表現男性主宰的社會下女性涉世而終遭幻滅的內心歷程，表達普通職業女性務實而不避利，俗氣但不失真誠的人生態度。這種世俗化使她受到當時市民讀者的歡迎，也使她的創作在現代文學史上呈現出別樣的風味。

書生有病

陳布雷的悲劇人生

疾病是生命的陰面，是一重更麻煩的公民身份。每個降臨世間的人都擁有雙重公民身份，其一屬於健康王國，另一則屬於疾病王國。

——蘇珊・桑塔格《疾病的隱喻》

一、金陵王氣黯然收

那是一個光明的年頭，那是一個黑暗的年頭。對一些人來說，那是最美好的季節，是希望的春天，對另一些人來說，那是最糟糕的季節，是失望的冬天。一些人信仰著，一些人懷疑著——從來沒有過的懷疑——一些人上天堂，一些人下地獄。這樣的說法放到正負彼此消長的中國歷史的任何一個年頭似乎都是適用的，但從來沒有像放到一九四八年這樣合適過。這個風雨飄搖之年，南京國民政府這只漏船行將沉滅。三月，一場「行憲國民大會」的鬧劇引發各派勢力相互攻訐。政治危機的背後是財政經濟的臨近崩潰，五月，大米漲到了每擔四百七十萬元，夏秋以後，全國各地的物價波動有如野馬脫韁，不可制止，到處發生搶購和搶米風潮。十一月，錦州、長春相繼失守，南京城裡幾乎到處都在公開談論政府遷移的可能性。早在這年初，毛澤東和他的夥伴們東渡黃河來到河北省平山縣一個叫西柏坡的地方，在這裡，毛頗為樂觀地估計，五年之內將把紅旗插遍整個中國。到了冬天，一些有名望的知識份子通過各種管道奔赴北方，種種曲折自不待言，能夠參與一個新政權成立的這份榮耀，對這些知識份子來說就是受再大的罪也值了。這一年，在大洋彼岸，新上臺的杜魯門政府正在調整對遠東的策略，同年，一個叫喬治・奧威爾的英國作家出版了隱喻極權政治下人的生存狀況的寓言小說《一九八四》。這年暮秋，十一月十二日的一個深夜，一位年近六旬的病書生在南京的寓所吞服大量安眠藥自殺，那一介寒儒、布衣長衫，二十餘年勤勉謙卑如一日的孑孑身影消解在歷史的蒼茫暮色中，大廈將傾，其死也正應了一句話，金陵王氣黯然收。

死者係南京國民政府總統府國策顧問陳布雷。

有關陳布雷死時的情狀，有多種版本流傳，較為可信的他當年一個胡姓衛士（姑隱其名）的口述：次日早晨八時左右，陳布雷的貼身勤務兵、一個綽號叫「老頭」的，發現情況反常，一向準時作息的陳遲遲未起，而且從不落栓的房門反插。便叫來了胡姓衛士，兩人呼喊不應，便合力撞開了門。進入屋內，只見陳布雷已僵倒在床上：他的雙手舉起與頭並齊，嘴巴張開，左腳伸直，右腳彎曲，上身穿著糙米色衛生衫，兩肘有碗口大的洞（這是長期伏案寫作磨破的，平時被外衣罩住，從未看到），內褲褲管塞在襪子裡面。床頭櫃上有四隻盛安眠藥的空瓶，地上兩隻竹殼熱水瓶全部倒空，寫字臺上放著幾份遺書，面上的一封是給最高當局的，開頭寫著「介公總裁鈞鑑」。

這時，陳的副官住在陳公館馬路對面的房子裡還未上班，同住一起的還有兩名司機。平時如有召喚，只要一按汽車喇叭，就可聞聲而來。胡姓衛士急急跑向車庫，連續猛按喇叭，頃刻副官與司機飛也似地從馬路對面竄過來，問發生了什麼急事？胡姓衛士告知：主任已服安眠藥自盡，快去總統府請醫生。副官當即馳車而去。接著，住在附近的陳的秘書也來了。衛士交代現場後，即下樓至門外執行警衛任務。不一會兒，張治中帶副官來見陳布雷，被胡姓衛士攔住，張治中的中校副官說：要見陳主任。衛士答：主任今天不見客。張治中親自上前遞上名片，又說：要見你們主任。衛士還是拒絕，張和副官只好驅車回去。

經總統府醫官檢查，判斷陳布雷係服用過量安眠藥致死，其心臟已於兩小時前停止跳動。打了幾針強心針，最後宣告回天乏術。下午，蔣介石、宋美齡親臨陳寓，胡姓衛士目睹經過。他回憶說，蔣於十三日下午一時左右來到陳布雷自殺現場，站在陳布雷遺體面前，狀極哀戚，在場的陶希聖遞上陳布雷致他的遺書，當讀至「今春以來，目睹耳聞，飽受刺激，……與其偷生屍位，使公誤以為尚有一可供驅使之部下，因而貽誤公務，何如坦白承認自身已無能為役，而結果其無價之一生。」蔣不禁雙目流下了眼淚。當時只說了一句話：「將布雷先生的遺體送往殯儀館。」接著，宋美齡女士也來了。宋的情緒顯得十分激動，下車時站立不穩，總統府警衛室的一個隨從急忙上前扶住，一直把她扶到樓上。她眼淚簌簌直流。

陳布雷雖只是一介幕僚，一個文人所不屑為的「刀筆吏」，但其身為總統府國策顧問，處南京國民政府領導層權力核心，這一毫無徵兆的自殺，還是引得朝野震慟，於風雨飄零之際的國民政府更是有若平地驚雷。於其死因，雖猜測紛紛，終究還是個理不清的謎團。他寫給「介公總裁鈞鑑」的遺書，除了一味惶恐地罪已責已，似乎也了無新意：

讀公昔在黃埔斥責自殺之訓詞，深感此舉為萬萬無可諒恕之罪惡，實無面目再示宥諒；縱有百功，亦不能掩此一著……回憶許身麾下，本置生死於度外，豈料今日，乃以畢生盡瘁之初衷，布蹈此極不負責之結局，書生無用，負國負公，真不知何詞以能解也……

（陳布雷致蔣介石遺書，轉引自許紀霖，《智者的尊嚴》，學林出版社，一九九一年，頁一四〇）

有一種已是成見的說法，說陳布雷眼見國民黨政權大勢已去，不忍目睹最終亡國慘劇，便先行「殉國」。這樣的解釋，似乎有些道理，從來為臣之道，講的是「武死戰，文死諫」，對陳這樣一個一直思報知遇之恩的舊式文人來說，眼見大廈將傾，以死殉節義，或者以死來警示些什麼似乎也是個說得過去的理由。但自明而清而民國，中國文人在道德淪亡的底線上已稀裡糊塗過了幾百年，早知江山易改的道理，何況是陳這樣一個受過新式教育、做過報人、曾為民國第一流政論家的文人，豈會不知政權的更易本是自然之勢，拿一己之性命去殉葬更是沒有必要。宋亡有文天祥這樣的文人以血殉之，明亡還有柳如是這樣的女子指著錢謙益們的鼻子罵貪生怕死，那都是古風未泯，血性尚存，但試看清亡、南京國民政府亡，又有幾人以死相殉的？

中國文人之涉入政治，開始大抵都是抱著「修齊治平」的念想。但文人去弄政治，就像良家女子入了流氓之手，又少有善終。行走權力場畢竟不是做文章，不是拿繡花針，不需要溫良恭儉讓，它要求你有獅虎的威猛、狐狸的狡猾，還要有狼的忍耐心，真正的政治人物都是懂得在百折千迴、起起落落中謀求權力最大化的。而文人生來不是政治動物，不會弄權、太過天真、易於輕信，更因為他們的神經太過敏感和脆弱，因此在權力與人性的漩渦中時時會感到被撕裂的痛苦。在歷史的長劇裡，他們有時會出演某種角色，那也是亦步亦趨、戰戰兢兢的，全由不得自己作主，更遑論去控制劇情的走向。一為書生，便無足觀，因此說陳布雷為他根本左右不了的大勢去殉葬就顯得過於牽強。但傳統與叛逆、經濟與命途、權力慾望與文人心性的糾合衝突，自他涉政後就一直撕裂爭奪著他的內心，這種衝突在他這樣一個半新半舊的人物身上尤其慘烈，以至身心俱疲、憂憤欲狂。是以本文不想在陳布雷的死因上多花筆墨，而只是把陳的自殺看作一個標誌性的事件，這一事件的實質就是一個舊式文人與政治結緣的悲劇。

二、一根假辮子

他喜歡稱自己是一個布衣，但說實在的，他不是，一個做過國民政府的教育廳長、副部長、總統侍衛室主任的人說自己是個布衣，那普天之下都是光屁股階級了。他只是喜歡稱自己是一個布衣，或者說，做一個布衣卿相，是他的理想。

陳布雷的出生地慈溪西鄉官橋，從地圖上看，杭州灣邊的慈溪縣境如同一只倒扣的鐵鍋，西鄉官橋，則在這鐵鍋的鍋底了。浙東一地，民性通脫，行販坐賈遍及海內外，至近代，浙東商幫更是稱雄商界，成為江浙財團的扛鼎。一八九〇年，陳布雷出生於這塊土地上一個標準的耕讀之家，到陳的祖父輩，以一行商往返於浙贛間，完成了最初的資本積累後經營錢莊和典當業，並在鄉里興辦義莊義學。

陳布雷的童年，是在儒學氣息很濃的氣氛中度過的，像那個時代所有的童子一樣，他的啟蒙讀本不外是《毛詩》、《爾雅》、《禮記》、《左氏春秋傳》這一類東西，然而，他出生和成長的時代畢竟到了帝國晚期，種種的新思想、新風習潛滋暗長。對他一生行事影響最大的堂兄陳屺懷——他一直叫他「大哥」——就是一個革命黨人。這個激進人物，有著天嬰子、圮衛人、櫻寧老人、句陽伯子等數十個別出心裁的名號，用當時的價值眼光看絕對是個異數，任俠豪爽，頗有古壯士之風。二十四歲時，這個怪異的年輕人把老家的西倉屋闢為書房，數月不出，閉門讀書。坐了兩年的冷板凳後，他突然發現自己的目光變得非常銳利——據他自稱——一眼就能看出事物後面隱藏的本相。一八九八年，新政之火被西太后一記鐵沙掌撲滅，朝野噤聲，陳屺懷卻對堂弟的老師說，不必學什麼四書做什麼八股了，那東西都長不了了。有了這麼個做革命黨人的堂兄，再說陳布雷對他又是那樣的崇拜，這使得他傳統文化的性格底色上又染上了叛逆色彩。傳統和叛逆的交融、匯合、碰撞形成了陳一生性格的旋律，因此也鑄造出一個矛盾的人生和一顆矛盾的靈魂。

這從陳布雷少年時代的兩件小事上就可見端倪：一次是他十三歲那年，父親命他參加縣試，自以為是「革命黨」的陳，滿心不願意參加，但懾於父命，又不敢說個不字，只好進了試場，草草應付一番以作搪塞。沒想到等到放榜，竟是最後一名，不由大感恥辱。一個月後，府試臨近，陳布雷感到這是一次雪恥的機會，便和父親坐船東來，參加了寧波府試。不日揭榜，竟然名列第一，一時名動鄉里。接著又參加院試，弄了個秀才的名份。從個人聲名上來說，陳布雷參加府試和後來的院試是一洗前恥，為自己掙來了莫大的榮耀，這榮耀的背後卻是妥協。從縣試到府試的過程，展示出陳性格中的與生俱來的矛盾，革命與保守、激進與傳統、挑戰與屈從，在他人生的初年就衝突已開。還有一件事與辮子有關，陳布雷後來在浙江高等學校讀書時，正當帝國崩潰前夜，省城風氣的感染，他毅然剪去了辮子，以示與舊體制的決斷，如果象《阿Q正傳》所譏諷的那樣，把剪辮看成是革命與進步與否的標誌，那麼他的確可以算是革命與進步的。可他還是留了一手，暗底下準備了一根假辮，像假洋鬼子一樣，以備回鄉時戴上。在他看來，革命家要做，孝子也是要做的。一根假辮，在這裡蘊含著豐富的政治與倫理的內涵，即政治上的激進與倫理上的保守態度，尖銳的衝突經由一根假辮，在他身上竟得到了完美的統一。

三、人生斷崖

很多年前，一個偶然的機會，一個叫陳依仁的男人去算了一次命，算命先生告訴他，他的髮妻只有四十歲的壽數，他到了四十八歲會有一道坎，平安過了這個凶年，就會有六十歲的壽數。他很不滿意算命先生算的，又不好當面罵算命先生烏鴉嘴，只好自認穢氣，卻打定了主意不把這件事告訴任何一個人，就讓它爛在肚子裡。一九〇五年初夏，陳依仁的妻子柳氏因產後症去世，屈指算來，正好三九歲，他忽然記起了好多年前的那次算命。驚悚於命運的無可逃脫之際，他對不可知的來日充滿了無以名之的恐懼。

這個叫陳依仁的男人就是陳布雷（他那時的名字叫陳訓恩）的父親。陳訓恩是長子，他的下面還有五個弟弟和五個妹妹。

三年後，一九〇八年冬天，陳依仁十七歲的三子訓懋患冬瘟症，從學校歸家，鄉間無良醫，誤於用藥，竟也病死。以陳依仁做父親的眼光看來，長子訓恩疏闊務外，三子則性格篤實，處事嚴謹，頗有理家之才。照陳依仁的意思，是想讓這個兒子接他的班的。驀然的變故打亂了他的算盤，失子之痛，家族事業後繼無人的憂慮，再加上一日日加重的對死亡的恐懼，這個正當壯年的男子身體竟一天天地垮了下來。

一個人十餘年來一直處於對死亡的恐懼之中，其內心的緊張與惶惑直似一面繃緊了的弓。日子捱捱蹭蹭終於到了一九〇三年的歲末，預言中陳依仁四十八歲的命運關隘即將跨過，除夕夜，聽著村莊上空不時炸響的爆竹聲，他不由慶倖這一年終於安然無恙地過來了，自己活到六十歲怕是不成問題了。焦慮一去，內心頓感輕鬆，喝了一點家釀的米酒，微醺之際，他有一種衝動，想把十多年前那次算命的秘密向孩子們發佈。那是一塊一直壓在他心頭的大石頭，他期冀講過了這件事就可以把這塊大石頭搬開了。當下把子女們召到身邊，講述了那次算命經過，然後說道，算命先生說你們的母親活不過四十歲，她去世時三十九歲，可見算命先生的話很是靈驗，因此這麼多年來我常常擔心，不知哪天會棄你們而去，總算老天開眼，今天已是除夕，看來我是篤定可以太太平平活到六十歲了。子女們聽了雖很驚異，但也為父親高興，說了很多吉祥喜慶的話，又七嘴八舌的罵了算命的巫師一通。

哪料得陳依仁最終還是沒有闖過去。到了他四十九歲那年，初夏天氣多變，他略感不適，幾天後，病勢加劇，醫生診斷是傷寒。拖了幾日，病勢愈加洶洶。有一個晚上，身為長子的訓恩做了一個夢，在夢中，他被人用草繩捆綁起來，渾身動彈不得。他隱約感到父親的情況不太妙了。果然又捱過兩日，陳依仁因氣促痰塞，說話也不連貫了。訓恩見此狀，撲到床前，握住了父親的手。此時的陳依仁，雙目淚長流，兀自說不過一句話來，掙扎著捏住長子的拇指與食指，如是反覆，像是大有深意。陳訓恩初時不明所以，繼而恍然大悟，遂告知：你老人家不放心的，一是是弟妹的教養，二是族中大事吧，我會捨棄一切，全心全意把這兩件事做好的。陳依仁聽到此言，嘴角一牽，算是露出一角笑意，隨即氣絕。

這一年，陳布雷二十五歲，他的下面，還有五個弟弟和五個妹妹。以他疏闊的個性去承擔這樣一大家子的事務，實是難為了他。可父母雙歿，長子承家歷來是古訓，再說他已經答應了彌留之際的老父，於是辭去寧波的教職（在這之前他已在滬上有過一段短暫而又輝煌的報人生涯），擺脫一切外務，潛心居家，教養弟妹，管理家政及族中義田、義學及其他公益事務，雖是生手，倒也做得有板有眼。那年冬天，西鄉官橋的田舍之間，人們經常看到他在一個老僕的陪同下，手持父親繪就的莊園圖冊，依次巡行、檢視。當然誰也不會想到，這個年紀不大就一臉老成相的田舍翁，竟是一個二十文章驚宇內、曾經名動京滬新聞界的著名報人。沒有書報的日子裡，那一支曾經被人稱作「喚醒迷津」的狼毫筆，怕也會像匣中的劍半夜錚鳴吧。時間是醫治痛苦的一劑良藥，隨著父喪日期的遠去和對族中事務的熟稔，他的心情漸有好轉，也開始回效實中學去上課了。接下來的幾年裡，陳布雷為父母重修了合葬的墓地，又為六妹、七妹籌辦了婚姻大典。一日日沉浸在繁瑣的族中事務中，把他疏闊的個性磨得綿密細心。兩場婚禮，從慎選紅娘開始，一直到送上花轎，他無不事事躬親，打點周祥，這一點讓老於此道的鄉下婆娘們也不由得讚歎。

可是命運好像要把這個年輕人所有的倫理親情都擄奪了去，以後的幾年裡，陳布雷身邊的親人毫無徵兆地一個一個離開了他。先是三姐的去世。隔一年，繼母羅氏因肺病去世，留下三子一女，最大的十二歲，最小的四歲。再一年，陳三十歲那年，妻子楊氏去世。這個叫楊宏農的女人是陳在浙高讀書時一個老師的女兒，慈城人，一個標準的舊式女子。自一九一四年至一九一八年，五年中楊氏連產四子（女），終因生育太頻，氣血兩虧，臉色已呈浮腫之相，再加教夫相子，用力太過，已常有心悸力竭之感。這年初，楊氏懷孕時已病勢日甚。初夏的一個晚上她做了一個不祥的夢，夢見三姐入殮時，旁邊又有一新棺，寫的是「楊」字。她把這夢說給丈夫聽，陳布雷聽了心裡一驚，但還是勸她不要信這無稽之談。可是幾乎所有的家人都看出了這個女人已經來日無多，他們瞞著為她悄悄準備了壽衣。到了這年九月，楊氏分娩，初時因失血過多昏厥，六七日後，體溫漸高，手腳均感麻木，舌頭亦漸漸僵硬，吐語艱難。連換三個醫生都沒有起色。再過半旬，聲若遊絲，情勢更危。陳布雷想再請高明的醫生，夫人把他招到床頭，勉力搖頭，表示自己已不可救，拉著丈夫的手，一聲喃喃自語，「難過」，隨即撒手而去。這時，楊氏所產的三子兩女中，最大的才六歲，最小的尚未滿月。

迭經喪親之痛的陳布雷，像一隻飽受驚恐的小獸被趕到了斷崖邊，人倫親情之中一切美好的東西都失去了，心一死寂，反倒平靜了下來。滬上做報人時一呼百應的情狀又回到了眼前，自己才三十出頭，怎麼可以終老於田舍之間呢？仰天大笑出門去，我輩豈是蓬蒿人。把家庭和族中的事務作了一番交待，他又出去教書了，為增加收入，還兼著為地方的報館寫一些新聞時評。

四、文章與病與經濟之關係（上）

浙高讀書時，陳布雷面頰渾圓，胖乎乎的，同學給他取了個綽號叫「麵包孩兒」（麵包的英文BREAD，音譯即為布雷，他開始報人生涯時以此作了筆名），我們今天看到了一些照片，都是陳在從政後所拍，冬瓜形的長臉，瘦削乾癟，無一不是形容枯槁，面目黃瘦，像一個操勞過度的老太婆。一個珠圓玉潤的少年幾十年後何以變得這樣一副破敗的面容？讓人感歎時間這把雕刻刀的無情的同時，更讓人感到，他實在是燈枯油盡了。

大概是十一歲那年，陳布雷開始患有頭痛病。一般的說法是他的業師督課甚嚴，以致他常常被功課驅趕得頭痛發熱。還有一種說法是他幼年時的一次熱病沒有根治，終落下了病根，不管怎樣，頭痛病如影隨形，跟定了他的一生，讓他終生為之苦惱。

一九二六年春天，蔣託人到滬，轉送給陳布雷一張附有親筆簽名的戎裝照片，以示好感與推重。次年一開春，蔣即向陳布雷發出邀請。一九二七年二月的南昌之行於是改變了陳布雷的一生。他被蔣介石一眼看中，一篇捉筆之作《告黃埔同學書》鋪平了他長達二十年的為官之路。剛上廬山時，陳布雷婉拒了蔣的挽留，說還是回上海操老行當做個報人，但事實上他到上海並沒有再進報館，而是在觀望形勢。自從北伐軍進入上海、攻佔南京，蔣介石開始掩有東南財賦之地，此時，陳作出了一個引人注目的決定，應張靜江之邀出任浙江省政府的秘書長，這是他從南京國民政府手中接受的第一個正式官職。未幾，辭去省府秘書長職，出任南京國民黨中央黨部書記長一職。這個政治姿態表明他已經把蔣看作明君英主。蔣介石很看重他這個大筆桿子，問他，如果自己選擇，願任何種職務，陳布雷說，我的初願是以新聞工作為終身職業，若不可得，願為公之私人秘書，位不必高，祿不必厚。這說明他介入政治的動力不是追逐權力，而是做一個布衣聊相輔佐明主成就一番事業這樣的傳統儒家知識份子價值觀的驅動。做報人是登高一呼快意恩仇，做幕僚則是以己之喉舌為他人作傳聲，難怪這一期間他的感受是：「去舊業而改入公務生活，常常個性與任務格格不入」（陳布雷日記，未刊影印件）。

是入朝還是在野？這兩種念頭在陳布雷的思想深處一直衝突著。或許他以為自己等得太久了，畢竟他快四十歲了，再不入朝，年齡、身體都要不行了。於是香草美人，芳心輕許。中國的文人，從沅水自沉的屈原起開始普遍的患有軟骨病，一遇「明公」，就把自己當作了女人。在陳布雷的靈魂深處，還是深深潛藏著儒家知識份子那種揮之不去的入世精神，對政治的熱衷和對政權的放置不下。從南昌行營開始，蔣介石為他的智囊團專設侍從室這一類似於前朝軍機處的機構，由此開始，陳布雷結束了三分清客、三分幕僚、一份報人的生涯，專任蔣的心腹侍從之臣了。但是，心腹是那麼好做的嗎？

一九三六年十二月十二日，張學良、楊虎臣發動「西安事變」，陳布雷為蔣之近臣，幸而能成為「漏網之魚」，就在於他在這期間生了一場病，從洛陽回到了南京，沒有西行入陝。於陳布雷的身體而言，一九三六年實在是最糟糕的一年，從年初開始，這架破機器就開開停停，時好時壞，修補不斷。十月，蔣作洛陽之行，陳在南京勉強休息幾天，未見好轉。陪蔣到了洛陽後，身體更見不適，失眠、頭痛、胃病紛至遝來。剛到洛陽的幾天，以一部《洛陽伽藍記》催眠，也沒見有什麼作用。日記中到處是這樣的記載：「頭痛心跳仍未愈」，「精神愈感疲憊，即起坐也覺無力，鼻腔發炎，頭痛仍劇」（陳布雷日記，未刊影印件）。到了十一月，又鬧起了腹瀉，經調治腹瀉漸止，但內臟隱痛，搞得他坐也不是立也不是。前一天睡得稍遲，第二天就體力不支，回想起做報人時幾乎天天要熬到凌晨兩三點才睡，他真不知道當時的身體是如何支持的。這一期間他還是抱病為蔣介石炮製了不少文章，但因為休息不好，腦筋刺痛，以至文思拙滯，文章竟是越做越難了。有一次為蔣捉筆寫一篇訓示，枯坐一日，塗塗改改，竟只寫得千字，不由歎息，「近來交擬文字往往不能如期交卷，自信力喪失盡矣」。蔣介石很喜歡改別人的文章，以示自己的高明。大概是為尊者諱，陳布雷很少說什麼，只是偶而的有一次在日記裡談到蔣的文章，說他「筆墨自有一種真摯熱烈之意趣」，「所可惜者喜用長句，又用虛字尚不盡恰當耳」，「最喜用其字，多可刪之」。為喜用「長句、虛字」的領袖寫了那麼多年文章，這滋味真是欲說還休。

蔣介石回到南京，寡人有疾，回溪口將養，不久又移駕杭州，陳布雷一直陪侍左右。這時已經到了一九三七年初，陳布雷這一期間還在做的一件事是為蔣起草記述西安「蒙難」的《西安半月記》。文章固是寫得不順，侍從室內僚的傾軋更是讓人煩心，內憂外勞，陳大感不快，身體、心理幾乎同遭摧殘。四月，還在溪口時，陳就常常感到起床後「骨痛增劇，心跳亦間作，精神極不愉快」。他在日記中發洩道：「余今日之言論思想，不能自作主張。軀殼和靈魂，已漸為他人一體。人生皆有本能，豈能甘於此哉！」這一期間的日記關於身體的更不少：「心胸怔忡雜亂，手指微感震顫」，「眩暈增劇，而頭痛又大作」（陳布雷日記，未刊影印

已經不僅僅是身體的病，也是心理的病了。「心疾」，這是陳的日記中第一次出現這個詞。身體之病，可得調治，心疾可治嗎？以陳之聰明，他自我診斷病因全在一「戀」字。衷情什麼？自然是對政治的熱衷和留戀了。他總結出了「治心之要」，其中一條就是，「胸中只擺脫一戀字，便十分爽淨，十分自在」。可是他擺脫得了嗎？他現在不能擺脫，他的一生都沒有擺脫，既成宿命，所謂的十分爽淨、十分自在便也成了妄念。

旁觀者清，陳布雷的下僚對他的病最為明瞭，認為陳的病，殆為憂患所致，想要從根本上療治，有兩個方法，一是積極奮進，二是決然引退。堂哥陳屺懷也寫信來勸，向「介公」請假吧，如此方是療養之法，你這樣帶病苦幹，實在是與生命相搏啊。可是於陳布雷這樣一個矛盾人物來說，決然引退固不可能，要做到積極奮興又談容易，只好徒歎奈何奈何了——「今日精神苦悶，極彷徨，忽忽若有所亡，又鬱悶難忍，如此下去，真成心疾矣，奈何，奈何！」

就身體器官的等級而言，腦部是位於身體上部的，精神化的部位，從隱喻的角度說，襲擊身體腹部的腹瀉（包括痢疾）不顯示任何精神性，它就是一種身體病，而腦病則是一種靈魂病。陳的病厄從腹部向腦部的蔓伸，清楚地顯示出從身體到靈魂的病理症候。這是一個漸變的過程，氣候、心情、冗長繁瑣的公務和權力的爭奪加速了這一過程，並在間隙性的發作中引發一輪輪身心的痛苦。他患的是心理疾病，腹、胸、腦等處的疾病不過是心理疾病的蔓延而已，因此我們可以說：戰鬥一直發生在他的身體內部。

為表示「德意」，「介公」從廬山發來一電，要陳布雷「安心靜養」。這種場面上的話竟也讓陳感激莫名，轉而檢討起了自己的病因全在「不能安心」。文人之賤，一至於此！兩個月的調治後，陳的病體沉疴總算有了起色，到醫院一檢查，紅血球已由開始的三百五十萬單位，升到了四百五十一萬單位，白血球也達到了六千六百萬單位，血色素為八十一％。醫生說，這組資料離正常值已經不遠了，只是還有點輕微貧血。醫院還對陳做了一次全身檢查：身高一百六十ＣＭ，體重九十八磅（約四十五公斤）；Ｘ光攝視肺部，左肺有兩個小斑點，是早年結核菌的殘留痕跡；右眼散光，左眼散光加近視；牙有病齒四枚；糞便無異常，小便呈酸性，無蛋白質、糖質等。看起來陳的身體是不錯了，可是現代醫學又拿什麼去檢驗「腦病」、「心疾」呢？

就像天氣的好壞會引起風濕病人關節的疼痛，影響他的病的則是另一種氣候：政治氣候。若時局好轉，心境不錯，他的身體狀況肯定也是不錯的。如果時局惡化，心情焦慮，潛伏在身體裡的大大小小的病就會一個接一個地跑將出來。一九四七年夏，軍事上的連續失敗和經濟、政治的危機，讓陳布雷大受震撼和刺激，舊疾復發，以致「目光散漫，手腕顫痛」，只好跑到廬山去修養了一個月。從陳自殺後留下的十一封遺書來看，有五封提到了「心疾」，有二封提到了「腦病」，其他幾封沒提心疾腦病的，大量使用了這些詞句：「不勝痛苦焦慮」，「腦筋已油盡燈枯」，「狂疾」，「心理狂鬱」，「凡此狂愚之思想，純系心理之失常」，說的還是一個「病」字。甚至在自殺之前，他連報上怎樣發佈消息也想好了：因患神經極度衰弱症，過量服藥而逝。

五、文章與病與經濟之關係（下）

經濟和命途的衝突也伴隨了陳布雷的一生，一九四五年十月，他在日記中寫道：

> 與家人籌畫此後生計，不僅無片椽尺地足以在外棲旅，且以幣值降落之故，亦略無餘儲足以坐食三個月。年力漸衰，乃感如此嚴重之經濟壓迫，詢乎愚忠直道，難以行於今日之世也！（一九四五年十月十四日陳布雷日記，未刊影印件）

抗戰已經勝利，陳布雷病魔纏身，早想引退，但做官好似上賊船，好上難下，不為官又何以為生計？此後幾年，陳布雷始終處於進退兩難的困境：不從政則無以維持家計，從政則備受精神折磨以致油盡燈枯。

戰前，陳布雷在南京工作，把家安在上海。戰時，他到重慶工作，則把家安在北碚。每次任職都不攜家眷，與妻子及子女常分居兩地，就像他的夫人所說：「先夫人一介君子，從政本非素願，時作擺脫之想，故先期歷任政府職務，僅自憑旅舍以居，從不攜眷，蓋每以為不數月即可辭歸也。」（王允默，《前記》，見《陳布雷回憶錄》，臺北傳記文學出版社一九八一年）重慶美專街的一幢兩層樓房，他既作辦公室，又兼臥室，甚是簡陋；《救國日報》記者到陳公館採訪，沒有見到陳布雷本人，對門衛大發了一通議論：我跑過多少碼頭，見過多少公館，像你們這樣可憐的，還不如一個小老闆。陳的那種可憐兮兮的樣子，就連蔣介石也看不過去了，曾主動勸他弄一份兼職，並表示要幫助聯繫。陳布雷的薪水不低，但由於子女多，開支大，生活常有拮据之感，頗多捉襟見肘。長期炮製文字，絞盡腦汁，精神壓力太大。加之長年服用安眠藥，臉呈灰黑色，把身體弄得很壞。陳布雷生於浙東，喜吃海鮮之類，到了重慶，自然不再有此口福。同僚勸他注意營養，他解釋說：「如果是在英國的話，已經超過了一個人應該享受的定量。我現在每日除了正餐以外，還有委座和夫人所贈的一瓶牛奶，還可以吃牛油，還可以有幾片麵包。」

公館的大菜師傅每天上街，總是買些青菜、蘿蔔之類。重慶時期，像四川特產如燈影牛肉，南京時期，像南京特產如板鴨之類，桌上根本就沒有出現過。即便是中秋節，或雙十節，也只買一隻雞，或一隻鴨、一隻蹄肨進門，豬肉從來不超過二斤。陳布雷最為享受的一個菜，是大蔥燒鯽魚。後來有一次，大菜師傅私下做主買了一隻二斤重的甲魚，陳認為超出了標準，就通知秘書辭退了大菜師傅。

陳布雷最反感的有人上門送禮。不論看到什麼人，若提著禮物上門，一概拒絕。南京時期，舟山一位官員曾送來一大包目魚乾，硬要放在收發室。門衛不敢收，那人摸出一張卡片，放下就走了。門衛只好在登記本上寫上那人的姓名，然後將目魚乾送到廚房，由廚房、門衛等一干人吃掉了，陳一點不知道。一次中秋節，上海一位「國大代表」送來五盒月餅，門衛有了上一次的經驗，如法炮製，替陳代勞了。據警衛回憶：我們在陳公館總算撈到這兩次外快。但有兩樣東西，陳可以破例，一是高級香煙，一是進口安眠藥。陳嗜煙如命，一天吸煙五十支以上。據說這兩樣東西送得最多是的是蔣夫人。

黨內派系林立，陳布雷是有名的「五無」人員——據他自己說是無派、無系、無權、無勢、無財——或者說是一個清流派。陳布雷自己不撈錢，也反對手下人撈錢。陳的一個下僚在日記中寫道：「私人經濟，負債一萬元。全年生活尚過得去，至年底生活更形困難。」（這是供職於侍從室第二處的下屬唐縱的日記，轉引自楊者聖，《國民黨「軍機大臣」陳布雷》，上海人民出版社，一九九九年）陳布雷死後只留下金圓券七百元，再無其他財物，這些錢，按當時的物價只能買到一百二十公斤大米。

六、父女殊途同歸

這個苦命的女孩剛出生，母親就因產後失血過多離開了她，飽受喪妻之痛的父親，一時神志糊塗，把她從窗口扔了出去，幸虧是落在一個棚架上，她這才撿得一條小命。外祖母憐她疼她，取了個小名叫憐兒。

二十歲那年，女孩背著父親陳布雷考入西南聯大，臨行前向父親辭別。因「璉」「憐」同音，陳布雷給她取了個正式名字陳璉。並告訴她，璉，是古代的一種祭器，取這名字是為了紀念她死去的母親。

陳布雷有七子二女，這幾年陸續長成，他堅決反對他們接近政治，他的這句話子女們早就聽得耳朵起繭了，大意是政治這東西會弄得「大家都要死無葬身之地」。長子中學畢業，有兩個志願，農學和政治，陳斷然說，「政治太骯髒了！即使情急救國，也莫要學政治。」長子就去研究如何把雜草轉化為農業肥料了。他為其他幾個子女選定的專業方向，分別是內科、測繪、土木工程，都是些工科和理科。只有這個最小的女兒，總是一次次拂逆他。而他對這個倔強的女兒，也總是有一種無以名之的內疚。或許是因為她長得越來越像她死去的母親？妻子是在生養這個女兒時去世的，從生死輪迴來說，他相信妻子的靈魂一定注入了女兒孱弱的身體。

他對女兒說，重慶不也有好的大學麼，為什麼非要去昆明呢？陳璉說，她不想做家門口的草，而是要做參天的樹，去聯大，是想學地質。陳知道自己這個最鍾愛的女兒思想激進，就囑咐她考慮父親特殊的政治地位，不要公開參與反政府活動。他不知道，女兒已經在這一年夏天加入了中共。

女兒走後，有一天，陳布雷翻開一本書，從裡面掉出了一張紙片，女兒抄錄的這些句子讓他感到她總有一天會出事。「我看見一座大廈，正牆上一道窄門大敞著，門裡面陰森昏暗，在高高的門檻前站著一個姑娘。從大廈裡傳出一個緩慢、重濁的聲音，啊，你想跨進門檻來做什麼？你知道裡面等待你的是什麼？姑娘說，我知道，我準備好了，我願意經受一切苦難，一切打擊。」他後來知道，那是一個叫屠格涅夫的俄國人寫的。

不久，大女兒轉來了憐兒從滇南寫來的所謂「最後的一封信」，當他讀到「時代既然決定了要在我和家庭之間排演悲劇，我是無法拒絕的……我只有期待於將來，將來我是會被辯護、被理解的」（王泰棟，《門檻》，學苑出版社，二〇〇四年，頁五四），彷彿看看到了冥冥之中妻子責備的目光。經中共地下黨的斡旋，這個失蹤不久的女兒總算又回到了他身邊。隨後轉入重慶中央大學歷史系。安份了幾年，女兒說要去北平教書了，這時已經到了一九四五年，連蔣先生都和毛先生坐在一起共商國是了，想來女學生上上街參加幾次遊行也不是什麼大問題了，陳也就由她去折騰了。在北平，她和西南聯大的同學袁永熙結了婚。

遠在南京的陳布雷對女兒的婚姻十分關切，甚至注意到未來女婿的思想言行，一切有所懷疑的地方都曾倍加詳查。他給北平市副市長張伯瑾寫信，請其代為詳查袁永熙其人。張伯瑾密報袁永熙是人品才學俱佳，思想有些左傾，陳布雷還是接納了這位未曾謀面的女婿。

陳布雷的預感還是應驗了，他自己身處政治桎梏之中，卻不曾想到摯愛的小女兒也同樣卷在政治的是非之中。陳璉、袁永熙因牽涉北平中共地下黨的活動，被國民黨特務捕獲，以「共黨嫌疑」之名自北平押至南京。陳憂心如焚，一面掛牽女兒女婿的安危，一面卻無能為力。陳自己雖身處要職，卻不願以自身職權的影響來解救他們。他就此事給蔣所寫的一封短信表明了自己的態度：女兒陳璉、女婿袁永熙，因「共黨嫌疑」自北平解抵南京，該當何罪，任憑發落，沒口無言。信中不見絲毫求情開脫的語句。

其實蔣早就接到密報，也清楚陳璉只是「嫌疑」而已，況且他對這個跟隨自己二十多年的文字侍臣很瞭解，知道他不會開口求人。陳布雷表態的短信促使蔣必須對此案有個了結。在一次宴請北京大學校長胡適之後，蔣告訴陳布雷：你女兒、女婿的案子，我已派人查過，是「民青」，不是共產黨，你可以把他們領回去，要嚴加管教。一九四八年一月底，陳璉出獄，來到南京湖南路陳布雷官邸。稍事休息後，她由舅父陪同回到慈溪老家。幾個月後，袁永熙也被保釋，翁婿的第一次見面竟是剛剛從監獄出來的時刻，這令人感到多少有些尷尬。

袁永熙在陳公館住了三天，陳布雷請來親朋好友為他接風洗塵。翁婿之間相處甚洽，陳囑託女婿：「憐兒已經回慈溪老家了，你也到那邊鄉下去。我已是風燭殘年，自顧不暇，憐兒就託付給你了。國家多難，好自為之。」半年以後，陳璉夫婦回到南京，陳璉到國立編譯館工作，袁永熙在中央信託局南京分局當科長。

一九四八年十一月十二日，陳布雷去意已決，電話召女婿到公館長談。袁永熙看到神情悽楚、滿頭白髮的岳父，心中生出幾分淒涼：「您的頭髮太長了，該理髮了。」「好吧，找個理髮師來。」陳接著說，「永熙，政治這個東西不好弄，你和憐兒千萬不要卷到這裡面去。我搞了大半輩子政治，一生的錯誤就是從政而不懂政治，投在蔣先生門下，以致無法自拔，於今悔之晚矣！」（文洋：《陳璉在黎明前》，原載《人物》一九八五年第五期，轉引自許紀霖，《智者的尊嚴》，學林出版社，一九九一年，頁一四一——一四二）停了一會兒，又關照說：「政治這東西不好弄，你和憐兒千萬不要捲到裡面去。」其時陳大致已經知曉袁永熙與陳璉的身份，這番臨死之前的肺腑之言可謂用心良苦。只是悲劇的輪迴卻是無情，陳璉在文革中被造反派誣衊為叛徒、特務，慘遭迫害，不堪受辱從十一層樓上跳下自殺。這對分別追隨國共兩黨的父女最終的結局卻是殊途同歸，造化的弄人只能讓人唏噓長歎。

陳布雷自戕六個月後，即一九四九年五月二十四日，中國人民解放軍第三野戰軍第七兵團第二十二軍六十五師一九五團解放了他的家鄉浙江慈溪。

附記一：被背叛的絕筆

陳布雷自殺後，《中央日報》刊登了他致蔣介石的遺書和絕筆《雜記》，冠以「感激輕生以死報國」蓋棺論定，蔣介石也親筆題寫了「當代完人」作為對他一生的表彰。陳布雷一直有記日記的習慣，一九四八年十一月十一日，他的最後一篇日記如是記述：「傍晚，覺體力心力不支，不能不作短期二三天的休息。晚餐後作致友人函札數件，並整

理物件，十一時寢。」（一九四八年十一月十一日陳布雷日記，未刊影印件）

其中還看不出打算自殺的跡象。十一月十二日陳布雷的臨終絕筆《雜記》或許有所透露，但至關重要的兩段在報上發表的時候被刪去了。一段是開頭部分：「此樹婆娑，生意盡矣！我之身體精神，今年乃一衰至此。許身於革命，許身於介公，將近二十年，雖亦勤劬，試問曾有一件積極自效之舉否？一無貢獻，一無交代，思之愧憤，不可終日。百無一用是書生，即我之謂也。狂鬱憂思，不能自製，此決無一詞可以自解者！拋妻撇子，負國負家，極天下之至不仁，而我乃蹈之，我真忍人也。然我實不得已也。時事已進入非常時期，而自驗身心，較之（民國）二十六年秋間，不知衰弱到多少倍。如此強忍下去，亦必有一日發憂鬱狂而蹈此結局也。聞朋友中竟有以『你有沒有準備』相互詢者。如有人問我，我將答之曰：我惟有一死而已。」（一九四八年十一月十二日陳布雷日記，未刊影印件）

另一段是：「想來想去，毫無出路，覺得自身的處境與能力太不相應了！自身的個性缺點與自己之所以許身自處者」，「太不相應了！思之想之，為此繁憂已二十天於茲，我今真成了『憂鬱狂』！憂鬱狂是足以大大發生變態的！我便為這種變態反常的心理現象而陷於不可救，豈非天乎？」（一九四八年十一月十二日陳布雷日記，未刊影印件）

就像他自己說的，狂鬱憂思，憂憤成狂，可救？不可救？豈非天乎？

附記二：「葬在黑暗裡」

陳布雷並非「志在以一死勵大眾」，我研究整個來龍去脈的結果，發現他以死所勵者少，而是以死自剖者多。他終於用一死證明了知識份子跟國民黨合作的悲慘下場，他告訴大眾他過了錯誤的一生，他用一死否定了他一生的鞠躬盡瘁，在油盡燈枯的搖曳裡，他把一死，注入了新的意義——那個為他所明知卻又欲說還休的意義，他把光明重新點亮，雖然他自己，卻誤上賊船，百身莫贖，永遠殉葬在黑暗裡了。

——李敖，《蔣介石與陳布雷》，《李敖作品精選：扒蔣介石的皮》，中國友誼出版公司，二〇〇一年

相關連結．人物小傳

陳布雷（一八九〇～一九四八）

浙江慈溪人。名訓恩，字彥及，筆名布雷，畏壘。一八九〇年十一月十五日出生於浙江省慈溪縣西鄉官橋（現屬餘姚市），一九〇七年入浙江高等學堂（浙江大學前身）就學，一九一一年畢業，名列第四名。同年秋應上海《天鐸報》之聘，任撰述，開始用「布雷」為筆名。一九二七年與潘公展同至南昌見蔣介石。同年加入國民黨，四月出任浙江省政府秘書長，五月赴南京任國民黨中央黨部秘書處書記長。一九二八年，辭去中央黨部秘書處書記長職，赴上海任《時事週報》總主筆，創辦《新生命月刊》。一九二九年六月隨蔣介石赴北平。一九二九年八月至一九三四年四月任浙江省教育廳廳長（其間，一九三〇年曾赴南京任國民黨教育部次長）。一九三四年五月任國民黨軍委會南昌行營設計委員會主任。一九三六年至一九四五年，任國民黨中央政治會議副秘書長、蔣介石侍從室第二處主任、中央宣部副部長、國民黨中央委員。一九四六年任國府委員。一九四七年任總統府國策顧問，代

理國民黨中央政治委員會秘書長。一九四八年十一月十三日自殺亡故，終年五十九歲。

死在繭中

翁文灝的晚年

內篇

一、非墨磨人人磨人

翁文灝終於結結實實地嚐到了什麼叫白頭搔更短。

無他，也就是一些文字的折磨。

那都是些抄寫得端端正正的毛筆小楷，一筆一劃，方正不苟，一頁頁，密密麻麻，挨挨擠擠，顯見得抄寫人的認真與用心。

到北京已近三月，來時還是舊曆新年剛過的天寒地凍，眼下已是綠意盎然的五月天，他還沒有走出王府井飯店的這間小屋一步。我是一隻舊時代的蟲子——他對自己說，用這些文字織一個繭，繭破了，我才好飛出來，照到新時代的陽光。只是他不知道，這個繭要怎樣織才能讓他們滿意——他們不滿意是不是要織一輩子呢——要過多久才能與一牆之隔的家人團聚。五月的北京之夜，還是冷衾似鐵，壓得夢境都支楞破碎著，尖銳而痛。他奇怪怎麼會反反覆覆做著同樣一個夢：那些字，變成了黑蝴蝶，黑鴉鴉的一屋子，飛舞著，尖叫著，一屋子的黑字，壓迫得他無處遁逃，連夢中的呼吸也變得艱難。

白頭搔更短，渾欲不勝簪。被這些認罪的文字折磨著，老杜的詩句總要像毒蛇一樣鑽出來。他一凜，生怕被人發現內心的不潔似的，狠狠地把它塞回去，轉而又真誠地自責開了：這是天朗氣清的新政權的天下，怎好與八世紀動亂的唐朝作比？今月不會照見古人，古人也望不見今日之月，可這月還不是那月？這毒蛇一樣的句子啊，這毒蛇一樣噬心的認罪書，沒有什麼比讓它纏上更悲苦的了。

他從來不是在書齋中、在文字堆裡討生活的人。正如我們已經知道的，他是一個習慣用腳去丈量世界的地質隊員，一個技術官僚，前政府的最高行政長官，他的一生總在行走與行動中。他從來沒有想到，區區文字也足以把人困死，就像千百根柵欄圍困著的里爾克的內心之豹。

——非墨磨人人磨人。

二、一隻忍受著鞭打的陀螺

> 我的內心常紀念內地，極想早有機會至滬上，與你們重行相見，我的希望是，第一步俟有安全旅行的機會，託人陪祖父與娘先返上海，託你們先為照看，以後我自身深盼亦能平安回國，做一個安定守法的人民。自省生平對得起國家，對得起人民，應該能夠返國生活。萬一不能，只得暫居國外，以待時機。（翁文灝致翁心源的信，轉引自李學通，《翁文灝》，蘭州大學出版社，一九九六年）

一年半前，翁文灝滯留香港時發給長子翁心源的這封信，流露了他想及早返回大陸做個太平百姓的想法。身為前政府高級官員，他擔心的是新政權是不是容得下他，作為先期準備，他將父親和妻子由嘉義遷到了臺北，與小女兒一起居住。因臺北到港方便，必要時可以由港直接赴大陸。至於他自己的未來，翁文灝自忖非屬罪大惡極之輩，相信新政權不會容不下一個思鄉心切的六句老人。「應該能夠返國生活」，如「能早返滬，即先啟行到滬，萬一不能，只能暫居國外，以俟時機」（致翁心源函，抄件），總之臺灣是不去的了。

翁文灝的來信很快就由長子遞交有交部門，層層轉交至最高當局。當局指示，同意翁回國，但必須發表聲明，同時希望他，「必須劃清界線，遣責蔣介石反動集團」，這也是新政權接納他們這些舊官員開出的一條政治底線。歷史已經改變了行進方向，可是，一個人，尤其像他這樣的一個書生，那麼多年鑄成的稟性和氣質能那麼輕易改變嗎？據說他的老朋友邵力子轉達周恩來對他的指示，讓翁文灝最為難的就是中共一定要讓他來罵蔣介石，翁回信要求自己在聲明中只做自責，不罵他人。對於翁文灝來說，自責無論多過、多重，都是可以接受的，但他有自己的道德底線，不能隨意責罵別人，不能說沒有根據的話，不能說昧良心的話。讓他開口罵蔣，他總有一種難以啟齒的羞澀，這最後的道德防線讓他徘徊再三。

翁文灝很快就擬好了一篇自白書，首述個人歷次從政的經歷，最後說：「余雖年逾六旬，亦當勉力追隨，不敢自外。至本身志願，本非從政之才，更無從政之願，以前求學範圍，地質以外，兼重地理，歷年經行所及涉獵尚多，甚願得有餘時，為此新時代之一良民，倘能如願，實所企盼。」（戴光中，《書生本色——翁文灝傳》，杭州出版社，二〇〇四年，頁二四二—二四三。）意猶未盡，又給邵力子寫了一封信，說自度生平，治學未成，從政亦多誤，雖然無功於國家，但廉潔持身，公正治事，「在良心常自求能無罪。」

他讓長子（小兒子已在抗戰時死於湖南芷江的一次空戰）帶著這封自白書，陪同祖父和母親先回大陸，自己居港觀望。這期間，臺灣方面屢屢來電相招，為了免作楊傑第二（此人不肯去台已被暗殺），他只得暫避巴黎。臨行前，翁文灝給臺灣方面留下一紙辭書，辭去了他在國民黨政權中的最後一個職務——中國石油有限公司董事長。

孤懸海外的日子裡更起落葉歸根的故土之思。一九五〇年初，翁文灝到英國，在劍橋與老朋友李約瑟相見甚歡。李約瑟四〇年代在重慶任駐華使館的科學參贊時與翁相識，回國後研究方向由生物化學轉向了中國科技史。翁文灝見老友的書房裡滿架都是中國舊籍，《計然新書》、《文物要論》、《圖書集成》、《齊民要術》等漢學書籍案上亂陳，想到自己學業荒疏，背井棄鄉，不由黯然神傷。

經種種曲折，一九五一年三月七日，地質學家、前國民政府行政院長、新華社公佈的戰犯名單中名列一二的翁文灝從法國經香港回到北京。這一年他已經六十二歲了，一向行事果敢的他，此時的心境是忐忑不安的，他不知道在處處都是十字路口的一生中，此次的選擇會是一個怎樣的結果。

兒子一家前來接站，滿心歡喜地以為這樣就可以家人團聚了。不料當天下午他們的父親就被帶進了王府井飯店。統戰幹部找翁文灝談了半天話，要他做一個「自覺者」，這讓翁想起了二十年前自己一篇文章的題目，《從反省中求出路》，「我們須想今日之走投無路，是否因為以前走錯了路，我們須看除了從前舊路之外，是否還有其他路可走」，想起這些文字他惟有苦笑。第二日，統戰幹部捧來了一大堆毛澤東的書：《論新階段》、《論聯合政府》、《論人民民主專政》，要求他讀完。這些書翁大多是看過的，特別是避居香港的時候，他一個人住的房子裡，書案上擺滿了「和共產主義有關的書」。但時下再讀，卻是心境大異。

他把自己關在屋子裡，花了一星期時間，參考了吳晗的《我克服了超階級的觀點》、馮友蘭的《一年學習總結》、王芸生的《幾點反省》、費孝通的《我這一年》等一大堆文章，弄出了一篇萬字長文，《反省以往錯誤回到人民中間》。他拿了此稿向邵力子、孫越崎等人徵求意見，邵、孫以為，「錯誤」太輕，應用「罪過」。他想罪過就罪過吧，於是修改。幾經反覆，翁文灝覺得這件事應該做得差不多了，他覺得自己完成了一件大事，回想平生，心情也舒暢起來，於是作詩一首以為慶賀：

自問平生用力多，盼看宗國多靖和。
悲因封建傳廷廟，遂見吏張起浪波。
自賴英豪知世務，庶憑良藥克沉疴。
新規祝禱鴻運轉，往事犧牲不為苛。

此時，外面官方報紙正大張旗鼓地宣傳他審時鞫已，幡然醒悟，與舊政權「一刀兩斷」、「改變方向，棄邪歸正」的棄暗投明之舉。最高當局還評譽他是「有愛國心的國民黨軍政人員」。

「有愛國心的國民黨軍政人員」翁文灝想得過於簡單了，或許他以為自己內心是真誠的歸附，別人也應該理解他的真誠。可接下來事情的發展讓他無所適從了。

統戰部官員告知他，反省文章沒獲通過，還有人甚至認為，文章應該全部推倒重來，並像教小學生作文一樣告訴他，重點應放在「評述蔣政權之重大缺點」。我們從翁文灝後來的日記中可以看出，那段時間他就像一隻忍受著各方鞭打的陀螺，一點也沒有了自己的主張。

三月二十日，「在北京飯店一零七號見徐冰（即邢西萍），徐言列名戰犯，也許罪狀較輕，究竟有罪，必須認識。總理允許返國，意在立功贖罪，盼告美蔣勾結情形。」（《從翁文灝日記看撰寫坦白書的痛苦過程》，臺灣《傳記文學》三十六卷四期頁三六）

五月十七的日記中說：「晚王昆倫來談，彼閱余文以為尚有不足，必須切實向人民低頭，直言認過，十分坦白，人民自能瞭解，行動便能自由，不必多講理論，此後當為人民服務。」（《從翁文灝日記看撰寫坦白書的痛苦過程》，臺灣《傳記文學》三十六卷四期）

五月二十三日的日記中說：「孫越崎來長談，鄧科長約他談余文，須用人民觀點，放下知識份子自尊思想，批評以往政治錯誤，丟掉包袱，方得新的覺悟，充實真正瞭解，方得正確道路。」（《從翁文灝日記看撰寫坦白書的痛苦過程》，臺灣《傳記文學》三十六卷四期）

當時他的許多老朋友如邵力子、孫越琦、吳景超、黃炎培等人，為了讓他所寫的坦白書能過了關，多次做他的工作，他們把自己剛剛在新時代學會的那一套東西都告訴了翁文灝，吳景超就這樣對他說，「多加事實，如官僚資本、特務押人、美帝行動等，期能有教育意義」。

他沒想到這坦白文章竟是如此難作，大出意外，「實感悲苦」。不得已，只得再次拿起沉重的筆，寫下《我所見蔣政權投美賣國的情況》。又經一星期閉門修改，成《反省以往錯誤，向人民請罪》一文。六月二十七日，再將請罪文修改謄清，共計一萬兩千餘字，又花了兩天時間複寫了三份。

從「錯誤」到「罪過」，從「自白」到「請罪」的逐步升級，翁文灝為了這些措辭絞盡腦汁，以至完稿擲筆，他有了這樣的長歎：「余告以此文用意是在解決余回國事，但余未參與勾美反共機密，敘述並無新鮮事實，難符所望。不料作文認罪一事，乃演成如此意外，實感悲苦。」（李學通，《翁文灝》，蘭州大學出版社，一九九六年）

七月一一日，翁文灝把認罪書正本正式送交統戰部，等待官方的審查和結論。最後據說是在最高當局的過問下，他才算過關，回到了錫拉胡同自己的家裡。這一天八月四日，還差三天，他從法國回到北京就要整整五個月了。想想也覺得不可思議，連招待所的門都沒有邁出一腳，怎麼五個月吱溜一下就過去了？

三、卻道天涼好個秋

北京啊北京，你是我的夢我的思，我的夜晚和睡眠……二十多年前，翁文灝是從這裡開始中國地質科學的創造，也是在這裡由科學而政治，如今，人生就像一個白癡劃的圓，又讓他跌回到了當初開始的地方。回想二十年前，他在北京參與辦《獨立評論》的時候，自以為看清了政治——政者，正也——只要自己行得正做個好人，投身政府做個好官，中國就能走出積貧積弱。現在看來那萬丈雄心全成灰燼。而今世事變幻，事實證明了他的「好人政府」構想的失敗，「自度辛勤卅載更，愧於政理失分明」，翁文灝終於不得不承認，自己雖從政二十餘年，卻從來沒有看清過政治這個龐然大物的真面目。他感到慚愧，真是「枉歷六旬虛用力，尚須多日苦收成」啊。偉大領袖說人民群眾是最智慧的，因為他們才是歷史的創造者，他想研究歷史了，從歷史中判別清濁找到規律。

家人勸他還是安安心心過日子算了，寫字，畫畫，遛鳥，古玩，北京好玩的東西太多了，只要你想玩，哪樣不好，弄歷史那東西去幹什麼。翁文灝民國初起居京二十年，對北京人閒居生活中的種種找樂司空見慣，自己卻從來沒有學會。說來不可思議，過去的二十年間，這個過於敬業到了刻板無趣的人，一直過的是一種清教徒的生活，竟從來沒有一次像老北京一樣上戲園聽過戲。現在囹圄得脫，復返自然，如果不去做點什麼，這一大把的時間他又如何打發？

對失敗的人生來說，似乎歷史都是最後的歸宿，此後的三年他的時間基本上都用在了歷史寫作上。他的著述範圍從史前史到夏商周三代再到五胡十六國和南北朝，他還寫了一篇關於指南針與指南車的考據文章，不知是不是老友李約瑟博士的影響。除此之外，那段時間他還在狂熱地寫詩，對新政權毫無保留的溢美和今是昨非的歎喟在陳腐的格律和平仄推敲中拘謹地展開，並最後結集為手抄的兩本詩集，《擊壤吟》和《洄溯吟》。

可是對於這個已入老境的海歸派，還有更為嚴峻的磨礪在等著他。一九五三年的最後一天，街道給翁文灝送來了選民證（第一屆全國人大即將召開，這是北京地區的人民代表資格選舉），那一天，兒子又帶來個好消息，說是經過爭取，翁有望到石油局協助地質工作，或者到石油學院去任教，翁文灝一下子覺得屋子裡的氣溫都高了幾度，窗外的太陽也燦爛得不同尋常了。他嗔怪妻子不該把爐子生得太旺。可是很快一盆冷水兜頭潑下把他澆了個透心涼。幾天後，街道選舉小組上門，說接上級通知，取消了翁的選取民資格，並要收回選民證。

開始翁文灝還天真地去找一些機關說理，有關部門答覆他，選舉權被取消並不表示他的政治權利也剝奪了，取消他的選舉資格，不是當局的意思，而是人民的意志，不好直接打擊。他致函北京選舉委員會，等來的解釋是：「翁文灝一九四八年曾被列為戰犯之一，後來從歐洲回國，與傅作義、程潛等人起義有所不同，如何處理不在選舉委員會職權範圍，但該會在目前情況下，不能給予翁文灝選舉權。」

選舉那天，因為妻子患病不宜行走，工作人員把流動票箱搬到了他家。翁文灝還幻想著，投票結束前有關部門突然改變作出的決定，派人把選民證送到他的手上，就像沙皇赦免上了絞刑架的陀思妥耶夫斯基一樣把他從政治的絞架上放下來。可是這事註定不會發生。

此後，他從來沒有這樣強烈地希望結束閒居出來工作，這不僅是為了儘快改變與世隔絕的狀態，更是為了生計的需要。

有必要在這裡簡述一下翁文灝一生並不寬裕的經濟生活：

翁文灝在地質調查所期間，經費十分緊張，地質隊員的工資常按七折發給，欠薪時有發生。翁上有老父、繼母，下有八個子女，經濟之局促可想而知。他那一代的學人，又時時注意檢點自己的行為操守是不是清白，即便有了其他社會兼職也不兼薪。任職清華大學後，他就不再在地質研究所支薪。結束清華代理校長職務時，他又把校方給他的報酬全部捐給了清華大學作為獎學金。南京政府時期，他的經濟狀況稍有好轉，孩子們都已長大自立，早些年編著出版的《申報館地圖》的版稅收入也使他有了些積蓄。但抗戰一起，大後方通貨膨脹，物價蜂漲，他的日子又不好過了。雖有權貴豪門大發國難財，但手握經濟部大權、一身兼資委會主任委員、工礦調整處處長的翁文灝卻能兼潔自守，全部靠薪金養活一家老小。這個中華民國政府經濟部的最高長官還要求他的夫人將每日支出記帳，月底結算，以明支出去向。從一九三〇年、一九四〇年的「收入比較表」和「支出比較表」上，我們可以看到，一九三九年，翁平均月收入一千六百四十元，平均月支出一千零六十四元，一九四〇年，平均月收入一千五百七十九元，月支出一千一百八十七元。回國之初，在王府井招待所困了半年後，翁和老父、妻、長子一家共同居住在錫拉胡同的一井四合院裡，租金為每月十二袋通心粉。一年後，房東要把此處房產出售，不得已，一家子遷到了南池子飛龍橋一帶，月租金為四百五十斤小米。此間，翁文灝一直沒有經濟收入。幾個兒子和生活在國外的女兒想要接濟他，他拒絕了，他堅持要單獨承擔贍養老父和妻子的職責，幾乎是不通人情地對他們說：這是我的事情，你們不要管。

幾經周折，翁文灝終於在地質出版社找到了一份編譯地質書籍的工作。先是整理章鴻釗的《古礦源》一書，後又改為專譯國外地質學著作。有了這份固定的工作，他很高興。其間，有關部門數次要他以前國民黨軍政人員的身份對台廣播，抱著真誠贖罪的願意他甘願驅策，態度出奇的配合。作為回報，他得到了一個政協委員的頭銜，並在菊兒胡同分到了一處四合院房子。那房子的隔壁，就是昔日蔣介石在北平的行轅圓恩寺，多年前，他曾為財政改革發行金元券一事多次來此覲見黨國元首蔣介石先生，於今物是人非，感慨繫之，也只能歎一聲天涼好個秋了。

四、死於憂患

繼之而起的文革，翁文灝自然躲不過，檢討、鬥爭、大字報、抄家一樣也沒有拉下，他能活著，還是兒子的一封告饒信為他求來了一張護身符。兒子給有關部門的那封信這樣說他，「意亂遲鈍，難以滿足革命青少年的要求，如再繼續鬥爭，精神體力恐將難以承擔。」（這封信是翁心源於一九六六

年八月二十八日寫給總理辦公室反映父親受衝擊、批鬥情況的。轉引自李學通，《翁文灝》，蘭州大學出版社，一九九六年）

然而兒子是再也顧及不到他了，一九七〇年四月，中國第一位輸油管道專家、翁文灝的長子翁心源，在湖北潛江縣江漢油田的石油部「五七」幹校連遭三天逼供後不幸落水死去。幹校方面對家屬交待說是心臟病發作，翁文灝說什麼也不會相信，自己的家庭從無這方面的病史呀。「海棠京寓及時開，身死潛江不可回」。可是不相信又能如何，死者長已矣，八十歲暮年的翁文灝遭此打擊，呆坐桌前，整整一天不說一句話，當他顫萎萎地起身，家人在桌上的一張紙上發現了這樣哀慟的句子：

汝祖壽年過九二，萱堂七二亦遐齡。
我今八一猶偷活，哀動全家哭汝靈。

悲痛和抑鬱擊倒了翁文灝，這一年的十二月，他突然昏厥。當年在京杭公路上武康遇險時的腦部內傷再次發作，腦血管硬化和供血不足使他幾乎喪失了語言能力。在醫院將養了幾日，臘月廿四，他回了家。又過得七日，農曆辛亥年正月的爆竹聲中，翁文灝的生命走到了終點，他終於懷著「勞心懷國事、努力賴民艱」的期望和對世事的百端憂患，離開了這個世界。

外篇

一、一個徹底的經驗主義者

一九三二年夏天，由南京政府教育部次長錢昌照推薦，翁文灝作為若干專家學者之一，赴廬山為蔣介石講學。後來他在一篇回憶文章中自述此事原委：「（蔣）迭電邀余，往談國事。余與蔣君雖同生甬郡，但素志學術，從未往還。嗣彼復囑其秘書錢昌照至北，邀余同往牯嶺，並切告蔣君為國求賢之誠意，余乃同彼往見。」（翁文灝，《自訂年譜初稿》，轉引自李學通，《翁文灝》，蘭州大學出版社，一九九六年）

那一年翁文灝四十三歲，正在他素常熟稔的清華園裡擔任這所自己當初鼎力創建了「地理系」的煌煌學府的代理校長。在此之前，這個學術狂人在日記中是這般自我期許的：「余居北平垂二十年，殫心學術，不問政事，自度平生，向以學術工作為職志。」

即便是「九・一八」事變後，國難當頭，北京一幫夢想著「學術建國」、「科學救國」的自由主義知識份子聚集在胡適的周圍辦起《獨立評論》週刊，發表各種各樣的宣言時，翁文灝雖然參與了社事，卻還是不太熱心於時政，與胡適、丁文江、傅斯年他們有著不同的想法，在答覆大學生們的一則談話中，他如此說：

> 講到政治，我對於各種深奧的主義從未用心研究，各種特別的制度也不十分明白，當然只好老實地守愚暗的態度，請學生們不必問我。……我原是一個毫無大志的小百姓，家裡省吃儉用，只想在自己範圍內盡一些力，做一點與自己興趣相合、於社會無害的小工作便算了。對於哲學、宗教、政治等等大問題，雖然有時高興也看幾本書，或隨便談談，但自覺毫無心得，正如一張白紙似的，說不上有什麼信仰和主張。所以對於那些政治社會問題，或是現在所流傳的各種主義，都沒有什麼意見可說。（翁文灝，《我的意

見不過如此》，引自李學通《翁文灝》，蘭州大學出版社，一九九六年）

這個徹底的經驗主義者認為，一個社會無論信仰什麼或是採取什麼制度，重要的都是「用好好的人去好好地做」，而不只是找到一個什麼主義去信奉它。「尤其要緊的，是要認識實際的問題去解決它」。那麼又如何去認識和解決當下的實際問題呢？他一個樸素的認識就是努力去工作。「世界上只有真正的工作能夠造成人類的幸福」。他認為，不管成敗利鈍，一個人把自己的工作做好了，這就是盡了個人的心力，盡了「一個國民的責任」。

二、被一場車禍改變的人生

一個看上去最不熱心政治的學人，竟然會中斷專業投身仕途，常人或許會以名利或者慾望的驅使來揣度，但這用在翁文灝身上怕是說不通。

在廬山牯嶺，時親任鄂豫皖三省「剿匪」總司令的蔣介石，在這群教授們面前表現得像一個小學生一樣不恥下問。他概歎中國走入當下的困境，全在於「只對內而不對外，以致內部事多而對外辦弱」，「余反躬自省，當以保全國家為已責，而欲盡此責，深願物色全國賢才，竭其所能，同心戮力……」這樣懇切的態度，怎不讓一班書生們「頗感佩慰」，於是翁文灝當即建言：國家必須建設，建設要有測量、調查和研究。他注意到，蔣對他的話題表示出了一定的興趣，蔣後來私下找他，說願意花三天的時間請翁為他講學。

令翁文灝沒有想到的是，那麼多前去佈道的「帝王師」中，蔣惟獨對自己情有獨鍾。這或許是因為他在學術上的傑出成就和巨大的名氣，但更重要的，乃是因為他和蔣誼屬同鄉。蔣選拔人才喜用浙江人早已不是什麼秘密，翁文灝出生在浙江鄞縣石塘，相去蔣的老家奉化不遠，算得上蔣的「甬郡老鄉」。再加翁文灝忠厚誠篤，頗具才幹，是蔣最欣賞的那種德才兼備之人，鄉土上的認同和對其才幹的激賞，蔣當即就邀翁文灝留下，出任新成立的政府高級諮詢機構——國防設計委員會的秘書長一職。翁再三推辭而不得，最後，商定由錢昌照出任副秘書長，在南京執行常務，而翁文灝則掛一個虛名，依然回北平，主持他的地質調查所。

與翁文灝同在國防設計委員會掛名的，當時還有胡適之、丁文江、蔣夢麟、陶孟和、楊振聲等人。這一事件意味著南京政府與北平自由知識份子攜手合作的開端。

翁文灝那一代知識份子，不再像傳統士大夫那樣，將自己的安身立命完全寄託於治國平天下的狹隘仕途。翁有自己的專業關懷，他堅信這樣的關懷比之誇誇其談更有益於民生，更能解民於倒懸。他不是不會做官，而是志不在此，不想做官。然而，繼之發生的一個偶然的事件改變了翁文灝對政治的態度，也改變了他整個人生。

一九三四年二月十六日（這一年的正月初三），翁文灝雇車沿著京杭公路奔赴浙北的長興縣，實地考察地礦和油田。在浙江武康境內突然遭遇的一場車禍，使他頭顱塌陷，鼻破唇裂，左額開裂致使左眉消失，生命垂危。時任浙江省教育廳長的陳布雷聞訊最先趕到，把消息火速電告南京政府和中央研究院院長蔡元培。蔣在南京得報，即刻指令浙江省政府主席代他前往醫院探視，命令醫院不惜一切代價搶救。還派人把翁的父親和妻子從北京接到杭州陪護。

京滬兩地著名的外科專家都應邀前來會診，他們的結論是：腦部雖受震盪，但並未受傷，不必手術，也無需吃藥，只要靜養一段時間就可以恢復。

可是未及半月，翁文灝的病情突然惡化，神志昏迷，且時有錯亂。最後北京協和醫院的腦科醫生趕到，用X光透視，才發現翁的頭部有碎骨陷入後腦，必須儘快施行手術，取出碎骨。但醫生擔心他救治太晚，失血過多，再加體質素來羸弱，萬一上了手術臺下不來，是以遲遲不敢落刀。

翁文灝的摯友丁文江聽到車禍消息，即刻從北京趕來杭州，在他一封給胡適的信中，談到了翁的病情：「……起初詠霓進步很慢，每天看他神志不清，有時還囈語發狂，心裡萬分難過。自十三日以後，詠霓神志第一次大清，一直到二十一日止，飲食增加，精神見旺，一切似乎都沒有問題。到了二十一日，他說頭痛，二十三日開始發燒，而且吐了一次。二十四日我到的時候，神志雖然很清，精神已經委頓。以後每天溫度增加到（華氏）一〇四度，到了二十六日晚上，遂昏迷不醒，呼吸變慢，手足發冷，醫生說夜間恐怕有危險……寫到此間，詠霓的溫度又長高到一〇三・六度，恐怕是凶多吉少。」（一九三四年三月二十七日丁文江致胡適信，轉引自戴光中，《書生本色——翁文灝傳》，杭州出版社，二〇〇四年，頁一一〇—一一一。）

醫生們終於將體重僅九十磅的翁文灝從死神那裡奪了回來。如此「救命之恩」，以翁之忠厚，不可能知恩不報。中國的知識份子，不管他是老派的還是新潮的，骨子裡都是潛伏著「修齊治平」的種子的。於是當第二年蔣介石邀他在學者如雲的「人才內閣」中出任行政院秘書長一職時，翁文灝「幾乎沒怎麼推辭」就應承了，從此他中斷了卓有成績的地質學研究，正式「入閣」，開始了仕途生涯。同時還帶去了清華大學教授、《獨立評論》的主要撰稿人之一吳景超擔任自己的高級秘書，另一位清華教授蔣廷黻，出任行政院政務處長。胡適對他們的這一選擇備加讚賞，專門致信三人，相信他們一定會「出山要比在山清」。「……但私意總覺得此時更需要的是一班『面折廷爭』的諍友諍臣，故私意總期望諸兄要努力做educate the chief（教育領袖）的事業，鍥而不捨，終有效果。行政院的兩處應該變成一個幕府，兄等皆當以賓師自處，遇事要敢言，不得已時以去就爭之」（《胡適來往書信選》中冊，中華書局，一九七九年，頁三〇二）。

政治是什麼？他自信早就看得很清楚了，「政者正也，其最重要的目的只在有法子使好的、有能力的能夠上去當政，不行的或者不相宜的能夠和平的下來。」這是他和胡適、丁文江一起辦《獨立評論》、推崇「好人政治」時說過的話。丁文江、翁文灝都是學有所長的現代科技專家，他們身上有著儒家式的學養也具備現代的管理和行政能力，但科學家看政治，總是一廂情願地把它簡單化、技術化。翁文灝這樣的一個自由知識份子，稟持著這樣的道德理想主義涉足政壇，自然不無科學家式的自信和「好人」式的自我犧牲的道德滿足感。「救時誓作終身志，拼死願回舊國危」，這是他在車禍一周年後《追記京杭公路之行》中的兩句，看來原先那種殫心學術的志向已經隨著這場車禍發生了改變。

翁文灝的悲劇幾乎一開始就註定是宿命的，就像他後來為亦師亦友、情如手足的丁文江（丁是在去湖南長沙考察煤礦時煤氣中毒，引發腦血管病於一九三六年一月去世的）寫的悼念文字裡說的，「對於政治是很熱心的，在這樣困難的環境中有志之志努力奮鬥本是當然職責，但是他的政治運命太不幸了」。這是輓好友，還是歎自身？時當一個朝代正淒涼地轉過身去，一個再偉大的政治家，也無法僅僅憑藉其出色的行政能力和道德感召去扭轉末世厄運。

但也不是全無作為了，河山失守寇焰猖狂的一九三七年，翁文灝主持了後來被形容為「遠東的敦克爾克大撤退」的東南沿海沿江工礦企業內遷，後又構建起作為抗戰物資後盾的後方工業基地，可謂功莫大焉。多年以後，他曾如是回憶押運內遷企業沿峽江蜀道而上的危境：「一葉危舟在漩渦裡旋轉不定」，工廠押運人員和百十個縴夫一道，「迎著鋒利而寒冷的江風，傴僂著身軀，合力拉纖；耳邊水聲如雷，身旁懸崖峭壁，汗流滿背，血往上湧，往往半小時的掙扎，船竟不得前進半尺……」

他畢竟是一個有著現代精神的自由知識份子，當他看清了這個政權的癥結所在，便決意與它分手，一九四五年冬到翌年春，翁文灝連上五道辭書請辭「本兼各職」，雖未如願卻去意已決。一九四八年，總統府國策顧問、蔣介石的幕僚長陳布雷自殺，翁文灝終於不顧蔣的再三挽留，辭去了行政院長的職務。翁文灝生於一八八九年，陳布雷生於一八九〇年，翁長於陳一歲，兩人皆書生本色，又都是蔣介石所信任的浙江寧波人，相比之下，陳布雷的文人氣過重，為報知遇之恩，過多地扭曲了自身，連棄世的遺言還是戰戰兢兢忠誠不貳。而翁文灝作為中國第一代現代知識份子，雖然身上也不無傳統士大夫的習性沉澱，但較之陳布雷這樣的舊文人，這一代知識份子在人格上已經獨立了許多。

三、「治世之能臣，亂世之飯桶」

一個卓有成就的地質學家，一個傳統意義上的「道德完人」，為國家利益驅使，不惜犧牲自己的專業，棄學從政，官至一品，但最後留在歷史上的，竟是一紙辛酸。這是個人的錯位還是歷史的錯位？在現代中國，像翁文灝這樣既有傳統功名（他曾在一九〇二年中取秀才），又有洋博士頭銜（一九一三獲比利時魯汶大學地質學博士）的知識份子，是少而又少的。半中半西，本是時代給「五四」知識份子的留下的印記，翁文灝從政後的悲劇似乎也可以在他的知識背景中找到某種解釋。

「治世之能臣，亂世之飯桶」，這是「九・一八事變」後翁的朋友丁文江的一句自嘲，他是有感於國難當頭，知識份子們「學術救國」、「科學建國」的夢想的覆滅後遊手空談卻又無能為力的時代境況才有此悲憤之言。如果剔去這話中的意氣成份，用到翁文灝身上卻也是十分合適。他不幸生活在一個多方政治力量角逐的激蕩的時代，這個時代的主流是革命，是大破大立不破不立，在這一時代主流面前，他那套關於國家建設的理論的提出豈止不合時宜，簡直是不懂政治者的天真了，因為處於歷史舞臺中心的權力的角逐者們關心的並不是如何建設好國家，而是國家是誰的國家政權是誰的政權。當翁文灝直言相陳「國家的整個政策真太糊塗」時，「政治家們」卻在笑話他的糊塗了。

如果翁文灝有幸遇上一個承平之世，一個開明的體制，或許他可以更有作為，至少不至於犧牲得如此廉價。然而，個人與時代、社會與歷史的種種錯位，種種短拙，竟然合謀編排了他的一生！醒悟過來的翁文灝只能慨歎側身人海歎棲早了。

翁文灝，究竟是你負時代呢，還是時代負你？

相關連結．人物小傳

翁文灝（一八八九～一九七一）

字詠霓。浙江鄞縣（今寧波）人。一九〇八年留學比利時，獲物理及地質學博士學位。一九一二

說寂寞，誰最寂寞

徐訏在一九五〇年後

一、《鬼戀》裡的黑衣女子

想像中，他是那種把頭髮梳得很整齊、還抹著些髮蠟的人。就像電影中的梁家輝，穿著一件歐式的淺駝色風衣，在上海的小弄堂裡神情恍惚地走。那都是因為陳逸飛拍的那個叫《人約黃昏》的電影。電影是改編自徐訏的小說《鬼戀》，但沒有了小說裡死寂的灰與黑，倒多了層玫瑰樣的淺紅，就像陳的那些溫軟、精緻的畫。街景，小巷上方的一角天空，人臉，都加了濾色鏡片似的，綺麗，潮濕，曖昧。這是一個畫家對海上舊夢的追憶和想像，其間透露的的中產階級情調，倒也符合商業時代的大眾口味。只是除了個故事的骨架，離小說原作《鬼戀》已不知在幾丈開外了——一個作品是一場災難，如是觀之，電影《人約黃昏》對徐訏的小說，也是場不大不小的災難。

可是除了電影——這一大眾的神話——今天的人還有誰會記起他，更遑論走近他？這個世界接踵而至發生的事件和越來越稀缺的耐心，怎麼能讓人靜下心來聽四〇年代的一個小說家講一個現代都會的女鬼故事——時下大行其道的恐怖小說、鬼片不是比這更刺激更來勁？而電影工業事實上也改造了作為小說家的徐訏，讓他面目全非，讓他像一個遊魂在人世間找不到自己的位置，只剩下一個名字的符號，寂寞地飄在空氣裡。

一九九一年冬天，一個少年在縣城圖書館長

長的走廊上獨自翻看著直排影印版的《鬼戀》，諾大的庫房再也不見一個人影，只有換氣扇葉子的輕輕轉動變換著室內光線的明暗。他看得如此出神，以至天色在書頁上漸次暗去，那些直排的鉛字像沉入水底一般漶漫不清了也渾然不覺。走出圖書館大門，路燈下少年的臉閃現出一絲恍惚，似乎不知今夕何夕了，也似乎，小說裡那種森然的鬼氣把他深深浸染了。

小說中，「我」在南京路上邂逅了一個身穿黑衣的神秘女子，隨著交往深入漸漸愛上了她。她告訴「我」說她是鬼，因此只能在晚上見面。後來「我」終於知道她是一個地下工作者，見證了朋輩的死，體味到了世間的冷暖，所以寧願做一個塵世間的鬼，過一個人的生活。小說的最後是她帶著「我」的愛，消失在茫茫人世間。

「你們有Era麼？」

少年默念著這個句子——那是小說中神秘的黑衣女子出場時的第一句話——臉上不自禁的露出了微笑。他會告訴他的朋友們，Era，那是一種煙，四〇年代的上海——多麼醉生夢死！——流行過的一種從埃及來的名貴的煙。而那時，他和他青澀年紀的朋友們都抽帶著很濃的青草氣的本地產的北侖牌，稍好一些的就是雲煙了。很長一段時間，一到夜晚，少年的眼前就浮現出了舊上海南京路上的小紙煙店，潮濕的街巷，和那個氣質非凡行事詭異的黑衣女子。她有著淒白如雪的臉和銀亮的牙齒，眼神清澈而銳利。她的神情淡定而冷漠。她的美是不食人間煙火的那種。少年把對女性的美好的想像全都加到了這個神秘女人身上，恍若置身於一個美麗而虛幻的夢，以致於把小說中與這個女子在偏僻鄉間並肩散步或在咖啡店裡作著徹夜長談的男子都想像成了自己。

但當他後來看到演這個女子的張錦秋的那張尖下巴的臉時，突然後悔一個人去看那場電影了。他想像過《鬼戀》裡的女鬼，按著自己的意願一次次地修改她的面容。但從來沒有想到會是張錦秋那樣的，過分的幽怨了，簡直成了個怨婦了。他喜歡梁家輝，不喜歡張錦秋。喜歡小說，不喜歡電影。時日推移，昔日的少年也年屆不惑，有時，想想圖書館書庫裡那本直排影印的《鬼戀》，怕也蒙滿灰塵了吧。只是那句話還時常跳出來，就好像這小說昨天還才打開過：

「你們有Era麼？」

一度，這句話成了少年和他的朋友們之間的通用電碼。

二、上海情愛故事

四〇年代初的上海，徐訏一家和蘇青一家在辣斐德路比鄰而居，兩家不時走動。徐訏的妻子趙璉是蘇青五姑母的學生，和蘇青在寧波時就相識。蘇青那時剛到上海，閒居無事開始學習寫作，常到徐家去借小說。兩個女人在一起難免派說各自丈夫的不是，趙璉更是找到了訴說對丈夫不滿的發洩口。中間再夾雜進蘇青的丈夫李欽后——一個有著濃重的市儈氣的前東吳大學法律系畢業生，徐訏婚變的契機由此種下。

「八・一三」日軍進入租界後，李欽后的律師事務所關門，失去工作的李欽后變得性情怪異，與蘇青日生齟齬，移情別戀於徐訏的妻子趙璉。在蘇青自傳體的小說《結婚十年》中，對此有一段源於現實的摹寫：

小說中，徐訏成了「余白」，他的妻子趙璉則成了「胡麗英」，李欽后則被叫作「崇賢」。因為離得近，「我」常去余家借小說看，兩個女人編排自己丈夫的不是時，麗英卻對「我」數落崇賢頗不以為然。麗英的丈夫余白本可以去大學當教授，或者去銀行工作，但他都不去，只是寫他的小說。麗英眼看著崇賢一家收入頗豐，更是羨慕。自然覺得崇賢要比自己的丈夫好。麗英是個愛打扮的虛榮女子，也常常把「我」的女兒打扮得花骨朵兒似的，溺愛女兒的崇賢見了，自然歡喜，對「我」說：「余太太真是個會管家的女子，而且也肯安本份，只可惜余先生一味太才子氣了，經濟難免拮据些。」明擺著是說別人的妻子比自家的好了。貧賤夫妻百事哀，余家夫婦常常口角，余白有時還動手打麗英，麗英家裡受了委屈，就跑過「我」家來訴說。崇賢凝視他半晌，半開玩笑地說：「像你這樣的太太還怕沒有人要嗎？又美麗，又賢慧。」麗英卻把這話當作真的來聽，「李先生，你也取笑我……」臉上泛起紅暈，似乎人也年輕了許多。

這一切「我」都看在了眼裡，但「我」怎麼也沒有想到他們兩人竟然發展到了一起上舞廳跳舞，崇賢還搞大了麗英的肚子。小說中，蘇青把趙璉稱作「愛的侵略者」，但到底是趙璉侵入了她的家庭還是他的浪蕩丈夫勾引了別人的妻子，也真是一筆糊塗賬了。生活中這一事件的結局是，一九四二年，徐訏與妻子離婚去了重慶，蘇青則在生下一個兒子後不堪精神刺激患了肺結核，還吐了血。

在重慶期間，徐訏出版了給他帶來巨大聲譽的小說《風蕭蕭》。小說寫上海淪亡期間秘密工作者與日本佔領軍的鬥爭，如此宏大敘事，走的卻是暢銷書的路子：柔情與鐵火交織，美色同智勇輝映，美女俊男多角戀愛，疑雲密佈的間諜生涯。故事在「一切都有政治色彩的國際上海展開」。一時洛陽紙貴，以致「重慶江輪上，幾乎人手一紙」。

兩年後，徐訏以《掃蕩報》特派記者的身份去了美國。抗戰勝利不久他又回到上海。這一期間他再版了《風蕭蕭》。

徐訏回到上海，先住在二姊家，因人來客往太多干擾，他搬出來另找住處。那幾年，他終日埋頭筆耕，一直未成家，被朋友們戲稱為「野豬」。惟一的社交活動，是約幾位老朋友劉以鬯、楊復冬等在國際飯店二樓喝咖啡。他要朋友們給他介紹些戲劇界演員，有京劇也有越劇。朋友們以為他要找個女人戀愛了，卻不知道他是為寫長篇小說《江湖行》裡的人物作準備。內戰正進行到白熱化，上海人心惶惶，徐訏卻突然失蹤了。後來朋友們才知道他到寧波去結婚了。

徐訏的再婚妻子葛福燦出身於嘉定一個望族，據徐訏與葛福燦共同的女兒葛原回憶：「母親學習成績優異，曾考取省立上海中學。由於戰火不斷，加上七歲喪父，家境衰落，作為長女的她不得不多次輟學。以後考取教會辦的女子師範學校，為了擔負起家庭重擔，幫助弟妹完成大學學業，自己卻放棄上大學的理想。十八歲起，除了在學校教書外，曾在我二姑母家擔任過家教。我父親從美國回來，姑母們便介紹我母親同他認識。一九四九年，在寧波結婚。」（葛原，《殘月孤星》）

葛福燦性情溫煦，和徐訏婚後有過一段短暫的幸福生活。不久，上海解放，新時代的革命潮流衝擊之下，徐訏深知知己曾經風行一時的小說將變得不合時宜。一九五〇年五月一個天色朦朧的黃昏，徐訏悄然地離開上海前往香港。此時，他的女兒才出生五十三天。

徐訏原本打算到了香港安頓下來後再來接妻女。可是時局的發展超出了他的想像，滬港兩地開始了長達數十年的音訊隔絕。在內地，徐訏被列為反動人士，小說《風蕭蕭》成了所謂「特務文學」。從此留在上海的他的妻子承受著巨大的壓力，為了生存，也為了女兒的前途，她只得表示與「反動」丈夫劃清界線，提出與遠在香港的徐訏離婚。女兒隨她改姓葛，然而內心深處他還是忘不了丈夫一直保存著徐訏在國內外拍攝的千餘張照片和幾十本著作。

到了晚境，病魔的折磨下的徐訏一次次地向內地的妻女伸出手。「文革」結束後，葛原突然接到父親來信，要她去香港。葛原赴港後，有人卻認為她是為了爭奪遺產，就故意為難，不讓葛原與徐訏有親近的機會。等到好不容易見到幾十年未見面的父親，徐訏已是生命垂危。葛原的《殘月孤星》從接到父親來信，要她去香港留在他身邊工作開始，寫到她參加完父親的葬禮，黯然離開香港。擺脫「階級」的枷鎖，又掉進金錢的「怪圈」，這滋味，真是欲說還休！

三、都市裡的遊魂

從一九五〇年赴香港到一九八〇年去世，三十年時間裡徐訏先後在珠海學院、新亞書院、中文大學和浸會學院執教。其間雖也辦過刊物，但大多沒堅持多久就停了刊，只有寫作一直堅持未輟。很長一段時間，他的故事被一層一層包裹著。從朋友的記述來看，他在香港的日子過得並不輕鬆。像他這樣一個懷舊的人，到了異地肯定要經常回憶過去，而他的回憶指向的通常是舊上海的街道，那有著油畫質感的昏黃的畫面。

一九五〇年無論如何是個有特殊意義的年頭。

許多作家為即將到來的新時代歡欣鼓舞，卻又不能迅速調整心理以應對這種變化，因此難免手足無措，出現創作的斷層，而徐訏由於身處香港，這一環境與他生活多年的上海相差不大，因此在創作上反而出現了一個持續的高潮，長篇《江湖行》、《彼岸》、《時與光》及《鳥語》、《結局》等短篇集都是問世於那個時期。特別是構思三年、又經五年寫作和修改問世的《江湖行》，堪稱他移居香港後的巨構，一問世就被推崇為「睥睨文壇，是其野心之作」（司馬長風語）。這些小說所寫人物多是大陸流落到香港、在流放感和放逐意識中生活的移民。在無望中，他把神和上帝引入了他的文學場，試圖通過對人生殘缺的反省與自審，在宗教意義上提升人的靈魂。暢銷小說作家徐訏以他濃烈的浪漫主義情緒和通俗化的小說形式，走著他現代主義小說通俗的路子。

這個自稱「一向是大都市的人」、有著很深的城市背景的作家，居留香港後，文風漸變，都市主題漸趨悲涼，而鄉村畫面在他的小說裡開始大量湧入。他寫大都市的夜總會、舞場、燈紅酒綠無法與穆時英比擬，但一待鄉村片斷進入，那文字就搖曳起來。都市神話的消褪，這或許是因為香港給了他巨大的文化壓力。論年齡，其時他剛四十出頭，一個寫出了《風蕭蕭》、《鬼戀》、《賭窟裡的花魂》這些都市作品的作家，從今以後要任憑鄉村回憶的暗潮泛起，他真的沒有想到以後要靠回憶過活了。

這麼說，內心深處他還是無法認同香港。「我本是自由的天，每天在翱翔，自從我飛進圍我的圍牆，我再無處徜徉」。他說。他還自稱是一個「無根的過客」。居港三十年，他一直說上海話，偶爾也說慈溪土話。只是從不說鳥語。去吃飯的地方，也都是紅星、紅寶石、溫莎這些前身在上海的餐廳，或者大會堂咖啡廳（它的俄國廚師據說是從上海車厘哥夫來的）。到大會堂看京戲，也都是上海來的一些業餘演員的演出。小說中凡寫到上海，也比四〇年代以上海為背景的小說更多地牽涉到上海的地名：愚園路、霞飛路、虹橋路、貝當路、永安公司、先施公司、國際飯店、仙宮舞廳、大光明電影院、外灘等等。可以想像這些過往了的地名激起了他多少親切的回憶。據吳福輝先生統計，他到港後期創作的小說，所寫上海故事十五篇（部），純粹的香港故事卻只有十篇（部）。這是一種怎樣的上海情結呢？其間又包含著他多少的失落與心酸？就是那些香港故事，好像也一直找不到合適的故事發生場所，開場總是在路途中、碼頭上或是輪船上，故人相逢，坐說盛年，還委屈小說裡的人物在灰撲撲的弄堂房子裡棲身，稍不留意，這些故事說是發生在上海的里弄間也成的。

究其根本，他實在是不能輕鬆自如地做個「移民」，像那些早先到來的同行一般似乎一夜之間就捕捉到香港中產階級的生活趣味。香港在上海之後輝煌了，可他看不到，他看到的滿眼只是滬人在香港的沉淪。香港沒有真正接納他，他也沒有認同香港。因為沒有「學位」，大學教師的身份他花了整整十五年才得到。而他更想要的職業作家的地位，在香港更是無望（他十八集的全集，也是由臺灣正中書局出版的）。可上海時期養成的文人中心觀念在他心中是那麼的強烈，香港式的為市場寫作的「文藝工人」他不屑做，也做不來。月開支三千元以上的「上海生活標準」他又不想降低。他在香港是這樣一種境況，也真是不尷不尬了。

於是他永久地留在鄉村與都市、上海與香港的夾縫中了。鄉村是美好的，卻不無虛幻，都市冷酷、眩目，卻又不得不去面對。所見、所聞、所歷，加深了他的歷史流離感，又成倍地放大了他的寂寞。小說《鳥叫》中，主人公從香港赴台，會見了大陸、美國來台和當年留台的朋友，發現誰都比他成功，惟獨自己是個失敗者，這不妨看作浸透了他身世之感的自傳性作品。

如果時間會收縮，它會凝聚成一個點，一個地圖上沒有標識的小村，浙江寧波慈城東南一個叫竺楊的江南小村。在生命的晚境裡，安慰他的是回憶中一年一度春天歸來的燕子，它們寄居在他舊居「堂前的舊樑」。而那個他出生並度過人生初年的村子，也似乎真切了起來：「小城外有青山如畫／青山前有水如鏡／大路的右邊是小亭／小亭邊是木槐蔭／木橋邊是我垂釣的所在／槐蔭上有我童年的腳印／橋下第三家是我的故居／破籬邊青草叢中有古井／傳說有大眼長髮的少女／為一個牧童在這裡殉情／最後就請站在那裡遠望／看馬鞍山上是否有微雲。」（《幻寄》）。這一切物事，連同久違的親人，已逝的愛，甚至失去的贈物，成了他的戀戀難捨之執，每一想起就「痛苦哀念」，情不能已。

他像一個遊魂，徘徊在鄉村與都市、香港與上海。他徘徊得太久了，到頭來發現過去和現在都找不到自己的位置。於是他說：

> 我是一個最熱誠的人，也是一個最冷酷的人，我有時很興奮，有時很消沉，我會在狂熱中忘去自己，但也有最多的寂寞襲我心頭。我愛生活，在淒苦的生活中我消磨我殘缺的生命；我還愛夢想，在空幻的夢想中，我填補我生命的殘缺。在這兩種激撞之時，我會感到空虛。

四、滿抽屜的寂寞

慣寫才子文章的香港作家董橋回憶六〇年代末

第一次見徐訏，「穿一件黑襯衫，打一條白領帶，整齊、考究極了」，竟讓他無端地想起毛姆和毛姆的小說。但老先生明白告訴他，「毛姆的東西我看得不多！」

據友人回憶，徐訏為人謙和、溫雅，不喜張揚，更不狷狂、放誕。常常是靜靜聽別人講話，說話時也是不疾不徐，語氣平和。在後輩如董橋這代人的眼裡，徐訏成了一個「舊」派人物，可是又「舊得很有趣」。董橋有一個著名的比喻，把徐訏比作一個填滿了舊鋼筆、舊信件、舊錢包、舊護照、舊打火機、舊照片的抽屜。從這些日常生活的細節裡流淌出了徐訏那一代去國者的文化鄉愁：不太給人電話，有事寧願寫信，長信短信都寫得得很清雅；喜歡用閒章，信紙蓋一枚「三不足齋」的紅印。寫字對鋼筆頭尤其挑剔；喜歡為自己的書設計封面；用親筆抄寫製版的「畫眉篇」襯底。憶人念事的懷舊文章也愈發清淡到了家。很private。「喜歡打開窗子讓街上的寂寞飄進自己的房間裡來」。——這麼舊的心情！因此董橋說他，徐先生的寂寞是他給他的人生刻意安排的一個情節，一個佈局，結果弄假成真，就像他的小說。

他講述著故事，而故事也改造著他，讓他愈發的寂寞，也許還不無蒼涼和苦澀，但一到了筆下，大抵還是含蓄、沉鬱的，更近「溫柔敦厚」之旨。於是他的小說，激越時不像無名氏那樣奔放無忌，凝煉處又不似張愛玲那般幽邃繁麗，他自有一份幽默，卻更不似錢鍾書那樣機智、犀利。他的小說還是有著自己的美學範式。

他在徘徊中追尋，在生命的最後一刻，他曾迷失般地追問：「這個生命到底是什麼意思？」

他把這個問題同一位神父討論，不知是否得出了什麼結論。我們已經知道的是，在去世前一星期，他皈依了天主教，在醫院教堂受了洗。這見出了他靈魂的矛盾。他一直是個無神論者，相信自己有著「天賦的愛」，他期望自己用這愛，通過藝術和哲學來救贖。但最終的皈依宣示了他的救贖無門。他是沒有出路了，才想著抓住宗教來求得生命的得救。他真的得救了嗎？如他生前所說，在一個「舊的沒有去淨，新的已經湧來」的時代，他只能在「生活上成為流浪漢，思想上變成無依者」。

說來真是滿紙蒼涼。

相關連結・人物小傳

徐訏（一九〇八～一九八〇）

浙江慈溪人。一九三三年北大哲學系畢業，轉該校心理學系讀研究生。北大讀書時發表短篇小說《煙圈》。一九三四年在上海任《人間世》月刊編輯。一九三六年赴法國巴黎大學修哲學，獲博士學位。抗戰爆發後回國，居上海。先後任《天地人》、《作風》等刊物主編。一九三七年發表的短篇小說《鬼戀》，是他的成名作。一九四二年赴重慶執教於中央大學。一九四四年出版長篇小說《風蕭蕭》，這一年在出版界被稱為「徐訏年」。一九四八年出版《進香集》等五部詩集，總稱《四十詩綜》，收一九三二年以來的詩作。一九五〇年赴香港，以寫作為生，曾與曹聚仁等創辦創墾出版社，合辦《熱風》半月刊。一九六〇年出版描寫抗戰時期中國社會百態的長篇《江湖行》。一九六六年起先後任中文大學教授，香港浸會學院文學院院長兼中文系主任。七〇年代，徐訏作品集在臺灣出版，近四十冊。一九八〇年，徐訏在香港去世。小說多以愛情為主題，浪漫離奇，滲透著凄迷飄逸的華美和自由不羈的個性，並深具文化和哲學色彩。主要作品有：短篇小說《鬼戀》（一九三八，夜窗

愛國者之血
被碾碎的巴人

流我們的血，用我們的頭顱
在劫後的土地上，開出大同的花兒
——王任叔（巴人），《洪爐》

一、一份刪節的自傳

五〇年代的「思想改造運動」中，從舊時代過來的知識份子鮮有不做檢討的。後經「反胡風」、「反右」、「四清」、「文革」歷次政治運動，檢討的範圍愈來愈大，從知識份子擴大到了底層民眾。檢討作為一種政治文化得到了整個社會默認，成為一種很有成效、很有操作性的政治壓迫的手段。檢討——政治運動中的檢查交代和思想彙報——是中國現代政治文化中影響深廣的一個現象。王任叔（巴人）寫於五〇年代中期的《自傳》，實質上也是當時「思想改造運動」中一份檢討書。

一九五二年，王任叔從駐印尼大使任上回國，先在外交部，兩年後任人民文學出版社副社長兼總編輯，做馮雪峰的助手，後又任社長、總編輯、黨委書記。其間他出版了風靡一時的《文學論稿》，發表了一些文藝雜感和評論，儼然一個黨的文藝理論家。自傳的寫作當是在這個時候。當時的大氣候還較寬鬆，自傳對早期生涯和思想的記述，特別是重新入黨和自我認識等內容還沒有被扭曲到失真的地步。遺憾的只是對在「孤島」時期在上海的記敘太過簡約。但也只是記憶龐雜無暇面面俱到，並不是為了隱藏或者彰顯什麼。

「我於一九〇一年出生於浙江省奉化縣大堰村（現改名大堰鄉），乳名朝倫……」自傳以這樣一種平實的調子開頭。自傳年限，從一九一五年離鄉求學前至一九五四年調任人民文學出版社，凡四十年，作者在檔案式地羅列了革命和文學活動的經歷後，對自己的思想情況作了以下判斷：一、還有些個人主義的東西；二、工作上努力，但急於求成，作風上的主觀主義；三、機械搬用和教條主義的傾向；四、溫情主義；五、自重新入黨後，政治立場堅定，但有時卻又有甘於犧牲的思想，對政策的靈活性不夠。結論是：「我還不夠布爾什維克化，還是一個半無產階級的知識份子。」

現在看到的《自傳》是王任叔的兒子整理過的，整理者自謂對「其中凡不宜公開發表的內容都作了刪節」。被刪節的是人事的糾葛恩怨？還是什麼聳人聽聞的言論？不好妄猜。看得出作者寫作時的態度是誠懇、坦蕩的，跟那個年代從海外歸來或從國統區來的知識份子不同的是，他不需要努力往主流意識形態靠攏，作為一個國家級出版大社的主持者，他實質上的身份是國家意志在文化出版界的體現者，是現行意識形態的教導者，這一套話語方式對他來說並不隔閡。

引一段這一時期王任叔寫給出版社一個下屬的信，也是頗多的教導語氣：

××同志，你是工人階級出身，但怎樣會有這麼多小資產階級的情調呢？社會給你的影響，書本給你的影響，都是原因。而在你的艱苦的生活中，沒有及早接受黨的鬥爭的教育也是原因。但那兩種影響中不健康的因素，都在你的靈魂中生長了，是不是這樣的呢？但你是個純潔的人，正直的人，如果你能夠更多讀些馬列主義的著作，毛主席的著作，描寫新生活和革命鬥爭的作品，積極地參加生活鬥爭，我認為你能夠擺脫舊作所表達的那種思想感情。我對你的希望是第一，心情開朗，第二，心情開朗，第三，還是心情開朗！（王仰晨，《任叔同志的一封信及其他》，《巴人先生紀念集》人民文學出版社，二〇〇一年，頁一〇〇）

自傳的語調與此幾乎同出一轍。很難相信一個作家會寫出這樣乾澀、板滯、教條性的文字。泛政治化遮蔽了日常生活的所有細節，只剩下通篇的政治語彙和符號。現代體制化的社會語境裡，教條性的語言可以是面具，運用得妙，足可以遮蔽、隱藏一個人真實的想法。但在那個年代，運用這些教條性的文字恰是為了讓思想裸露。而且當時大多寫作者的熱情和真誠——對新政權的熱情和對政治的熱情——幾乎不容懷疑。對此我們只能作如下判斷：思想的教條化必然帶來語言的教條化，在一個泛政治化的年代裡人們就是這樣說話的。

這個主流意識形態的追隨者和體現者後來竟被逐出了體制的城堡，這不能不說是玩笑。這再一次證實在時代的大風暴裡，個人只能是無根的轉蓬和飄零的落葉。四年後，亦即一九五九年，作為資產階級人性論的代表人物，王任叔遭到全國性批判。據親歷者回憶，王任叔在出版社陷入困境，緣起於「反右傾」批判彭德懷的政治運動開始，有關部門搜索「右傾」的靶子，於是找到了他的《論人情》。這看似偶然，其實正是文人從政的宿命，也是其本性使然。

好奇心使我重新找出了這篇短文，我想看看王任叔在這篇改變了他的下半生的文章裡到底說了些什麼。從現今的眼光來看，這篇短評以微弱的聲音揭開了五〇年代以來文藝在「左」的思想影響下公式化、概念化的癥結——其實質就是意識形態對文藝的簡化和粗暴：文章批評當時流行的小說和戲劇「政治味太濃，人情味太少」，人際間什麼都以階級關係為轉移，母女愛與父子情都納入了階級關係，人性美與人情美都蕩然無存。看完此文，我良久無語。說實話，我為王任叔不值，以今天的眼光看，這也算發現？這是一個作家的常識啊，就因為說了一個常識把下半輩子都賠進去，這虧也忒大了。這麼說，也證明社會確實進步了，種種觀念各得其位了。所以還是要佩服王任叔，不佩服不行，在常識不成其為常識的時候，他直言了，這正直和勇氣不是說有就可以有的。

有關王任叔的回憶文章都說這場批判是康生定的調、姚文元揮的棒。從文獻來看，姚文元至少有這樣幾篇文章直接對準王任叔開火：《文學的修正主義思潮和創作傾向》、《論人類本性的人道主義》、《批判巴人的「人性論」》。姚那種言必稱「主義」的語調足可以讓現在的讀者看得腦子發怵，也可算是一個語言的奇觀，試摘兩段，奇文共賞：

> 巴人的反動的人性論，同國際上現代修正主義者所鼓吹的為帝國主義利益服務的修正主義理論是一致的。
>
> 這種抹殺階級鬥爭的人性的同情和友愛，其目的就是要摧翻馬克思列寧主義的革命的戰鬥的旗幟，用抽象的人性來掩蓋形形色色堅持資產階級立場的資產階級分子和修正主義者的階級性，保護資本主義的利益，叛離無產階級立場，叛變社會主義，

放棄無產階級專政，讓資本主義自由氾濫，肯定一切資本主義復辟活動的合法性……（——姚文元，《文學上的修正主義思潮和創作傾向》，原載《人民文學》一九五七年一一期。轉引自王鐵仙《論巴人的〈論人情〉》，《巴人先生紀念集》人民文學出版社，二〇〇一年，頁二四二）

近半個世紀以來我們的語言就是被這樣的一種語調慣性驅使著加速墮落。處女一般鮮活、靈動的漢語言就是這樣被糟踏褻瀆的。糟踏的次數多了，大家早就忘了好的白話文是怎麼樣的，還以為它本來就是這樣慘不忍睹。

批判持續走高，再一年，王任叔被定為「反黨反社會主義分子」，撤銷黨內外一切職務，所有著述不准出版、發表。在政壇和文壇他都被淘汰出局，「雙開」了。過了六十歲的王任叔，他的生命轉入了一個急速向下的坡道（但他自己還不知道，他還在譫妄地等待山回路轉的一天）。以後十年間，王任叔仍居京滯留，其間，妻子愛女分離，因腦血管病變引起的暈眩、連續昏厥、大小便失禁，冬天缺煤，生活的苦辛自是不難想像，他寫給兒子的幾封信是這一時期忠實的生活記錄。想想近半個世紀前京城角落這個孤獨的老人，讓人吃驚的是到底是什麼力量竟能讓他苦撐十年。一九七〇年三月，王任叔失去了生活自理能力，被遣返回鄉，隨身所帶只有幾件衣服和兩大箱印尼歷史稿件資料。他感到還有力量，希望在放逐中完成這一異國歷史的寫作。

然而離開了數十載的故鄉已不適於他的病體，浙東群山包圍中的小村陰晴無定的天氣和瀰漫的水汽浸透了他的軀體和大腦的所有神經脈絡。連綿的山峰是天然的幽閉的石牆，使他的情緒愈加鬆垮和瀕於絕望。病情迅速惡化，直至腦血管嚴重病變而神志不清，精神分裂。他瘋了。大雪天的晚上，他蓬頭跣足，赤裸著身子，在村子裡狂奔嘶呼：打鬼！打鬼！有一次甚至在雪地裡躺了一夜。還有一個傳聞是：當時生產隊派給他的活是搓草繩，他搓完了就用草繩把自己攔腰捆綁起來，叫道：我把你捆住了，看你還往哪兒跑！後來有其後人說這傳聞是假的，那就不妨姑妄聽之吧，考辯細節的真偽不是本文的任務，作為一個寓言或者象徵，相信很多人會發現其中的真意義的。兩年後的夏天，王任叔在小村大堰默默死去。

二、血的神話的建立和潰敗

撇開大歷史不談，看看《自傳》中提到的一些並不是非常重要的事件和人物。

一是兩個少年好友的死。一九一五年，王任叔來到寧波，入讀省立第四師範學校。對這座地處東南沿海的商埠他並沒有多少好感，稱之為一座「為算盤聲和桐城派的古文聲所聯合統治的中古城市」。他自述在校期間有兩個對自己有過影響的較為親密的同學。一為周仲陶，「一個非常聰敏、數理化有特長的同學」，此人因婚姻不幸，三年級時患吐血病死掉了。其時王也正為婚姻問題而苦惱，可謂同病相憐。周的死，使他深感「人生的渺茫」。另一同學為毛信望，「一個有豐富的社會知識的人」，告以社會的種種黑暗面，「這使我彷彿另開了一隻眼睛，要去看看社會到底有多少黑暗」。王任叔最早的社會活動就是此人引路的。但毛做了兩年小學教員後，也吐血（肺病）死了。

二是長子的死。王任叔自述，從一九四八年八月奉中央命，由天津進入解放區在平山李家莊統戰部工作至一九五〇年八月調外交部，其間，「有兩件事感到不快」，一是和王洛華的婚姻關係，一是長子王克寧的死。

對這一事件，兒子王克平回憶：

> 一九四九年初，北京剛解放，克寧在北京西郊飛機場任見習參謀。休假日，克寧常到中南海看望爸爸……一次，克寧探望爸爸時，感到很不舒服，在返回部隊時刻又下起了傾盆大雨。克寧想留在爸爸身邊過夜，但爸爸堅決要克寧準時返回部隊報到。克寧冒著雨趕回部隊，當即發高燒。幾天後，克寧隨同首長去保定接收國民黨軍事學校。途中，克寧大出血，搶救無效，竟然離開了人世。時年只有十八歲。（王克平，《我的爸爸巴人——紀念父親逝世十周年》，《巴人先生紀念集》人民文學出版社，二〇〇一年，頁一七六）

以後他逢人總要說起長子的死，後悔對他關心不夠。在發表於一九五七年四月號的《北京文藝》的一篇短文裡，他再一次表述了自己的「喪子之痛」：「……我深深感到自己對他不但缺少父親的愛，而且表現為沒有絲毫人情。」

把視線移向寫作此文後的十餘年：一九七一年初，已遣返原籍浙江奉華大堰的王任叔腦血栓病變，強送杭州古蕩醫院治療。病情未見好轉。第二年夏天，因腦血管破裂死去，其親屬描述死時的慘狀：耳鼻流血不止。

這樣散點式地敘述王任叔一生中的幾個年分，血作為一個意象，凸現在了我們的面前。血，繫連著少年時代朋友的死亡，長子的早夭，也預示了他死亡時的情狀。如果說兩個少年朋友的吐血病（肺炎）是世紀初小知識份子的流行病症，而把他們父子死時的血光聯繫在一起來看，似乎又不是一個「巧合」所能解釋的。我相信真實的歷史就潛行在這些細枝末節裡。

在他的一生中，我們看到的是一個血的神話的建立和潰散。

考察一個人物，不能光是局限於人物和事件而忽略經濟、地理等其他社會層面的因素。王任叔的出生地寧波奉化大堰村，地處奉化西南群山環抱之中，東連寧海，南接台州新昌。去年十月我初到時，當地政府提供的一份《大堰鎮情況》有這樣的介紹：

> 大堰鎮地處奉化市西南部，地域面積一百二十九點六平方公里，轄六十三個行政村，三萬多人口。是奉化市西部林特經濟中心鎮，屬全山區鎮，與寧海、新昌接壤。大堰山林資源豐富，共有山林十二萬畝，其中竹林四．二萬畝，近年來，大堰鎮努力打好農產品品牌，五千畝竹山取得了國家環保總局「有機筍」生產許可證，「可嵐牌」高山瓜已打入寧波、上海大市場，四千多畝板栗已經成林，名特種養業遍地開花，近年來，大堰鎮建立了一支百人農民購銷隊伍，架起了大山與市場之間的橋樑。

順便說一句，大堰村就是目前的建制鎮大堰鎮政府的所在地。就在這個小小的地方，見諸史傳的，除了王任叔，尚有明代工部尚書王鈁（王任叔的遠祖），大革命時期的烈士董子興、王鯤等。王任叔在長篇小說《莽秀才造反記》的開篇裡寫鄞縣近山瀕海的寧海人的硬氣：「是山陸與海洋接合之所這特殊的自然條件，培養出這小縣份人民一種特殊的性格，他們在狂波巨浪中學得了狂放與勇猛；他們在叢林與山巘中學得了堅韌與挺拔。」大堰一山之隔便是寧海的大理村，王任叔描述的這種「台州式的硬氣」在大堰同樣也有其流風餘韻，這一地理風土賦予的稟性事實上也是他出生的印記。

同時代人的回憶描繪出了王任叔熱情、尚義、血氣方剛、易衝動的一幅肖像：

——巴人不修邊幅，鬢髮如戟，一口奉化官話議論縱橫，響遏行雲，整年著一套大新街西裝，領帶大概也只有一條，可稱落拓不羈。（周劭，《巴人哀思》，《巴人先生紀念集》，上海魯迅紀念館編，人民文學出版社，二○○一年十月版，頁一一九）

——任叔的為人正似他的文章一樣，活潑多趣，他的個性是倔強而富衝動，有情感，有俠義心腸。（孔另境《記「廖化時代」的王任叔》，《巴人先生紀念集》，上海魯迅紀念館編，人民文學出版社，二○○一年十月版，頁一二二）

——他體格不算魁梧奇偉，卻是很壯實的，性格堅強，精神健旺，心胸開朗，有說有笑，感情外露，才華橫溢，精明強幹，決不像會精神失常的人。（勞榮，《緬懷王任叔（巴人）同志》，《巴人先生紀念集》，上海魯迅紀念館編，人民文學出版社，二○○一年十月，頁一三三）

——熱情、勇猛，有時卻過於自信。（唐弢，《關於任叔》，《巴人先生紀念集》，上海魯迅紀念館編，人民文學出版社，二○○一年十月，頁五三）

這樣大咧咧不拘小節的性子出現在一個大使身上，有時就難免尷尬：王任叔出使印尼時，印尼的總統是蘇加諾，此人愛講排場，動不動就舉行典禮，邀請各國使節出席觀禮，一站就是五六個小時，這可苦了王任叔，有一次他站得實在腿酸，順手拿起一瓶飲料，仰頭便喝，這一鏡頭正好攝入了美國《生活》雜誌記者的相機。

還有他對友情的久久不能釋懷：大革命時期，曾任奉化縣委書記的董子興被害後，王任叔收屍，發現衣袋中有一冊日記，他整理後題為《不曾腐爛的日記》發表於上海的《白露》。十幾年後，在杭州，他猶繫念之：「自摯聲死後，忽忽十年不至杭州矣，而故人之骨，未知埋葬何處，每念及輒為淚，人生無常，湖山依然，美景勝地，猶留血腥，言念及此，甚悔有此一行。」並以屈軼筆名作詩悼念：十年不作湖山夢，海外歸來有淚痕，煙雨朦朦成暗夜，傷心最是未招魂。

熱情、衝動、自信、尚義，從現代心理學的角度來看，這是一種多血質的氣質。在歷來貧血的中國文學傳統中，這樣一個有血性的文士的出現，天然地具有了領袖群雄的氣魄。這樣的文人有政治熱情和對政治天生的嚮往，事實上他就是文人群體中的一個黨人。但在三〇年代眾聲喧嘩的上海，他更多地充當的是廖化——一個開路先鋒的角色。譬如三〇年代紛揚一時的「魯迅風」的爭論中。他的那種大氣魄要到四〇年代在傳奇一般的南洋飄泊中才真正顯露出來。

三〇年代的文場，給人的感覺是文人們老在磨嘴皮子，大打口水仗。文人們火氣都很大，一個個鉚足了勁，拉拉扯扯，婆婆媽媽，意氣用事。現在的文學史家對此也津津樂道，似乎文學史不是作家和作品寫成的，倒是一鍋子事件的雜燴。「魯迅風」的論爭，發生於一九三八年魯迅逝世兩周年紀念之際。王任叔如是回憶那個年月：「一九三八年入春以來，上海是個極端黑暗的無文化地帶……淪落後的上海文藝，始終是在苦戰中生長」（巴人，《四年來的上海文藝》，載《上海週報》四卷七期）。唐弢主編的《中國現代文學簡史》說，這場仗發生在王任叔與阿英之間，阿英認為魯迅雜文「迂迴曲折」，已不適合新的形勢，王任叔則堅持魯迅之於中國永久的意義。其實遠不止此，雙方文章往還中，又有別有用心者摻和進來，有點攪不清的。論戰的結果是包括王任叔和阿英在內的三七人聯名的《我們對於魯迅雜文的意見》的發表，和王任叔《論魯迅的雜文》的出版。「由於這場爭論以及以後巴人不斷發表雜文，很受讀者歡迎，因此被讀者譽為活魯迅，而且致使很多讀者只知道巴人，而不知道巴人就是王任叔。」（莊啟東，《人們不會忘記你的，任叔同志！》，《新文學史料》一九八六年第三期）

這裡值得一提的是王任叔應戰的方式：在引起這場衝突的一篇短文《守成與發展》裡，阿英說有人如何如何模仿魯迅，文章一發表，王任叔就跳了出來，答道：「有人」，在這裡！就像《三國》裡的莽張飛：呔，俺燕人張翼德是也！王任叔的身上有著戰士的稟性，從文以來他好像一直在與人爭個不休。一年後，與梁實秋、陶亢德作「無關抗戰論」的爭論。五〇年代末，則是圍繞「人性論」的一場大批判——這一次他連反擊抗辯的機會也沒有，不由分說就同哲學家楊獻珍、經濟學家孫治方一起扣上了「反革命修正主義分子」的帽子，一個人再怎麼好鬥，在龐大的國家機器面前實在是太渺小了。

好戰、善辯、易衝動，這種文壇猛士的本色甚至延續到了知識份子噤如秋蟬的一九五七年。「民主的時代也難免產生不民主的事實吧」，讓人奇怪的是這一年的《人民日報》竟然會讓他發出與時代如此不和諧的聲音。在這一年出版的《遵命集》（北京出版社，一九五七年）裡，他對自己的定位就是一個「戰士」：「我常常想：無以為人，何以為文，雜文尤其如此，雜文的作者必須是個堅強的戰士。戰士勇於殺敵，但也敢於挖掉自己身上的瘡毒，然後再見出戰士的光輝。」這話頗有魯迅的餘風。

事實上，儘管他不像柔石、蕭軍是魯迅的「入門弟子」，他卻一直把自己視作魯迅忠誠的學生：「他對於我是一個偉大的存在，有了他，我知道所以活下去的理由！有了他，我才知道我應該走的路！有了他，我更知道了誰是我真正的友人，誰又是我真正的敵人！」四〇年代的魯迅研究中，思想研究有馮雪峰、李平心、何干之，雜文研究則以王的努力最為引人注目。一九四〇年王任叔在上海遠東書店出版《論魯迅的雜文》，用的筆名「巴人」，也是魯迅當年發表《阿Q正傳》時用過的。更不必說他為《魯迅全集》的出版付出的巨大勞動。但從文獻來看，王任叔和魯迅並沒有建立直接的個人來往（一九二八年王任叔的短篇集《破屋》出版，曾附上一信寄呈魯迅求教，但他一直沒有得到魯迅的回覆）。王任叔於魯迅，是一種遠距離的瞻望，這一有限的交往僅僅局限於在一些公共場合聽魯迅的演講。一九二七年一月魯迅自廈門至廣州，在中山大學作講演，王任叔向所在機關告了假，渡江去聽了這次講演。他自謂「從魯迅墨黑的劍子似的頭髮上，看到了他那戰鬥的精神」（巴人，《論魯迅的雜文》，遠東書店，一九四〇年）。同年十月，又在上海江灣立達學園聽《偉人與化石》的演講。「左聯」成立後，王任叔作為其積極成員，應該說與魯迅接近的機會是很多的，但用他自己的話來說，則是「始終沒有敢去接近他，連交談也沒有」，「由於魯迅先生的嚴肅，尤其他表現在文字上的敏銳眼光，使太多劣點的我深恐被他髮露，不敢向他請教」（巴人，《論魯迅的雜文》，遠東書店，一九四〇年）。說得有點自卑，但話說回來，每一個人站在文化高峰下都會有這樣的渺小感。客觀地看，這話也隱隱地傳達出了王任叔的自尊與獨立性格。看到當時周圍的一些青年，自柔石、韓侍桁以至姚蓬子追隨在魯迅背後必恭必敬的神氣，他感到討厭。一次他對一個學生說：魯迅是值得尊敬的，但值不得那樣賠小心，彷彿是自己的父親似的。後來這話傳到了柔石那裡，馮雪峰在一次黨的會議上批評了王任叔「亂說話」。

以一九五九年為分界線，在此之前的王任叔，一直致力於血的神話的建立。站在現代醫學的角度看，血這種神秘的被認為了隱含著生命之奧秘的體液，無非是含有某些特殊的生化成分——血紅蛋白、鐵質、卟啉、一定比例的O_2和CO_2等等——的紅色的液體。但當血的某一類特性，比如其顏色和溫度被特別地抽取出來，就成為了一種象徵：革命所必須的熱情和力量的象徵。個人稟賦與時代的大潮的結合，使青年王任叔身體內的血沸騰了，在一九二二年他寫出了這樣充滿激情和幻想的句子：流我們的血，用我們的頭顱，在劫後的土地上，開出大同的花兒（巴人，《洪爐》，《巴人文集・詩歌序跋卷》，浙江省社會科學院《巴人文集》編委會編，寧波出版社，二〇〇一年）。而在這之前的王任叔，是一個自怨自艾的鄉村知識份子，為失業所擾，飽受命運調譴的苦悶。此前一本殘缺的詩稿裡有他一篇滿是歎嗟的自敘文字，短短兩千字裡出現了十一個「夢」字。在一九五九年以後的王任叔身上，隨著他被逐出公眾的視野，我們看到的則是血的神話的潰敗，這潰敗以生命的結束而告終。

血的本質乃是祭品。終其一生，就是一個時代的犧牲和祭品。真實的情形就像他三〇年代的老友柯靈後來說的：

> 他心中有一團烈火，在燃燒舊世界的同時也燒毀了自己，他熱烈悲壯的一生，不是他個人的特殊遭遇，而是我們偉大民族命運交響樂中的一支插曲，我們時代的犧牲。（柯靈，《在巴人的故鄉》，見《巴人先生紀念集》，上海魯迅紀念館編，人民文學出版社，二〇〇一年十月，頁六三）

三、瘋癲：受難的一種形式

瘋癲是人身上晦暗的水質的表徵。水是一種晦暗的無序狀態、一種混沌的流動，水汽迷朦的南方哺育了奇幻的文化，也沉澱出一種致幻的毒劑。人正是在對自身的依戀中，通過自身的錯覺而造成瘋癲。王任叔至死都依戀著革命的生涯，即使被革命放逐，他還以為這一切會隨著時日的延展而改變。他希望時間會證實他的清白，但他沒有挺過去，在與時間的賽跑中，他失敗了。瘋癲就是提前到場的死亡，它躲在日常的症狀之中，潛伏在寫作、歷史研究和生活的一切細節之中。

在王任叔的身上，我們看到瘋癲是受難的一種形式，在某種意義上是他生命臨終的最後的形式，因他承受了這一苦難，他成了一個受尊敬和同情的對象。

於是我們看到了一個人身上出現的無名的狂暴。他像一頭獅子，像叢林深處的一頭猛獸。他大叫、大喊、狂奔、呼告，說出一些沒有能夠破解的瘋語。他把日復一日寫下的文稿撕成一張張碎片。瘋癲在他身上的實質是一種眩惑，理性的眩惑。當他在黑夜高呼打鬼，他或許是看到了時代的夜晚，核心部分的黑暗，或許是什麼也沒有看見，只是一把虛無之虛無。即便他什麼也沒有看見，但他還是相信自己看到了什麼，他把想像中的幻覺和山村黑夜中的樹樁、枯柳、溪石、夜鳥等視作了現實。當瘋癲發展到野獸般的狂暴時，它似乎賦予了人某種免疫力，一種免遭其他疾病傷害的能力，就像大自然預先賦予野獸某種免疫力一樣：茫茫雪天，一個人赤身裸體在山塅溝坎間狂奔。

從臨床醫學的症狀來看，瘋癲後期的王任叔是一個躁狂症患者。他的神經反射機制就像一件樂器，琴弦緊繃，受到很遠很弱的刺激便開始振動。躁狂症患者的神經受到刺激就會振動，他的譫妄無所不包。他的神經系統，神經的內在振動造成的緊張麻木，使他不畏大自然所有可能的嚴寒和酷熱。躁狂症起因於「血液的過分沸騰和過快循環」，發展下去會惡化成癡呆，血液因長時間的騷動而耗盡了大部分精華，而變得身體虛弱。

現代生理學家認為，躁狂症和憂鬱症僅僅是程度上的差異。躁狂症是憂鬱症的自然後果。躁狂症患者的大腦乾硬鬆脆，其直接病理後果就是腦血管病變和腦血栓。這一生理機制可作以下簡單描述：黏稠的血液充滿了大腦，血液在大腦裡循環流動，因其濃重而易於阻滯，血液的濃重阻滯了運動，它就會造成更強烈的衝擊，大腦、大腦血管、腦體受到的刺激越強烈，就越有抗拒性，因此越容易硬化，這種硬化使濃稠的血液更猛烈地倒流。據此我們從現代醫學中找到了這一血的神話潰敗的科學佐證。

四、進入歷史的寫作

讀王任叔最重要的一部長篇小說《莽秀才造反記》時，我同時展讀的還有列入「二十世紀中文小說一百強」的沈從文的《長河》，這也算是一種比較閱讀吧。在王任叔進行歷史、土地、革命的宏大敘述事時，沈正在用文字的青石壘砌他精緻的美的小廟。說實話，在現代作家中，我沒有見過比王任叔的文字更沒有個性和沒有節制的文字。三四〇年代是白話文的生長期，文風熾盛，有魯迅的冷峻、知堂的沖淡、錢鍾書的博識和滬上新感覺派的五光十色。文學史家通常把二三〇年代的王任叔歸入鄉土小說一脈。但在我看來，他的鄉土氣味也有點不明不白，用龐大的歐化的句式來寫浙東鄉間總覺得隔了一層。但不能不承認，閱讀他的小說還是有某種東西打動了我，很長一段時間我在思忖這打動我的是什麼，後來我明白了，這種力量來自他對暴虐的自然主義的描寫。《莽秀才造反記》裡農民「反教平洋」暴動中那些嗜血的場景的描寫，筆觸的陰冷真讓人窒息。造反後的農民發瘋似地笑，動怒，商量如何殺死曾是族人的品松夫婦，刀剮，火燒，用蜈蚣和蛇咬，真稱得上是一部刑罰的大典。

「首先由董增祥向赤裸裸的品松老婆的奶子戳了兩刀，然後一揮刀把那個女人的頭劈下了」，「那品松的腦袋就像被急激地標出來的血柱送到空中去，落下地滾著，直滾到那女人的頭上，張著的嘴就咬住那女人的左耳朵，好像再也分不開了」（《莽秀才造反記》，《巴人文集・長篇小說卷》，浙江省社會科學院《巴人文集》編委會編，寧波出版社，二〇〇〇年）。特別是村民們圍觀朱神父被開膛剖腹的場景，那種猥褻的原始思想和盲目的嗜血的描述，更讓人有一種生理上的嫌惡。雖然小說家有其批判的立場，但這樣的敘述方式總讓人感到有問題。

這只是我對王任叔小說的感性認識，不可能像文學史家一樣條分縷析面面俱到。作為文學研究會的重要小說家，王任叔的小說創作自一九二二年起，主要集中在二三〇年代。至一九二八年赴上虞春暉中學執教，計已出版短篇集《監獄》、《破屋》、《殉》，中長篇《阿貴流浪記》、《死線上》、《某夫人傳》等及大量的小說手稿，已作為「民間小說家」浮上水面。粗讀之下，感覺是王任叔的早期小說「龐雜不純」，筆墨搖曳多姿，但總體風格不夠成熟。過於歐化，用詞繁綺，了無結構。就王任叔賴以成名的鄉土小說來說，在五四時期的影響，他不及王統照、許地山等人。他的農村題材小說，既缺乏許傑的氣勢，也沒有王魯彥、彭家煌、台靜農的沉鬱和細膩。但已經開始顯露舒展、從容、哀婉中夾雜詼諧的筆調，有一種甘旨而微澀的氣味。綜觀其小說全景，現代文學史家楊義有一個公允持平的評價：「作為小說家的王任叔是晚熟的，但他以此為代價，換得了三四〇年代的開闊和深邃。他失去了先聲奪人的機緣，卻養就了堅實發展的底氣。」（楊義，《論王任叔在中國現代小說史上的地位》，見《巴人先生紀念集》，上海魯迅紀念館編，人民文學出版社，二〇〇一年十月，頁二二六）

可以這麼說，他的成功之訣，在於及時地找到了當時文學思潮中的兩個波峰：魯迅的堅實性和文學研究會的革命性。在這個創作轉變期裡，他置身於大革命的漩渦中並與變動中的農村和覺醒了的農民保持密切聯繫。這一轉變使他確立並保持了現代小說史上的地位。他的寫作是進入歷史的寫作。這也是他的小說除了社會文獻價值，尚能進行美學討論的一個原因。

五〇年代修改完成長篇《莽秀才造反記》後，王任叔就不再寫小說了。他去操持雜文這一已不合時宜的文體，因文罹禍，一九六〇年後，創作權利也剝奪了。浩然回憶，他的長篇出來後他去送書，王任叔「揭開書的封面，眯著眼看著，說聲，出來了，有四十多萬字呢，隨後把書舉在鼻子下，聞聞散發著的油墨味兒，而後衝我微笑。我發現他的眼睛紅了，濕潤了。他沒讓淚水流出來」（浩然，《懷念巴人》，見《巴人先生紀念集》，上海魯迅紀念館編，人民文學出版社，二〇〇一年十月，頁九三）。這一細節裡傳達出了一個再也不能握筆寫作的作家的苦悶，而這一苦悶當是這一時期幾乎所有中國作家的苦悶。

五、生命最後居留的小屋

門口的一對石獅，已靜靜蹲伏了數百年。大溪在門前日夜喧騰，它流經的時日更為久遠。這奉化江的源頭，在王任叔的遠祖王鈁那個時代，想必還是清澈的，現在已略嫌渾濁了。沿溪的村街上，幾堆老人軋成團，下棋、喝茶、閒話。三五個孩子好奇地跟在一群外來人的後面。牛甩著尾巴悠閒地走過。秋日的陽光在溪石和水流中鳴響。這僻遠小村歲月不驚的生活，劈面撞來真讓人不知今夕何夕。

三十多年前的那個春天，七十歲的王任叔被押解遣返此地時，他沒有料想到這初始之地也是他的終焉之地。當他走到卵石鋪成的鄉間小路上，面對這滿溪灘巨蛋似的石頭，憎恨在他荒涼的心裡像草一樣瘋長，他是憎恨這裡出世的寧靜的。不然何以解釋他落魄至此還要在京城苦苦地守候十年，直到沒有了生活自理能力才不得不回到這裡？遣返是一個信號，遺棄的信號，在一個變動不居的社會裡，他成了一塊丟棄的木頭，任由南方山村迷朦的水汽和貧瘠的生活腐蝕，直至耗盡血氣而腐爛，自動消亡了他的肉體和精神。

這幢建於一九〇六年的南方普通民居是二層木結構樓房，共兩間一弄。這是王任叔初婚的新居，也埋葬著他的第一個妻子、一個叫張福娥的不幸女性長達半個多世紀的孤獨、屈辱、咒罵和彌留之際的淚水。王任叔的一生中至少有兩個時期在此生活，一九一七——一九二六的十年和一九七〇年三月至死去的兩年，加起來有十二年的時間。如今人去屋空，徒留恨聲。一樓東間是王晚年臥室，臨窗的木桌是他寫作的地方，擺放著筆筒、硯、鎮紙和一疊已在泛黃的人文社的稿紙。據說《印尼歷史》就是在這裡定稿的。屋角有一百五十公分見方的大木箱，旁邊的紙片介紹說是王任叔遣返回鄉時用來裝運印尼史資料書籍的，從北京一路帶到此地。

棄文而從史，就像沈從文一九四九年以後的被迫轉向一樣，王任叔此舉也有鉗制聲口不得已而為之的苦衷。但沈從文為人溫和，自行消解了內在的緊張和衝突，在故宮博物院塵封的典籍和一大堆花花朵朵、罎罎罐罐中發現了樂趣。而龐大的歷史著述對王任叔這樣一個渴望行動的人來說卻是一樁苦差，遑論樂趣，簡直就是一副重軛。儘管他在生命垂危時還念念不忘印尼史的寫作，在遺囑中留下了這樣的話：「……遺憾的是，不能完成我希望搞的《印尼史稿》，也是對人民欠下的一筆債。」（馬究生，《〈印尼古代史〉代序》，周南京主編《巴人與印尼》，南島出版社，二〇〇一年，頁四〇二）但是，一個從沒有受過現代史學訓練的作家去從事歷史著述實在是勉為其難了。從他留下的二百多萬字的印尼史著作和譯著來看，主要用力是在史料的收集和整理上。但印尼史料文獻很大一部分是荷蘭文寫的，王任叔不懂荷蘭文，只能閱讀譯成日文和印尼文的荷蘭史料，資料有限，限制了作為一個史家應有的開闊視野。另外，結構的鬆散和邏輯的不嚴謹也是一大弊病。而最大的問題，則是他的研究方法，那基本上是在一種封閉式的環境裡封閉式的方法。我不知道史學界對王任叔的印尼史研究是怎樣的評價，憑直覺，不會太高吧。

傍晚，從王任叔的墓地回來。站在這間他的生命最後居留的小屋裡，坐在桌前的椅子上，推窗即見青山。三十年前，這滿山的蔥郁，怕也滋潤過一雙因長久伏案而酸痛的眼睛？清風不識字，穿堂來去，嘩嘩地翻動桌上的稿紙。書生長已矣，徒留世間的是滿紙的蒼涼。

生於此，又歸於此。他好歹也落入了自然生命循回的軌跡。天道循回，精神不泯，比之同時代更多受難的、沉默的靈魂，他也算是幸運的了。

蒼山如海，夕陽如血。

從小樓出來，和同行的作家王旭烽坐在大溪路獅子闆門三三號門口的大石凳上。她雙手輕撫著已然磨得光滑的石頭，說：讓我們也沾一點前輩的文氣吧。

手掌貼上石頭的瞬間，我感到了從時間深處一點點滲出的涼意。

相關連結．人物小傳

王任叔（一九〇一～一九七二）

浙江奉化人。乳名朝倫，譜名運鏜，字任叔，號愚庵，筆名巴人等。一九〇一年出生於奉化連山鄉大堰村（今大堰鎮）。一九一五年考入浙江省立第四師範，五四運動中任寧波學生聯合會秘書。一九二〇年畢業，先後執教鎮海、鄞縣、慈溪、奉化等地小學。其間，參加奉化進步團體剡社。一九二二年五月始發表散文、詩作、小說，由鄭振鐸介紹加入文學研究會。一九二四年十月任《四明日報》編輯，主編副刊《文學》。是年，加入中國社會主義青年團。翌年任縣立初級中學教務主任，主編剡社月刊《新奉化》。同年十一月，小說《疲憊者》在《小說月報》發表，引起文化界重視。

一九二六年七月去廣州，任國民革命軍總司令部秘書處機要科秘書、代科長，轉為中國共產黨黨員。次年三月任寧波中山公學、第四中學教師，一度負責中共寧波地委宣傳部工作。六月被捕，由莊崧甫保釋。是年，第一本短篇小說集《監獄》出版。一九二八年執教上虞春暉中學。翌年一月去日本，研究社會科學與普羅文學，自學日語，翻譯《蘇俄女教師日記》及日本長篇小說《鐵》。十月，日本當局逮捕中國進步留學生和共產黨人，被迫回國。翌年，在上海參與發起中國自由運動大同盟，參加中國左翼作家聯盟，一度擔任中共曹家渡區委負責人，領導大夏大學黨支部。一九三一年四月，第二次被捕，被判處有期徒刑六個月，與黨組織失去聯繫。一九三二年去武漢執教。翌年一月任南京國民政府交通部航政司科員。一九三五年因《娜拉》案牽連，第三次被捕，旋由毛思誠等保釋。次年七月在上海參與發起中國文藝家協會，參加營救沈鈞儒、鄒韜奮等七君子活動。

一九三七年任上海文化界救亡協會秘書長、《救亡日報》編委。翌年重新加入中國共產黨，任中共江蘇省委文委委員。八月始以巴人筆名發表文章。是年，與許廣平、鄭振揮、胡愈之等共同編輯《魯迅全集》，主編《譯報・大家談》、《申報・自由談》、《公論叢書》等。一九三九年春任文化中心小組召集人，領導「孤島」上海文藝工作。至次年夏，撰寫、出版《文學讀本》、《邊鼓集》和劇本《前夜》等。一九四一年三月奉命去香港，七月赴新加坡，執教南洋華僑師範，與胡愈之、郁達夫等領導文化界開展反法西斯鬥爭。十二月太平洋戰爭爆發，任星（新加坡）華戰時工作團宣傳部長。次年二月與雷德容等飄泊到印尼蘇門答臘，輾轉先達、棉蘭等地。一九四三年遭侵印尼日軍通緝，隱居原始叢林中泅拉巴耶小村，以刀耕火種自活。一九四五年八月日本投降後，參加蘇島華僑民主同盟，主編《前進週刊》、印尼文《民主日報》，寫成大型話劇《五祖廟》。一九四七年七月被荷蘭軍隊逮捕，經組織營救獲釋，十月到香港。一九四八年八月奉命去河北省平山縣，任中共中央統戰部第三室綜合研究組組長等職。翌年出席全國第一次文學藝術工作者代表大會、政治協商會議第一次全體會議。一九五〇年任中華人民共和國駐印尼特命全權大使。一九五二年一月卸任回國，任外交部黨組成員、政策研究委員會委員。一九五四年《文學論稿》問世。同年四月調任人民文學出版社副社長、總編輯，一九五七年任社長兼黨委書記。

一九六〇年，在「反右傾」運動中受批判，撤銷黨內外一切職務。翌年起，任中共中央對外聯絡部東南亞研究所編譯室主任。一九六六年初，完成一百六十萬字史學專著《印尼歷史》初稿。「文化大革命」中遭批鬥、隔離審查。一九七〇年三月被遣返家鄉。一九七二年七月二十五日病逝，葬奉化大堰村後山。

百年約園
張壽鏞的傳奇一生

一、消失的石榴樹

一八七六年暮春的一天，張壽鏞出生在寧波城中的呼童街上。這裡是這個素稱士鄉的城市的中心地帶，周邊不過數里的地域範圍內，匯聚著傳統中國城池的各中心要素：府衙、學宮、考棚、鼓樓、城隍廟。一到府試開考，衙役們大聲呼喊從各縣趕來住宿在這條街上的童生們前去應卯，因此這條二三百米長的窄巷子被叫作了呼童街。帝制時代的中國，文人欲求仕進，必須參加從地區到省再到全國級的層層考試。地區一級的府試，可說是向著文官秩級邁進的最初一塊基石，得中者就有了秀才的功名，可以見官不拜，可以穿長衫，可以優先享受國家教育資源入泮為生員。總而言之，他就成了特權階層中的一個，儘管還是低級的一個。可以想見的是，只要該生員努力學習積極上進，參加省一級的會試及第乃至會試時金榜射策都不是沒有可能的，這樣他就從低級特權階層邁入了高級特權階層。張壽鏞出生在這樣一個考試空氣濃郁的空間，再加進士出身的父親的敦促，除了鑽研括帖制藝老老實實走科考晉升之路，幾乎不可再作他想。張氏出生的一八七六年，是為光緒二年，時當農曆五月，據說其時這條街上的石榴花開得正豔。二〇〇二年夏天，我住到了呼童街北端的白衣巷。以此為中心，西行百十步即至的孝聞街上的石庫門是民國時期藏書家馮孟顓先生的伏跗室，東行百餘步，中山公園邊上的仿古式建築即是張蒼水的故居，但走遍了呼童街及附近的尚書街、法院巷、穆家巷，我也沒有找到一百三十年前張壽鏞出生的那幢房子。或許那幢房子，連同五月間開花的石榴樹都已經消失了吧。如今這條街上，多的是法國梧桐和香樟樹，卻已再無一棵石榴樹了。

在這裡考察一個人與一條街的關係顯然有些牽強：在七十年的人生途程中，張氏在這條街上度過的歲月即便算上人生的初年，也不過十一、二年。更多的時候，他像一隻行蹤不定的鳥穿梭在北京、上海、杭州、武漢等繁華都市，偶爾才會回到這裡歇歇腳梳理一下被雨淋濕的羽毛。儘管對他的早年生活所知無多，但可以肯定的是，他在這個濱海的浙東小城度過了人生最早的幾個年頭，和他為數眾多的兄弟姐妹一起在這條窄小的巷子裡蹣跚著學步，並用寧波土話相互爭吵。有據可察的是，六歲那年，他和母親、大姐、二弟隨著做京官的父親去了北京。他們住在薛家灣的鄞縣會館裡，這是寧波人在京城最早開辦的會館之一。嚴厲的父親開始督促他讀《詩經》。可這個貪玩的孩子更喜歡在天晴風暢的日子裡去放紙鳶。他年紀不大，卻稱得上是此中老手了，長長的風箏引線可以長達數里。遠遠的看到父親回來，他就把線交到大姐手裡逃回家中作用功狀。這屢試不爽的一招使他多次逃脫了父親的喝責。他對北京生活的另一個記憶，是在冬日的寒夜裡，看母親與大姐手持針線一燈相對直到午夜。這一幕映到男孩的眼裡是多麼溫暖。多年以後，在上海，她大姐六十歲生日的一次壽宴上，他還說到了這些細瑣的事。從中顯出我們的主人公是一個重情的男子，且在感情上有很強的依賴性。

因大姐即將出閣，十三歲那年，少年又隨父母回到了這條街上。他們兄弟三人在一位據說熟讀詩書的族叔的引領下開始接受儒家傳統的教育。他還那麼小，生活上的一些習慣卻已令大人們費解了，比如不喜歡穿綢緞衣服，父母給的點心錢都要一文一文攢起來，諸如此類，不一而足。比之二弟的聰慧過人，張壽鏞實在稱得上是個笨孩子。二弟十歲就能文，一寫就是洋洋數百言，而他每日讀書八行到翌朝還不能背誦，寫二三百字的一段文章如同擠牙膏一樣艱難。這個孩子的愚魯肯定讓大人們為他的將來操過心。他們唯一的安慰是歷史上的一些大學者在年幼時都是極愚極笨的，比如王陽明，五六歲了還不能開口說話呢。話是這麼說，對他的功課還是督促極嚴的。這次回鄉時間並不太久，兩年後，少年又隨母入京，一家人住在了康家胡同。儘管時間已經行進到了十九世紀的最後十個年頭，可是除了在南方的一些通商口岸，西方對中國思想的衝擊還沒有表露出明顯的跡像，起碼在京城，學子和士紳關心的還是有關儒家學說的傳統問題。望子成龍的父親為他物色了多個教師，那都是京城裡滿腹經綸、且有功名的學者，以他父親做過鄉試主考官的資歷，這一點應該不難做到。十九世紀九十年代的教育與五十年前甚至與乾嘉時代幾乎沒什麼兩樣，小學呀，訓詁呀，一樣枯燥的《爾雅》和《說文》，一樣古奧的行文，如果不是時代的加速度把張氏這樣的知識份子捲入其中，他也會成一個粹然儒者吧。事實上，我們年輕的主人公就是這樣自我期許的，在一些隱秘的文字中，他已經把自己的祖先推算到了漢代的張良和唐代的宰相張九齡了。

幾年後，張壽鏞和母親到了上海。關於他的這次上海之行，較為可信的說法是為了迎娶未過門的妻子蔡瑛、當時租界內首屈一指的中藥店蔡同德堂國藥店老闆的女兒。蔡氏家族以在漢口經營布業致富，大約是在光緒八年的時候遷往上海，以紋

翼、林則徐所作的政書，並受託和二弟、友人一起編纂一本叫《皇朝掌故彙編》的大眾讀物。書出版後他很不滿意，認為「龐雜無體」，「均為科場應用而作」。但不可否認的是，這本書也為他帶來了可觀的潤格。

一九〇三年七月，張氏參加順天鄉試。鄉試名錄脫漏了他名字中「鏞」字的偏旁，捷報又誤「庸」為「康」。「張壽康」心懷忐忑，畢竟好事多磨，他得中這科順天鄉試的第三十三名舉人。來年二月，應會試不中，本想再試，看到父親亡故後家中經濟如此拮据，張氏決定先入仕途，於是以知府銜充任到江蘇省。這是他步入仕途的開始，其時的帝制中國，也已拖著重屙步入到了最後幾個年頭。

在以後的近半個世紀裡，張氏以一己之力，經略數省財政，創辦光華大學，搜羅鄉邦文獻並集成叢書刊刻行世。近代中國，一個人能做成其中一件，已堪稱不易，而本文主人公張壽鏞卻全都做成了。

現在能看到的張氏中年後的照片，幾乎都戴著一副圓形黑框眼鏡，鏡片後一雙明亮的眼睛似乎在凝視著什麼。張氏喜著玄色中式長衫，做工考究的那種。膚色白皙，前額飽滿，臉型線條柔和，抿緊的嘴角邊若有若無的一絲笑意裡似含著世事洞明之後的驕傲與不屑。這樣一張飽潤詩書又散發著濃郁的南方氣息的臉，怎麼看都像一個詩酒風流的浪漫主義詩人，而不是一個幹練的行政官員和經驗主義的學者。但張氏的獨特魅力正在於把詩人明淨的心與經世者的堅定集於一身。張氏有個廣為人知的別號「約園」，他還以此命名他在上海、杭州、寧波等地的住所。關於這一別號的由來，他在晚年回溯平生時曾說，早年一溺於詞章，再溺於簡牘，三溺於誇多鬥靡，於是思幡然易轍，自號曰：約園。他自稱無文人之實，又不敢居學者之名，世衰道微，只求個心之所安。「余何嘗有園，有約乃有園，園者囿我者也」，「余既不欲為物所囿，而我心不能不有以囿之」。這一道德自律不無清教徒色彩，卻更顯出了斯人濁世真君子的本色。

二〇〇六年盛夏的一天，我站到了杭州約園的門前。正是颱風過後，空氣潮濕而悶熱，約園所在的體育場路與彌陀寺路交匯處的路口滿地都是伏身在水窪裡的梧桐葉片，被大風吹迷糊了的小鳥還在驚惶地飛。這裡應是張壽鏞一九一二年任浙江財政廳長及一九二三年再任時在杭州的居所了。房子是中西混雜的風格，二層三開間西式樓房，磚木結構，青磚實疊。可能是文保部門剛做過修繕，外牆白灰的塗料和門窗的漆色還是新的。鄰近居民堆放在角落的舊傢俱、廢品，錯綜的電線，街口嘈雜的市聲，讓人很難把這幢建築與它的舊主人聯繫起來。但圍牆東側那塊寫著「約園」二字的界碑，還是在明白無誤地告訴我，這就是藏書家和他的藏書樓。堂前燕子，年年春風，或許歷史就是以這樣的方式潛行在民間的吧。

二、「茫茫三十年，不堪回首顧」

張壽鏞最早為人所知，是他的理財才幹。早在一九一二年初他初涉財政擔任上海貨物稅收所長時，就因措施之得體深受上海商界之首肯。以致當他離滬赴杭履任浙江財政司司長一職時，滬商界各主要商會都紛紛致電浙江都督朱介人請求財司一職另選他人，把張留在上海。當張離任赴浙時，上海貨稅所多出了洋錢七十八元，被譽為「天下第一厘差」。從來徵收官吏與被徵者都是一對矛盾，很少有稅官不中飽私囊的，從這一多出來的厘差中可以想見張氏為官的清廉。

這年九月，張壽鏞赴任浙江。民國初元，正是革故鼎新百廢待舉之時，財政更為種種矛盾集中的焦點。據張到任時初步推算，浙江一省的財政年缺口達七百餘萬元，而一年的預算連國稅在內，也就一千六百萬元，且可以徵用的稅捐已經抵押出去了，還要支付年內軍需籌備三百萬元，及光復時的軍用票面額二百萬元。張壽鏞之任浙江財政司長（後改任廳長），其風格以穩健、嚴厲著稱，對屬下官吏的管理、整飭更是雷厲風行。經全力整頓，至一九一四年，浙江財政收入大增，歲餘達五百萬，解濟中央政府三百萬元。浙江財政由此成為全國之翹楚，張也始為當局所矚目。於是一紙調令把他從浙江調往當時財政最顯困難的湖北省。

張氏執掌湖北財政，為一九一五年至一九一八的三年間。在他到任之前，湖北財政一直不佳，稱連年「財政支絀，開源不易，節流無方」，其原因除了經濟落後，還有一個重要原因是徵收官吏的腐敗。張還在浙江時，對湖北財政官員接二連三的落馬應也有所耳聞：前任財政司長潘祖裕因「玩忽公務，損害公家財物」正在受審；繼任司長黎澍「整頓財政毫無成效，免去其官」；再繼任的胡文藻因挪用公款參與賭博而被參革。當局另調蔣懋熙就任湖北財政廳長，老於世故的蔣深知這渾水不好趟，又故意拖延兩個多月不赴任。中央政府決定抽調整理浙江財政卓有成效的張壽鏞前往湖北時，他的同僚都為之嗚不平，張這樣告訴他們：仕豈擇地，豈亦畏難，雖雲、貴吾往焉。

赴鄂就任前，張壽鏞晉京拜會財政部要員，財政總長周緝之面授機宜說：湖北的攤子全爛了，胡文藻所委用的各稅厘徵收局長，多不可靠，你到任後，應迅速認真考察，從嚴甄別。到任不久張壽鏞就領教了湖北松跨不堪的衙門習氣，一日他八時以前到廳批閱公牘，各員卻大多未到。生氣至極，張召集屬下訓斥道：「若以後如此怠惰，定於未便。」一句話，你就捲鋪蓋走人吧。不久的考成中暴露出了徵收官員們虧短、包妓、貪污等種種弊端，各處厘差怕在人事調動中失去位置，忙著干謁、請託，張這樣對他們說，本廳長「賦性拘迂，清勤自勵」，有哪個不知自愛、罔顧廉恥要請托的你們就來試試吧，我把話先擱在這了，「害馬不去，則閒廄不孳，莠草不除，則嘉禾不植」。

鄂居天下之中，道途四達，江漢之水過而不留，地薄土疏，理財之難，過於他省。歷任司財政者，因預算出入相懸過甚，又不得不增籌收入，以資應付。本著「為地方闢一生計，即為國家增一稅源」，張鼓勵墾荒、開工廠、開礦、通商，廢除苛細雜捐，其間他對湖北某縣擬購優質桑秧改善蠶絲品質一事的批復，簡直就像一位農藝技師在宣講《農桑輯要》。湖北一省財政在連續幾年整頓下明顯好轉。因不滿湖北督軍王五占元為擴充勢力掠奪民財之舉，三年後，張去職調京。行前，把任內牘稿一一五篇擇要輯為《約園理財牘稿》，於一九一九年春天出版。在自序中，張回顧了任職湖北的經歷：

壽鏞服務民國，忽忽七年，由浙而鄂亦越三年……壽鏞蒞鄂之始，外察閭閻之情狀，固已吸髓敲骨，而內覘國庫之盈虛，則又捉襟見肘。於是殫精竭思，求所以足國足民之道。一面綜合名實，嚴杜侵漁，一面培養稅源，厲禁苛取，本是行而效，乃漸著。四五兩年度收入，衡諸預算，則有羨餘。收入與支出在預算範圍以內，亦足以相抵。

一九一八年八月，張壽鏞從湖北省財政廳長任上調北京財政部，在秘書上行走，開始閒散的京官生涯。「冷官事偏雜，平衡太渺茫」。本是閒官，長官多有垂諉，部中入不敷出，差距甚大難以平衡。性情沖淡的他也禁不住發起了牢騷。也正是這年冬天起，海王村、琉璃廠等處的舊書肆開始頻繁出現一個南方書生的身影。張壽鏞後來在《六十年之回憶》中說起這段日子：「由鄂調燕，此數年中最無足述，然收羅書籍之多，實在數年中。隨得隨讀，以補歷年仕途中未讀書之失。」

兩年後，張被任命為江蘇財政廳廳長，因江蘇督軍李純欲用其親信，擋駕而未成行。不久，派任山東省財政廳廳長，但山東剛開完八團體財政會議，拒絕外省人士執掌山東財政，甚至組織了人到火車站阻他赴任。張在任僅七天，卻飽受排擠，嘗夠了像賭局上的籌碼一樣任人擺佈的滋味。回到北京，他繼續充任財政部庫藏司會辦的閒差，卻難掩對仕途的失望與厭倦，自謂「此數年中，足無足述」。然而期間還是發生了一件事給他以極大的觸動：陳嘉庚獨力捐資四百萬元創辦了廈門大學。他把此事鄭重記入了自定年譜，從這一事件中他隱隱看到了自己下半生的影子。

但就像一輛在驛道上奔馳的馬車，慣性還要驅使著他在仕途上走下去，繼續出任浙江財政廳長、滬海道尹、江蘇財政廳長、財政部次長等要職，見證並親歷民國初年政壇的風雲變幻。一九二七年國民革命軍初到上海，因軍費開支龐大財源枯竭，財政部長孫科赴上海籌款遭到了以江浙財團為主的金融界的一致謝絕，蔣介石託虞洽卿出面約談在江浙財政界著有聲望的張壽鏞，欲以江浙兩省財政相囑，張再三辭讓，還是出任了江蘇省府委員兼財政廳長一職，為北伐解燃眉之急，後又兼任財政部次長一職。直到一九三〇年，藉江蘇省政府全面改組之際，他才得以辭去財政廳長一職，並於次年終於獲辭財政部次長。自此，他得以把主要精力放到編輯刊刻鄉邦文獻和大學教育上來，而這也是他辭官從文的動力之所在。

當了近三十年財政官，他最不願意人們提及並談論的也是他的官宦生涯。在退休後寫的一首詩裡，他感歎：茫茫三十年，不堪回首顧。他說他要「欲遂讀書趣」了。他自述心志說：一朝卸職，如釋重負。我的心願，現在剩得甚少，只有兩件事：第一件事，是如何將光華大學辦得完完全全；第二件事，即為編《四明叢書》十集。

辭政的另一個原因乃在理想與現實之間的衝突。張氏的司財理念及夙願，是「藏富於民」——欲使財政富裕，必先使百姓富裕。「財政剛視國民之負擔力，欲負擔之充裕，則在國民富足」，他打了一個比方，譬如牧羊，羊肥而毛自繁，剪之易易。而民國時期田賦捐稅之繁多，在他看來已到了「吃羊骨」的地步。「國家無政治系統，社會無經濟能力，所以財政弄得如此絀」，早在二〇年代晚期的一場演說中，他把二十年財政之經過謂之「二十年財政之痛史」。一九三四年，辭政三年的張應老搭檔、財政部長宋子文之邀，以專家代表的身份出席全國第二次財政會議，在會上疾聲籲請當局減賦，罷除以前的一切苛細雜捐。「現在國難方殷，經濟幾瀕破產，已經到了最危險的階段⋯近年來農村已到了總崩潰的時期」，「工價貴，米價賤，這是農村破產的一大原因」，這樣的話在袞袞諸公聽來或以為危言聳聽，但張還是毫不客氣地說，「壽鏞今日以公民的資格說話，並以公民的資格希望於中央諸位先生及地方諸位先生下一決心，最低限度，自今日起，永不加賦。」他這樣的司財理念自然與執政者的意志相左，廢除厘金、推行良稅等做法也就無法落到實處，既然盤根錯節不能盡其志，退居海上從事文化與教育也可說是他最佳的選擇吧。

三、日月光華

現在讓我們把目光投向一九二五年五月底的一天：上海南京路上，英國巡捕向為抗議日人槍殺中國工人顧正紅而遊行的人群舉起了槍。正是這一血光中的五卅慘案讓時任滬海道道尹的張壽鏞激流勇出，當仁不讓地主持起了一所新辦的大學。

南京路發生血案的當日黃昏，有個現場目擊者、原聖約翰大學（美國聖公會辦的一所教會大學）肄業的學生徑奔母校告知此事，全校師生群情激昂，於三日上午八時自發聚集在圖書館前，降半旗致禮，為死難國人致哀。外籍校長趕致現場干涉，驅散學生，並侮辱國旗，張貼佈告當場宣佈：學校從當天起放暑假，全體學生必須立即離校。學生受此奇辱，放聲同哭，有五百餘人簽名宣誓集體離校。此時，出任北洋政府任命的滬海道尹一職的張壽鏞一方面以官方身份與租界交涉處理五卅風潮善後，一面應聖約翰大學離校師生要求，接洽籌辦新校之事。曾任外交部浙江交涉員和松滬督辦的王省三其時以耆宿居滬上，他和張壽鏞都有子女在聖約翰大學及附屬中學就學，這一事件發生後都離校了，王省三走訪張壽鏞，搖頭歎息道：國旗辱矣，學生逐矣，悲憤淒慘之情狀，雖在道路尤為傷心，況兩家子弟皆躬遭其厄者乎！

王省三在滬西大西路底置有地產約百畝，原先是準備建造公墓的，此時表示願意捐獻出來供建設大學之用，以容納從聖約翰離校的師生們。他表示，這些地產與其日後讓一家子弟受益，不如捐出來，讓大眾子弟受益。這個曾經出使西歐各國並任駐日使館參贊的前外交官還對張壽鏞說，昔年考察外交形勢，我早就提倡收回教育權，今睹此情形，愈覺收回教育權之必要。有感於王的毀家興學之舉，張當即捐資三千元作為校舍建築費。辦學倡議得到了商界鉅子趙晉卿、學界領袖朱經農及曾任江蘇省交涉使的許秋帆等人的熱情支持和贊助。一個由二十三人組成的大學籌備委員會隨後成立，由張親任會長。新校籌備委員會決定成立光華大學，因王省三、許秋帆諸人都已年邁，公推張為校長。是年九月，光華大學成立，先在霞飛路（淮海路）及杜美路（今東湖路）租房上課。次年九月，大西路新校舍建成，即遷入上課。從師生們退出聖約翰到光華成立並開學，歷時僅三個月，如此之快創建起一所大學，真是世所罕見。

年初，大西路新校舍舉行奠基禮時，時年八十六歲的馬相伯先生也來了，這位復旦大學的創始人為復旦和光華兩所大學幾乎相同的創辦經歷感慨不已。「復旦為退出震旦而組織者，今日光華，亦同此情，天下事真無獨有偶。」並在即席演說中援引了古詩《卿雲歌》中的「日月光華，旦復旦兮」（當時這首古詩經作曲家蕭友梅譜曲，正作為第五首國歌在全國推行）。張壽鏞在演說中表示，一到他交卸了滬海道尹這一職務後，「即專力辦光華，尚望同學本全作精神，俾俯完成。」

在光華大學首屆畢業典禮上，張報告校務說，迄至是日，已募集到經費十一萬餘元，課堂及宿舍都已完工，體育館及化學室也已在開工，暑假過後大學即可遷入新校舍了。他在贈言中寄希望於光華的學子們：一、崇尚氣節；二、培養博大之局量；三、維持堅苦之操守；四、有群無黨；五、作事爭人先，成功居人後。而商務印書館總編王雲五則希望光華諸君，從「教育獨立」走向「學問獨立」。

張氏主持光華校政，其兼收並蓄、羅致人才不無對北大校長蔡元培的效仿。延請的教授張東蓀、潘光旦、王造時、羅隆基、蔣維喬、容啟兆俱為一時之選。一九三〇年，光華政治系教授羅隆基在《新月》雜誌上發表文章，主張維護人權，批評專制。教育部竟飭令光華大學把羅隆基解聘。為此，張呈文國民政府：「今旬奉部電遵照公佈後，教員群起恐慌，以為學術自由從此打破，議論稍有不合，必將陷此覆轍，人人自危！……略跡原心，意在匡救闕失。言者無罪，聞者足戒。擬請免予撤職處分，以示包容。」此事後來雖無可挽回，張對校中進步教師的著力保護和勇於擔當還是給人們留下了深刻印像。

但因是一所尚在建設就已開辦的大學，最讓張校長頭痛的怕還是經費問題。以他財政專家的精練，他算過一筆賬，租賃的校舍，月開支需三千兩，實在太不划算。而要在王省三先生捐贈的大西路的空地上建起一所大學的輪廓，必須籌措到十四萬。一九三〇年，張校長在《光華五周年紀念書序》中回顧了草創時期的艱辛：

> 方其經營之時，狂奔疾走，呼號相及，借甲償乙，補屋牽羅，托缽題緣，自忘愚癡。熱情者一呼便應，冷嘲者譏為多事。

至抗戰爆發前，光華大學在張壽鏞等人的擘劃下已蔚成規模，校基擴大至近百畝，又陸續興建了科學館、體育館、健身房、療養院、實習工廠、大禮堂等附屬設施。「八·一三」日軍進攻上海，光華大學大西路校址正好處在兩軍激戰地帶，昔日書聲琅琅的校舍成了一片瓦礫。站在大西路鐵軌旁，遠望拋擲了十四年光陰的校園在沖天烈焰中化為焦土，張壽鏞的眼裡流下了淚，繼而破涕作笑：「我校為抗戰而犧牲，當隨抗戰勝利而復興也。」在日後的詩作中，他有「經營十四載，不恤身為羈；一旦風雲翳，遂令日月虧」之句以志其事。

炮火聲中，張帶領全校遷入公共租界漢口路華商證卷交易所繼續開學。隨著戰事走向縱深，日軍進入租界，張毅然解散大學，以「誠正學社」、「格致學社」的名義收納文學院和理、商兩學院學生，還親編講義講授史學大綱、諸子大綱，以維持斯文於不墜。一九三八年五、六月間，已年屆六十三歲的張壽鏞離滬去港，復轉機飛往大後方重慶和成都。這次入川，除了在成都草堂寺商議興建了一所光華分校，他還收穫了一本記述川中風物和遊歷心情的詩集《遊蜀草》。十幾年前光華初創時，他發願與大學終身相隨不棄不置，其所行所歷，履行了這一誓願。

四、當書癡遭遇戰爭

南方文化傳統的兩個忠實繼承者張壽鏞和張宗祥於一九二三年秋天在杭州開始了一段密切的交往。在這之前，他們或許相互仰慕並在北京、杭州的社交圈中有過初步的接觸，但肯定算不上知已。是年初，離浙六年的張壽鏞再度出任浙江財政廳長一職，其時的浙江經濟已遠不如前，積債已達數百萬元之巨，但張還是在以雄心勃勃，離京前向故鄉耆老發誓振興經濟又「不增重浙人負擔」。也是在這年秋天，雅好文史、寫得一手好字的海寧人張宗祥從北京回浙江出任教育廳長一職。曾任京師圖書館主任的張宗祥小張壽鏞六歲，平生蓄書無數，又喜手鈔古籍，曾發宏願要鈔盡天下古書，張壽鏞去他家看書，發現好多書他見都沒有見過。張宗祥自訓詁至詞章，各擅其勝，更令張壽鏞惺惺相惜，視之為「畏友」。兩人互通有無，張宗祥還手鈔了自己的著述《三書異同論》、《千卷樓隨筆》等相贈。

一九二七年，去職後的張宗祥蟄居滬上，惟以整理鈔錄、校讎《罪惟錄》、《說郛》等古籍自娛。版稅收入所剩無幾，再加足疾復發，日子窘迫到了「舉家食粥」的地步。時任江蘇財政廳長的張壽鏞介紹老友擔任了上海地區一個稅務所所長的職務，每月可有四五百元的收入。不久，張宗祥調任到江蘇寶應、高郵，兩年後，因稅局停辦，回到上海。老友重逢，所談還是宋刻元梓等種種書的話題，張宗祥贈送了手鈔的《趙氏家藏集》等書。說到了稅收及時政，張壽鏞問：「我平生以善辦厘金自豪，然不能人人悅之。歷時既久，匿名揭帖及公然上訴者，必然百十起，你辦稅務是半路出家，兩三年來，卻沒有發生過這樣的事，你是怎麼來處理的呢？」張宗祥答：「稅局薪薄，或十二元，或八元，欲使恃月薪贍家，決無可能，然寶高地僻，習俗儉樸，各分卡人員無花錢之地，故確能做到我要求他們的不虧國庫、不病商民的信條，若在江南無錫等處，一宴數十金，一賭數百金，那就一定弊病百出了，所以，這不是我的力，實在是環境使然罷了。」這番話讓辦了近三十年財政的張壽鏞感歎不已。

作為一個傳統儒家典籍薰陶下長大的知識份子，張壽鏞很早就把自己納入到了王應麟、王陽明、黃宗羲、全祖望等人開創並延續的南方文人傳統。這一傳統中的修身與經世並重使他一直以來把「兢兢於君子之喻義、而不敢效小人之喻利」作為了一生的行動指南。「一生為人，不蹈小人一途者，陽明之學所賜也。」六十歲那年，他這樣總結道。自宋以來，張氏的誕生地浙東湧現出了不可勝數的藏書家和天一閣、二老閣等著名的民間藏書書樓，浸淫於這一文化空氣中的張氏也堪稱一個「書癡」了。他的藏書，先是從父親的舊藏中繼承了一部分，囿於科考，「經學為多」。從二十歲到三十歲，沉溺於詞章，所得典籍以作家文集為主。且俸祿尚不足以養家，雖有志收藏卻無力羅致，或有購買，也是零星的通行本為主。民國元年以後，三年在浙任財政廳長，又三年在鄂，政務繁冗，依然沒有充足的精力去購書。但此時刊刻鄉邦文獻的志向已經初步形成。用他自己的話來說，真正的「購書之廣，自庚申年，善本之得也肇於是。」也即他離開湖北任上在京任閒官的一九一八年。一九二一年，張仍在燕京，詩《留京》中有：「隕墜廬風華，訪書聊遣日」之句，可以想見他在京城舊書肆的頻繁出入。這一年他購入了同鄉歷史學家全祖望湮滅多年的一部著作《全謝山句餘土音》，這是他第一次以重價購書，花去了整整二百元。自此至一九四三年，他每年都有購書記錄，且花費不菲：天一閣舊鈔《職官分記》，以四百金得之於燕京；全祖望刪定《晉書》，在甬上以五百金得之；王士禎珍藏過的《宋史記》，八百金分兩次得之；《剡源集》以一百二十金得之；弘治本《五經白文》以四百金得之。當然還有一些來自親朋好友的饋贈：族丈張讓三贈《張蒼水集》；族兄張之銘贈《錢忠介公集》（此書經馮孟顓整理後刊入《四明叢書》第二集）；胡適贈二老閣本《石魚偶記》。

一九三〇年，張氏收購的歙縣宋氏一覽樓書，有阮元等校《太平御覽》，他按捺不住欣喜，稱這是「生平購書之第一豪舉」，「所藏讎校之書，亦以此為第一」。而這些年的收藏越來越明確的指向是關於鄉邦文獻的：《兩浙耆舊傳》，《明遺獻傳》，《鮚埼亭詩集》，《管村文抄》，《剡源文鈔》，《浙東山水簿目》，《類輯姚江學脈》，全祖望刪定《晉書》《范文正公集》，等等。到了晚年，追溯既往，張不無自得地報告他的藏書量，「積五十載之時光，儲十六萬之卷軸」。他在上海愛文義路地塊建造的寓所裡用帶草堂、雞鳴館、臨流軒、獨步齋、燕貽榭、雙修庵、聽雨樓等十一處藏書處安置他的十六萬冊圖書，並在靜觀自得中蓋上「壽鏞」、「詠霓」、「四明張氏約園藏書」等印章。儘管他自嘲以私人之力而欲與秘閣抗衡，「可謂癡矣」，但還是希望子孫們多作書癡，毋習為宦巧。看來他是打算在這個花費了一生心力打造的書城裡終老了。

張壽鏞的家族，與明末忠烈張蒼水一系是近支，張收羅蒼水著作的各種版本二十年，所得不下十餘種，一九一四年五月，他寓居上海的一個族丈張讓三贈給他一套《張蒼水集》，一再勸勉他刊刻先哲遺書。但忙宦途奔波的張一直沒有機會靜下心來做這事。到了一九二〇年，張壽鏞藏書達到了十萬冊，老人那些勸勉的話又冒了上來，他自忖：藏書不能讀，讀而不能用，何必藏書？他想做一件大事，混沌中他看到了此事的輪廓，卻又一時不知從何著手去做。

一九三一年寒食過後，辭去國民政府財政次長的張壽鏞回鄉掃墓，在寧波與當地學者馮孟顓有過一次重要的會晤。張出示了他的地方文獻收藏數種，其中多有宋理學、諸子之作。馮提議說，可以經史子集四部兼採，出版一套叢書以擴大影響。張為難地說自己的收藏還是太少。馮當即表示，自己願協助編輯，並出歷年所蓄孤本百十種，以供選刻。一個規模宏大的刊刻、編輯《四明叢書》的設想由是擬定。這項工作不久還吸納了張的父親的學生、象山人陳漢章參與。陳後來成了一個有名氣的歷史學家。

一九三二年冬，《四明叢書》第一集刊刻出版，收錄黃震《古今紀要逸編》、戴表元《剡源文抄》、李鄴嗣《杲堂詩抄》、全祖望《漢書地理志稽疑》等著述共二十四種一百三十七卷。如果我們注意到在此之前發生的如下事件——是年初，日軍襲擊中國上海駐軍，強佔閘北；更早一年，「九一八」事變使東三省盡淪敵手——自然可以更好地理解這集文字中的「家國之痛」，和編輯者思想理路上的「教導人民的色彩」。本集中的許多點校和評論，擇其要點可以規納為：當政府崩潰，人民不再支持其政策，這時必須冷靜地考查教育和學習問題，但如果政府失去反抗敵國入侵的力量，人民有責任憑自己的力量進行抵抗。所選作者，從宋遺民王應麟、黃震到明末的文人李杲堂、周容，既沒有創造驚人的奇跡，也不是消極到遁世的隱士，他們都是與時代的社會與政治休戚相關的鮮活的個人，這些人一方面參與了社會的實際事務，另一方面又與當時的中央政府保持著一定的距離。聯繫到張在多年官場生活後的辭職，這種看法裡不無他對三〇年代國民黨政府的一種含蓄批評的指責。

亂世需猛士，在張壽鏞看來，明清之交的政治氣候可與南宋覆亡時有一比，「氣節之士」尤多於常時，而當下內憂外患迭乘，國難當頭，更與晚明時無異。當書癡遭遇戰爭，從傳統資源中尋求對外侮的回應幾乎是所能報國的最好的方式之一。從一九三三年開始編纂的《四明叢書》第二集，入選作者幾乎是歷代中國的忠義節烈之士，尤其是把當時能搜羅到的投身明末清初抵抗運動的浙東知識菁英、如張蒼水、錢肅樂、翁洲老民等人的詩文盡數收入其中。張在叢書序中引述了清中葉歷史學家邵廷采的一段話，亦可看作他自己的文章觀：文章無關世道者，可以不作；有關世道不可不作，即文采未極亦不妨作。

當張壽鏞從傳統中找到了應對外侮的資源，這傳統已經不是一種關於過去的僵死的遺產，它是一種超越時間有著相同的主題和關懷的思想的共同體。在這裡，這種主題和關懷可以看作是各個時代的著作者們普遍強調的忠、孝、仁、義這些傳統價值觀念，但又未始不可以看作高漲的民族主義激情及對祖國的忠誠。

眾所周知，張的故鄉浙東，自十六世紀中葉到十八世紀，自王陽明以降出現了一個綿延數個世紀的學術共同體。這個學術共同體中的一些剛烈之士在明清易代之際的殊死抵抗表明了他們以氣節相尚的傳統，張蒼水、錢肅樂、「六狂生」、「五君子」，一個個死難者的名字使得這塊土地在後代人的記憶中「忠臣繫踵，義士連閭」。而自黃宗羲、萬斯同、全祖望、邵晉涵以來的這一脈絡中，代代相襲的把一切史學視作當代史的務實經世精神，更是抵達了中國傳統史學的一個高峰。所以張在編選這些前輩學人的文字時，可以這樣驕傲地說：今之所述者，一鄉之士，而皆天下之士也。當然他也沒有放過機會引述黃宗羲於十七世紀七〇年代在這座城市講學時的一句著名的褒揚：甬上多才，皆光明俊偉之士，足為薪火之寄。

一九三五年六月，張六十歲生日，在一首感懷詩中他這樣自剖心曲：勘書歲月易銷磨，報國心腸難抒寫。他想用十年時間刊成叢書十集，只是不知道這個願意能不能實現了。在稍後寫下的《六十年之回憶》中，他說：我積二十年功夫搜到鄉邦文獻不下四百餘種，就我已刊之四集，約百種，然已花費至二萬金以外，再刻六集，非再有三萬金不可。現在經濟已形拮据，不知能畢我願否？

一九三七年九月，滬上戰事正烈，在上海寓所的張「雙鬢已皤，一卷不釋」，把自己關於宋元學術思想脈絡梳理的著述《宋元學案補遺》作為了叢書第五集唯一的一種刊印於世。當他於槍林彈雨之中、汗竹秋燈之下完成這項工作，一定想起了同樣從事過江南學術史梳理的黃宗羲和全祖望，並把自己歸宗到了他們所開創的浙東學術的傳統中去。他州作客，垂老收書，斯世雖亂，吾心不亂，他自信，自己的著作和前人所作一樣，在這個亂世中，都將起到堅定國人自信心和凝聚力的作用。

張壽鏞的這一全憑一已之心力發軔的文化工程，得到了前述如馮孟顓、陳漢章等眾多朋友的襄助，刻到第七集時，他有過一個統計，一百六十種一千七百七十卷中，清四庫著錄者十分之三，得之馮孟顓伏跗室十分之二，得之朋友及民間人士獻其先世著述十分之一，自己四十餘年搜羅的積累十分之四。叢書陸續刻成的一九三二—一九四〇年的九年間，正是戰火從東北燒到東南、又從東南燒到武漢的過程，我們會看到，隨著戰事的深入，他在序跋文字中的感情也越來越激昂。叢書以下幾集，他雖已編成，卻阻於時勢在生前一直未能出版，在一封寫給「四明學社」諸君子的公開信中，他把這項工作的源頭追溯到了清初歷史學家萬斯同那裡，並再次呼籲，國家興亡匹夫有責，稱自己雖是量力而為，卻囿於學識，老境漸至，實在是「如蚊負山」，寄希望於後來者，「合天下之智以為智，合天下之功以為功……」其間，他在做的還有一件與書有關的事，是與藏書家鄭振鐸、徐森玉等人在上海搶救淪陷區流失的古籍，從一九四〇年初到一九四一年底，兩年之中共收購善本古籍三千百八餘種，其中宋元刊本三百餘種，這些劫後之書悉數從香港轉運到了戰時的後方重慶。在他們看來，一介書生，能以此報國，這比黃宗羲他們在天崩地解之際以私人之力收拾殘餘更有意義。

有著豐沛的創造力的張留下了一個龐大的家族。據說他有六子十女，孫輩更是眾多，但他垂暮之年，那些子女一個個都像鳥兒一樣飛到了外面。不可名狀的孤獨的折磨——尤其是他相濡以沫半個世紀的妻子去世後——以致天性豁達、素來堅強的他在病榻上發出了「生子為人子用，生子亦何為」的感喟。一九四五年七月八日（陰曆五月二十九日）是他七十歲生日，子女記下了他口占的一首七律，其中的一聯「顛狂世界天生我，艱險工夫事在人」堪稱他一生的自我論定。光華師生、校友前往祝賀，被肺病和哮喘折磨的他已經言語不清，但人們還是聽清了他在病榻上低沉的吼叫：復興中華！復興光華！

七月十五日，祝壽之後七日，張離開了這個世界。

再一個月，八月十五日，日本裕仁天皇宣佈戰敗，無條件投降。張壽鏞在世時就預見到了這場戰爭的勝利，但他再也看不到了。

相關連結．人物小傳

張壽鏞（一八七六～一九四五）

近代教育家、藏書家。字伯頌，號詠霓，別署約園。浙江鄞縣（今寧波市）人。一八七六年七月八日生。清末翰林、舉人。曾任淞滬捐厘總局提調、寧波政法學堂監督、杭州關監督。辛亥革命後，歷任浙、鄂、蘇、魯等省財政廳長、淞滬道尹、江蘇省政府委員、財政部次長等職。一九二五年五卅運動中，聖約翰大學師生抗議美籍校長侮辱中國國旗，憤而離校，創辦光華大學，積極參與，被聘任校長，邀約知名學者多人執教。愛好藏書，設約園，藏書十六萬卷。一九二八年，任國民政府財政部次長，兼江蘇省財政廳廳長。抗日戰爭期間，執教於上海光華大學。一九四一年，受教育部委託，與鄭振鐸等在上海為中央圖書館秘密收購一大批散失在民間的古書，其中善本甚多。收集、刊刻鄉邦文獻，竭盡餘力，刊刻《四明叢書》八集，一百七十八種，一千餘卷，卷帙之巨，為國內鄉邦文獻所罕見。一九四五年七月十五日逝世。著有《詩文初稿》、《經學大綱》、《諸子大綱》、《文學大綱》、《約園雜著》等十一種，五十四卷。

法官和他的另一個角色

關於吳經熊的一樁公案

我們既非向東，亦非向西，而是向內，因為在我們的靈魂深處，蘊藏著神聖的本體。

——吳經熊

一、一腳踩上了一個好時代？

歷史學家黃仁宇在《萬曆十五年》中，解說傳統中國的癥結，在於「以道德代替法制」，蔓延兩千餘年，到明代而達到了極致。洋洋二十萬言的《萬曆十五年》，也全圍繞這一觀點而展開。法學家吳經熊把這種現象稱之為「道德一元論的法律觀」：傳統中國，向來認為道德是法律的目的，法律是道德的工具。在一九三三年發表的一篇討論中國歷史上的法治與人治的文章中，吳經熊評述道：以道德和其他非法律觀念逐漸浸潤到一種現有穩定的法律體系當中是很有益的，但對中國法律而言，已到了一種絕頂過分的程度，這引起一種毒化和夢遊的狀況。「儒家最終的勝利，把法學送進了墳墓，使之變成木乃伊達二千年之久，直到十九世紀末期，西方的影響才開始把中國的法律精神從儒家傳統的強制外衣下解脫出來。」

作為一個以孟德斯鳩自勵的年輕的法學人，也是那個年代首屈一指的法律哲學家，身為南京政府立法院立法委員的吳經熊還在這一年被任命為憲法草案起草委員會副委員長，同時被指定為初稿起草人之一。

在吳經熊的眼中，十九世紀晚期以來肯定是一個不同尋常的年代。在他從事的法律領域裡，出現了十幾個西方一流的學術大師；在中國，傳統法律在西潮的衝擊下也發生了重大變革。他覺得自己是躬逢其盛，一腳踩上了一個好時代。他希望中國的法學家很快就會有普遍得到承認的貢獻，甚至還突發奇想：這門學問的中心為什麼將來不能在中國呢？

五月，吳經熊在上海用一個月的時間寫成《中華民國憲法規定法草案初稿試擬稿》，共五編二百一十四條。如此之快的工作速度，令國內外的同行大為吃驚。六月上旬，稿子在報刊上署名發表，徵求公眾的意見，這就是世人所稱的「吳稿」。

這一時期，吳經熊的法學研究從制度層面進入了文化層面——正是在這一方向上的試驗使他最終離開了法學的道路，通過對東西方法律傳統的觀察與權衡，他提出了一個跨越東西方的法律發展的更高的目標，這就是：人生的價值和意義是什麼？法律如何盡可能地促進並充實人生的價值，並隨時隨地提高人生的意義？在他看來，法律是促進文化之工具，而道德不過是組成文化的一分子，是法律所應承認並予以保障的諸多利益中的一種，而當這些利益相互衝突時，法律應當「兩害相權取其輕」。

二、一個理想主義者與一個經驗主義者的通信

一九二一年十一月，在美國法學界享有盛名的八十高齡的聯邦最高法院大法官霍姆斯（Oliver W. Holmes，一八四一——一九三五，出生於麻塞諸塞州的波士頓，一九〇二年成為美國聯邦最高法院大法官）與一位年僅二十二歲的中國年輕學子「約翰·吳」開始了一段充滿熱忱與智慧的書信往來。這一年，東吳大學法科畢業的吳經熊剛到美國密西根大學法學院深造，在《密西根法律評論》上剛發表了

他的第一篇法學論文，旋即在獲得卡內基國際和平基金所提供的獎學金後前往法國巴黎大學研究國際公法。「尊敬的霍姆斯大法官：讓我告訴您我為什麼來到歐洲大陸……」年輕人給他素所敬仰的大師寫了一封信，寄去了一張自己的照片並雜誌影本，介紹自己「生於上個世紀的最後一年」（一八九九年）。他坦言，我們的年齡相距很大，但對於永恆而言，歲月與世紀無足輕重；我們的出生地遙距天涯，但對於宇宙而言，汪洋與大陸又算得了什麼？年輕人信中那種不受約束的蓬勃的朝氣與激情肯定讓垂入老境的霍姆斯法官想起了自己的年輕時代，這些滾燙的句子那麼深地感動了他：「我要善用巴黎的環境，我要盡最大努力多讀多寫，我要最大限度地觀察和思考。作為一個中國人，我有一個國家要拯救，我有一個民族要啟蒙，我有一個種族的熱情要去激發，我有一個文明有待現代化……」

他覆信給這個來自異國的年輕人，開始時不無過來人式的「人生忠告」：

> 你發在《密西根法律評論》上的論文目前還未收到，但明天我會努力在省府流覽它。我想，你想要的是一句同情話。我只想進呈一點你很可能並不需要的忠告，但有些觀念豐富的年輕人是需要的。一個人不能一步登天。所以，我希望你不要逃避生活所提供的細節詳情和單調乏味的活兒，而是掌握他們，作為通往更大事物的第一步。一個人在成為將軍前，先得是個士兵。

但當他讀了吳經熊的論文後，又作一書解釋「誤會」：

昨天的信所有誤會。我以為是寫給一個初學者，因為你的信抬頭是法學院。現在我拿到了你的論文，已拜讀完畢，覺得我是在對一個見識淵博的學者說話，他可能哂笑我的建議。我相信你會把我的無知朝好的方面想……（吳經熊，《超越東西方》，周偉馳譯，雷立柏注，社會科學文獻出版社，二〇〇二年，頁九三）

這是一個老人與一個年輕學子之間的心靈的對話。一個來自苦難深重的國度，一個正通過自己對法律的理解和實踐為一種文明繁榮的法律制度作出巨大貢獻；一個是帶著生命初始激情的理想主義者，一個是斷案無數、閱世多矣的經驗主義者。一生專與麻煩打交道的老法官，深諳現實對於一個理想主義者的考驗。在給「約翰・吳」的信中，霍姆斯欣賞年輕人身上「對法律表示出來的狂喜」，同時也表示了自己的憂慮，「我只是害怕當你潛入到生活的艱苦活動中時，這種興奮會變得黯淡了」。但他自詡看到了年輕人胸中燃燒著的一把火，他希望這火，在現世的坎坷中能夠倖存並且改變生活。當「親愛的吳」在下一封信裡建議他寫自傳時，老人告訴他，「我應該繼續我的職務，直到真正力不能勝任為止」，他認為自己一生所從事的事業，事實上就體現了自身精神的歷史：「生活將我拋入法律，我就必須對它賦予無限的感情，盡我所能展示其微妙之處，使它在宇宙的偉大安排中得以突顯。聽起來有點自高自大，但它的確是我所欲表達的，當我所感覺的道理也許僅僅是被召喚去詮釋某些當代的法條時，以致僅僅是解開繩子的小結，我也決不把這看作苦役。」

一九二四年春天，遊學足跡遍及歐美各著名大學的「約翰・吳」行將回國，並矢志以多年歷練積累的才智報效國家，行前，他從劍橋給霍姆斯發出了一封著名的長信。信中他告訴老人，六月中旬，他將回到自己出生的土地上，這片古老的土地，當下正處於重大革命的前夕。信中他按捺不住興奮，似乎他已經在革命的風暴的中心，「這不是一場政治革命，而是一場知識與精神的革命，一次文藝復興！本世紀將目睹這個世界上最古老的國家的重生，迎接一個東西方聯姻所產生的嬰兒」。他相信中國將要步入一個法律的「文藝復興」時代，這將改變這個世界上最古老的民族，他自信在這一過程中，自己將發揮「孟德斯鳩式的作用」。他這樣安慰老師，「您可以確定，您播的種子將會在那片遙遠的土地上獲得豐收。」（吳經熊，《超越東西方》，頁一三九—一四〇）

隨後的近十年間，「約翰・吳」和霍姆斯法官一直保持著通信聯絡，他們的通信達七十餘封之多。他後來檢索往事，認為「這是一生當中最有意義的一件事」。「他是現代社會為數不多依舊嚴肅並虔誠對待友誼的人。在法律的藝術中，他是我的私人老師；在生活的藝術中，他是我永恆的榜樣。猶如一個至善的精靈，他引領我走過荊棘。」吳經熊生前非常珍惜他與霍姆斯的通信，將每封信都重新打字整理後庋藏於陽明山家中，並在去世前託幼子保管。

一九二七年一月，回國後即任東吳大學法學院教授、院長的吳經熊在給霍姆斯的信中，告知受江蘇省政府委派，即將擔任新成立的「上海公共租界臨時法院」推事一職，「我會有很多機會在法院表現創造力」。

一九二八年五月，一封發自中國南京的信件中，吳經熊告知，他已經辭去了上海臨時法庭的職務，接獲了司法部的一項任命，成為民法典的編撰人。他接下來的工作，是開始考察中國的法律制度，並著手對英美法系與大陸法系的民法作一完整的比較研究。關於他獲得的這項新任命，他驚呼，「上帝！我最美的夢想已經實現」，「我將全力撲到這項偉大的任務之上」。

中國的法學道路在傳統和現實的重軛下，自不免歧支紛出，危機四伏，霍姆斯不能感同身受，但以一個老人的智慧，他也約略預感到他的忘年朋友會遭受的挫折。他曾含蓄地暗示說，對一個理想主義者的考驗就是看他在困境是對於生活是否還抱著美好的希望，因為人在春風得意之時，難免要高談闊論。在一九二八年十一月的一封回信中，他告訴「親愛的吳」：「沒有人能夠指導另外一個人的生活，每個人都必須承受奮鬥過程中所遭遇的巨大磨難。」

一九三五年三月，霍姆斯去世，吳經熊在紀念文章中寫道：霍姆斯和莎士比亞一樣，「他們的心靈屬於同一等級。他們的偉大在於將細節的掌握與對無限的經久渴望結合起來」。在吳經熊看來，盡細微，方可致廣大，霍姆斯和莎士比亞一樣，對無限的渴望貫穿了他們一生並啟動了他們以各自的方式來表達世界的終極意義。細節與無限，有此二者，他們就可以從世界的細微處看到不可抗拒的整體，就有了把星辰和事物的普遍圖景聯繫起來看事情的習慣，從而不斷地追求普遍必然性。「像莎士比亞那樣，霍姆斯是一個對世界的哲學的沉思者，對他來說，宇宙看來是無限的，而他的自己算不上什麼，並且他的心處於事物看不見的本質中。」（吳經熊，《懷念霍姆斯法官》，本文譯自吳經熊博士所著的《法律的藝術》（The Art of Law-And other Essays Juridical and Literary, Shanghai : Commercial

Press, Limited, 一九三六），李冬松譯）

吳經熊說，儘管他明白老人是非常出色地履行了自己的職責後而去了另一個世界，但這一死亡事件還是讓他頓感生命虛空，而這虛空將再難填補。十四年中他已經習慣了不時收到大洋彼岸那個老人的來信，傾聽他智慧的絮語，現在，死亡掐斷了繫連著他們的那條看不見的通道，這喚起了他生命中不可言說的傷感，和對人生從來沒有停止過的質疑：生命的意義是什麼？死亡的意義是什麼？人死可以重生麼？上帝是否存在？如果存在，上帝的目的又為何？在塵世，我們度過短暫一生的最好方式是什麼？這些終極叩問撲面而來，擊穿了塵世生活的外殼，喚醒了沉睡在心底的憂傷。他真希望那個老人到了天堂還能給他寫信：「他曾如此年輕，他亦隨歲月變老，而今，他不在人世。他去哪了呢？是否還會給我寫信？」

三、從「約翰・吳」到「若望・吳」

當二十五歲的法學博士吳經熊揭櫫未來中國為「一個中西聯姻的嬰兒」，他對近代中國的這一社會／文化的轉型是堪具理性的瞭解的，他對自我的期許——「發揮孟德斯鳩式的作用」——也是了然於胸的。關於他決心投身的法律事業，這位中國法學的開創者有一個著名的比喻，他把法律比作「蓮花」——它生長在現實和理想之間的契合點上，「它的根深深植入泥土，而花苞和花瓣向天空伸展」。他還頗為浪漫化地把法律與藝術類比：「法律是一種把物質利益的磨擦轉化為理想物之光的藝術」。

這般以永恆的眼光來審視常人眼中務實、冰冷的法律問題，對這種不合時宜的激情，吳經熊自己也覺出了「離譜的浪漫」。他的法學研究，在方法論上是講求科學性的，而思想視域上則有著一個人文主義者的廣闊與悲憫。他自稱這是「空靈的法學研究」。在一篇自述文字中，他說除開法學大師，他還求助於老子、莎士比亞、斯賓諾莎、瓦爾特·惠特曼、康德與杜威。他甚至在法律與音樂這風馬牛不相及的兩者之間發現了不少相似之處。在具體的辦案過程中，即使是在判決一個不甚重要的案子時，他自稱「對於生命奧跡的意識，像幽靈一樣不斷伴隨著我」，「我的小宇宙沐浴在充滿了宇宙感的柔光之中」。他自我解嘲地說，自己以這樣一種方式走近法律女神，或許是因為自己是一個「受過古典精神薰陶的人」——很少有人知道他出生於寧波一個經營錢莊的商人之家，並在六歲時開始接受「四書」、「五經」之類傳統中國的啟蒙教育。

從一生行狀來看，這個溫文善良的書生太像個詩人了，敏感多愁，憂時傷世，生活趣味上也不脫江南名士習性。這一切與他的職業可說是格格不入，但不能否認，他是世紀初葉的著名法學教授，又是一位重要的立法者。問題在於，他那些用英文寫就、為他博得了首屈一指的「法律哲學家」美譽的法理文章，要在當下的中國轉化為法治的智慧，其距離又是何等的迢遙！

出乎所有人意外的是，這個誓願「拯救」、「啟蒙」的法學博士回國後的法學生涯只有短短的十三年，根本沒有來得及發揮出自我期許的「孟德斯鳩式的作用」，竟爾在三十八歲那年盡棄所學，皈依天主教，與法學徹底分道揚鑣，演繹出了近世中國法學史上一樁有名的公案。自此之後，誦經祈禱成了他的日課，聖母瑪麗亞成了他的靈魂的撫慰者，用這個成了虔誠的靈修者的前法學家的話來說，是「按聖經而生活，非靠聖經來生活」了。

從一開始吳經熊就錯了，回國前，他意識到

了中國正處於革命的前夜，卻以為那不過是溫良的知識與精神的革命，而不是一場激進的政治革命。事實上二十世紀之初的中國既是前所未有的社會、文化大變革的年代，更是一個多方力量角逐博弈、政治權力重新分配的年代。爭奪印把子與槍桿子的政治革命與武裝鬥爭，便時代的洪流充滿著驚濤駭浪，不僅固有的形制被打碎、重組，日常生活更是被沖到一邊。法律和法學的功用和目的，旨在於事實的基礎上搭建規則，料理、規範人事，服務、造福人世。而在這樣一個時代，實在是沒有一個好的平臺給他施展。於是一邊是努力將事情辦成辦妥的事功追求，而另一邊卻是事情總是辦不成辦不妥，因而無法「發揮自己的作用」，更不必說成為中國的孟德斯鳩了。吳經熊曾說：「所有的法律均與事實相關，法律與事實共存亡，法律並非產生於事實發生之前，談法律而不言事實，誠屬荒唐！」而當時中國的情形就在於這種事實基礎的缺失，甚或顛倒事實，吳氏所指的「荒唐」事多了去了。面對這樣的時代境況，法學人除了做些零打碎敲的雜活，又能有什麼大的作為？像吳經熊這樣生當亂世、卻又懷著濟世理想的現代知識份子，又是這樣溫良的性格與悲憫和情懷，怎不失望？

於是到了一九三七年，生命中一個重要轉折的年頭。可以想像此前此後，他困惑過，抗爭過，他的精神已經備受煎熬。他比擬活在中國就如同是在進行著一場永無止息的生死之間的搏鬥。他說，中國正在瞬息萬變，有時竟會產生一種奇怪的感覺，好像自己正被旋風裹挾飄搖，雙腳永難踏上堅實的大地。「身為我這一代的中國人，就是成為一個非常困惑的人」，此時的吳經熊，從浪漫主義的峰面跌落到了悲觀主義的泥淖，再也沒有了十餘年的意氣風發。在過了知天命之年後完成於大洋彼岸的回

> 都秘密地向他的靈魂祈求，要它原諒我這麼做，我判他的刑只是因為這是我的角色，而非因為這是我的意願。我覺得像彼拉多（Pilate）一樣，並且希望洗乾淨我的手，免得沾上人的血，儘管他也許有罪。唯有完人才夠資格向罪人扔石頭，但完人是沒有的。

對世界的宗教般的關懷，使他一直把法律當作普世的工具而非「利器」，但他並不相信法律真能救民於水火。他見多了世界的貧乏，終於明白最大的悲劇在於認識不到自身靈性的不幸。「那時，我沒有認識到，救人先得救己。我也沒有認識到奧古斯丁所曾看出的，即一顆靈魂的價值比整個物質世界還大。」這也從另一方面見證了中國的憲政建設多麼艱難。

以法律為業，法律和法學卻難堪信仰之寄託，不足以慰藉心靈，他的內心希冀著更大、更廣闊的東西。他還說不清那終將到來的是什麼？內心的寧靜與靈魂的得救？像所有精神世界發生劇烈地震的人一樣，惟其信仰缺失時的空白，更覺內心的悲苦：「年近四十，卻仍未獲得我可無保留地信奉的真理，真是覺得不幸之至。」

知識的洞見無以消弭眼前的困惑、現實人生時時受到良知的感召卻又難以自拔，他後來翻譯的《聖詠集》中的詩句，也許可以用來描述他此刻的心境：

> 醒來，我的靈魂啊
> 我將喚醒黎明

真的只有宗教可以把生命擺渡到對岸嗎？一九三六年十月的一則日記表露了他內心的掙扎：

我用一個又一個東西來替代宗教；但它們全都不能滿足我。友誼？我發現我的朋友們都不太完善。書本？你越博學，就越是被人的智慧的清淡無味所煩擾。科學？它只是宗教的一部分，這部分使得我們狡猾如蛇。官位？你爬得越高，你的人生就越空虛。錢？我曾掙過大量的錢，但這並沒有使我感到幸福。健康？它是好，但只是你建立人生大殿的基礎。名聲？我也享有，但惟一的好處只是我老婆出去買東西不用付現鈔。女人？我曾有夠多的女人。孩子？是的，他們是迷人的，但他們認為我不過是一個會哭又會笑的玩具。動物？它們是好伴侶，也令我想到自己的起源，但僅此而已。花園？是美，但我聽到外面不幸生活的回聲。自恃？我不過是一根細柔的蘆葦。（吳經熊，《超越東西方》，頁一五五—一五六）

霍姆斯所言不幸成讖。吳經熊「對法律的狂喜」在殘酷的現實碾壓下瞬息即逝，「約翰・吳」成了「若望・吳」。而胸中那一把「火」，雖幸留存，卻終於燃向了靈修。這是吳先生作為法學家的失敗處，卻是吳經熊作為一個活生生的性靈的超拔處。

文人、學者專業興趣的轉向，總有著不足為外人道的隱痛，如沈從文的棄小說創作而從事文物研究，王國維的棄文學批評而從事金石研究，與他們不同的是吳經熊可說是盡棄所學、萬事從頭了，若是深究他何以在一九三七年作出這一改變了下半生的決定，他的內心又是如何去承受這變化，那是一個人生命內部的秘密了。

他這般解釋自己緣何會成為一個天主教徒：

> 儘管我是一位律師，卻總是偏愛平等勝於嚴法，精神勝於文字，仁慈勝於正義。沒有人比我更欣賞羅馬人的格言：「最高的正義也是最大的不義。」這也解釋了我何以偏愛霍姆斯、魏格莫、卡多佐和龐德的社會學的、人道主義的法理學，而反感十九世紀的機械論的法理學。更重要的是，這個經驗使我不喜歡儒家的禮儀主義，而全心同情基督對法利塞人主義的鬥爭。首次讀到聖保羅的話，「文字令人死，精神卻叫人活」時，我就知道自己註定了要成為基督徒。這種體驗就跟一見鍾情、墮入情網一樣。

他的兒子吳樹德則這樣探究父親心智和情感變化的歷程：

> 對於中國和生為他那一代的中國人，他在一九三七年——一個他思慮著作出生命中的轉折的階段——寫道，「精神必定備受煎熬」……在他的青年時期，他的內心之缺乏平和恰是外部世界政治動盪和文化紛擾的寫照，對此他感同身受。直到皈依耶教，他才重歸安寧，這發生在香港那一年的十二月，用他自己的話來說，這「將我從我自己拯救了出來」。
>
> ……在檢視他的生命和作品時——我發現它們是不可分離的——我知道父親堅信他的宗教皈依乃是命定的。讀者將《超越東西方》草草翻閱後就會明白，早在踏入天主教堂之前，他就已經感到他的生命中有一隻引領著他的手，事實上，他感到是偉大的仁慈

和對於上帝的同情，引導他進入上帝神聖的心中。他常常表示感激的不僅僅是他發現了上帝，而且是上帝發現了他。——上帝不是發現的對象，否則就是褻神。這也表達了他深深的謙卑。（吳樹德，《溫良書生，人中之龍》，見吳經熊著，《法律哲學研究》，頁四，清華大學出版社，二〇〇五年）

在中國傳統語境中，規範人世、平衡利益的法律為「器」，精神世界的至一才是「道」。在講述自己的皈依之路的《超越東西方》中，吳經熊說，「道」之一字，意味著無法訴諸語言的終極的存在，是一切美德和事物的來源。「它是樸素，它是至一」。他這樣告訴世人。像任何一個虔誠的天主教徒一樣，他還經常這樣宣說，所有的知識和智慧（當然也包括他一度沉迷其中的法學）不過是神的預示，萬物均在神的秩序當中。藉由對最具現世意義的法律和法學的放棄，他自認為抵達了精神世界的「至一」境界，獲得了內心的寧靜與澄明。這是遁跑？還是更為勇敢的面對和擔當？

四、一個天主教徒的安魂之所

成了天主教徒的吳經熊，天性中早就存在的宗教、文學與詩歌的成分日益增加起來。他翻譯了《聖經》，譯筆典雅，古色古香，深得中國古典詩歌神韻，以致出版後被稱為「經熊本」，與天主教「思高本」，新教「和合本」並稱。策動創辦了一份向西方介紹中國文化的全英文雜誌《天下月刊》。他還寫了一本把唐詩與季候相對應的有趣的小書《唐詩四季》。

一九四六年，吳經熊受命為國民政府派駐梵蒂岡全權大使。

一九四九年後，他成了美國多所大學的神學教授，講授比較神學和湯瑪斯．阿奎那。同時開始把《道德經》翻譯為英文，並開始思考技術時代心靈解放的可能性。以一種靈性自白的筆觸描述自己的人生經歷及其宗教皈依的歷程的自傳也於兩年後完稿，並在美國出版。這個早在世紀之初就以一位國際性的法學家和學者知名於世的老人，終於在哲學和詩歌中安頓了自己。

相關連結．人物小傳

吳經熊（一八九九～一九八六）

一名經雄，字德生，西名JohnC．H．Wu，浙江鄞縣人。一九二〇年畢業於上海東吳大學法科，次年赴美留學，一九二五年獲密西根大學法學院法學博士學位。後歷任法國巴黎大學、德國柏林大學、美國哈佛大學研究員及國內東吳法學院教授，一度任上海臨時法院代院長。一九三九年當選美國學術院名譽院士，一九四一年任國民政府立法委員，一九四六年任羅馬教廷駐中國特命全權大使。一九四九年後，歷任美國夏威夷大學、新澤文化學院、臺灣中國文化學院教授、博士班主任，獲美國波士頓大學、波脫蘭大學、聖若望大學等法學博士，美國勞克赫斯大學、韓國嶺南大學文學博士及園光大學哲學博士，臺灣中華學術院院士。歷任臺灣「司法」、「立法」、「外交」部門要職及「總統府」資政、國民黨中央評議委員。逝於臺北。著有《法律哲學研究》、《哲學與文化》、《唐詩四季》、《法律之藝術》、《孫中山先生其人格及其思想》、《超越東西方》、《禪學的黃金時代》等。

參考徵引文獻

王德威著，《想像中國的方法——歷史・小說・敘事》，三聯書店，一九九八年。

王一心著，《蘇青傳》，學林出版社，一九九九年。

李學通著，《翁文灝》，蘭州大學出版社，一九九六年。

周介人、陳保平主編，《幾度風雨海上花》，上海三聯書店，一九九六年。

來鳳儀編，《張愛玲散文全編》，浙江文藝出版社，一九九二年。

吳經熊著，《超越東西方》，周偉馳譯，雷立柏注，社會科學文獻出版社，二〇〇二年。

邵華強、凌宇編，《沈從文文集》，一二卷本，花城出版社，一九八四年。

俞信芳著，《張壽鏞先生傳》，北京：北京圖書館出版社，二〇〇三年。

馬勇著，《蔣夢麟傳》，河南文藝出版社，一九九九年。

秦風編著，《民國名人再回首》，文匯出版社，二〇〇四年。

哲夫主編，《寧波舊影》，寧波出版社，二〇〇四年。

盛佩玉著，《盛氏家族・邵洵美與我》，人民文學出版社，二〇〇四年。

陳存仁著，《抗戰時代生活史》，上海人民出版社，二〇〇一年。

陳明遠著，《文化人與錢》，百花文藝出版社，二〇〇一年。

張壽鏞著，《約園著作選輯》，中華書局，一九九五年。
蔣夢麟著，《西潮》，遼寧教育出版社，一九九七年。
樓適夷編，《修人集》，浙江人民出版社，一九八二年。
蘇青著，《結婚十年》，經濟日報出版社，二〇〇二年。
〔美〕李歐梵著，《上海摩登——一種新都市文化在中國一九三〇—一九四五》，毛尖譯，北京大學出版社，二〇〇一年。
〔美〕李歐梵著，《中國現代作家的浪漫一代》，新星出版社，二〇〇五年。
《巴人文集》，浙江省社會科學院《巴人文集》編委會編，寧波出版社，二〇〇〇年。
《巴人先生紀念集》，上海魯迅紀念館編，人民文學出版社，二〇〇一年。
《冷僧自編年譜》，見《張宗祥墨蹟》，上海人民美術出版社，二〇〇四年。
《胡適來往書信選》，中華書局，一九七九年。
《海山仙子國——象山》，象山縣委宣傳部、象山縣文聯合編。
《從文家書——從文兆和書信選》，上海遠東出版社，一九九六年。
《飲食男女：蘇青散文》，新世界出版社，二〇〇三年。
《魯迅全集》，人民文學出版社，一九八一年。
《穆時英小說全編》，學林出版社，一九九七年。

原版後記

長久以來，我們的歷史編撰是失實變形的，我們的歷史記憶是缺乏質感的，我們考量一個個人物，總是習慣於放到一個個宏大的背景下。歷史的某些層面被誇大變形，另一面卻給藏了起來，總是不在場。魯迅早就發現了這一點：

歷史上都寫著中國的靈魂，指示著將來的命運，只因為塗飾太多，廢話太多，所以不容易察出底細來。正如透過密葉投射在莓苔上面的月光，只看見點點的碎影。

具體到身處歷史漩渦的個人，我們有政治史中的個人，思想史中的個人，文學史中的個人，惟獨缺失的是生活史中的個人。

那麼，有無可能從這「變形」中去找回那可能準確的「形」？

我希望這本小書呈現出從堅實的物質世界構建起精神的大廈的可能，希望這種方法能有助於去努力逼近人性中真實的一面。

本書寫到的十四位南方文人，邵洵美、蔣夢麟、陳布雷、翁文灝、沈從文、巴人、蘇青、穆時英、柔石、殷夫、應修人、張壽鏞、吳經熊、徐訏，幾乎都生活在二十世紀這一變動的世代。他們在消逝的年代晦暗不明的光線裡走動著，也曾蓬勃地生，但又無一不是失敗的。歷史粗暴地擠壓、簡化他們，終至在一個個夾縫裡把他們碾成了片片碎影。他們的面目被時間的塵埃模糊著，只剩下一張張僵硬的、符號化的臉。而那些鮮活的生與死、愛與欲，越來越像魯迅說的，成了月光透過槐樹葉落在青苔上的「點點碎影」。

但他們還是頑強地走到了你的面前，因為我的敘述。

如果說生活就是與世界發生各種各樣的關係，現在我敘說他們，我也把它看作是與我們居住的年代建立聯繫的一種方式。我喜歡這種時空睽隔的聯繫，隱秘而久遠，像一場天荒地老的愛情。而愛情總是留給我們想像的空間，於是這些人和事是否有趣不再重要，重要的是我怎樣來敘述他們。

在傳統意識形態的觸角止步的地方開始了本書的寫作，即在日常生活的視野下對這些現代文人作一次發現式的書寫。因此本書所著眼的也無非是婚戀、疾病、血液、經濟生活等易為人忽略處，而正是在這些瑣屑繁雜的日常生活細節裡，我相信閃爍著歷史的點滴真相和人性的光輝。

這些文字集中寫於二○○一年至二○○四年的三、四年間。此前的我正前所未有的迷惘，就像赤腳走在一條被石頭咯得發痛的路上，每一腳下去都不知會踩著什麼。我寫下他們是因為我必須做些什麼讓自己安心下來。所以並不是一開始就預設了一個目標再去寫他們，而是讓文本自然地生長著，從一個人物到另一個人物，從一個事件到另一個事件。而往往最初感動我的，有時只是一個畫面，一個驚心動魄的細節，某個時刻一處細微的表情，或者，只是他們曾經寫下的一個句子。

將近三、四年時間，我幾乎天天在這座城市江北岸的一幢迷宮般的銀行大樓裡工作。窗外是河，順著河水流去的方向，可以看到這座最早開埠的城市的外灘和江邊的教堂尖頂，如果願意再走幾步，就到了江北岸的輪船碼頭。本世紀初葉，那些商人和學子，就是從這個輪船碼頭出發，傍晚下船，一夜航行後，次日一早出現在上海十六鋪碼頭。時常在黃昏坐在江邊看著水汽浩瀚的河面，恍恍乎，耳邊全是舊電影般的嘈雜了。

有資料顯示：自一八六九年英商太古輪船公司開闢滬甬線航路，先後有英國、法國、德國、丹麥、義大利的輪船公司在此淘金，到上個世紀三十年代，民族資本加入了這條航線的營運競爭，當時在滬甬線上對開的輪船共有五艘，其客運量居近代沿海各航線之首位。

這條水路曾經是繫連我現在生活的城市和上海之間的一條血脈，遙想上個世紀初葉，有多少浙江人經由這條水路到了上海。上海，它是讓人耳眩目迷的現代文明的奇觀，也是「白骨造成的都會」，它成就了多少探險者的夢想，又讓多少生命像野草一樣被收割。

這本書裡寫到的十來個南方文人，幾乎都經由這條水路到過上海。相比於他們生活的地方，上海是個更大的世界。他們有的就在上海停下了步履，有的由此走向更遠的地方。上海有他們的歌哭，有他們踟躕彷徨的身影。上海造就過他們，上海最終也挫敗了他們。他們中的一些，為了一個主義、一種信仰，把年輕的生命永遠停留在了這座與故土並不遙遠的城市。借由對這些江南現代知識份子的重新敘事，本書也成為了對「江南」的另一種書寫，即在公共想像的另一個方向上，呈現出一個堅硬的、氣象慷慨的同時也是更具物質性和現代性的江南。

感謝中華書局和樊玉蘭女士，讓這本書得以和讀者見面。在和樊女士愉快的合作期間，她的敬業精神和嚴謹的學風讓我獲益非淺。感謝《江南》雜誌副主編謝魯渤先生，在《江南》開設「歷史碎影」專欄最初發表這些文字。書中關於二十世紀初葉寧波城的一些圖片，由哲夫先生主編的《寧波舊影》提供，在此一併鳴謝。我還要感謝我的妻子對我多年來寂寞的寫作生涯的支持。當我最初寫作這本書中的篇什時，我的女兒還在蹣跚學步，現在則像小鹿一樣到處奔跑了，我很高興能有這樣一本小書來作她成長的見證。

二〇〇五年十二月三十日

增訂版跋

呈現於讀者諸君面前的這本《莓苔上的月光——二十世紀南方文人生活側影》，曾於二〇〇六年在中華書局以《歷史碎影：日常視野中的現代知識份子》為名出版過，此番承蒙臺灣著名出版人蔡登山先生美意，出版繁體增訂版，除修正前版謬誤，充實部分史料外，另補入後來寫作的有關徐訏、吳經熊、張壽鏞的三篇文字，分別為《說寂寞，誰最寂寞》、《法官和他的另一個角色》和《百年約園》等。

從最初寫作是書迄今，十年倏忽已過。而這部小書，也可視作我延續至今的歷史寫作的淵藪。可以說，沒有當年中華書局的厚愛，我的生活和寫作將是完全不同的一幅圖景。自此書簡體版問世以來，內地及台港知識界多有評騭，讚譽有加，也使作者愈易堅定「一本書即是一種方法論」，並以敘述歷史、探究人性為職志，在歷史敘事的野地裡耕耘十載。蔡登山先生和秀威同仁另具慧眼，推出這一繁體增訂版，以使本書有更多的海內外華文讀者，實為感念。

誠如有論家先前指出，漸行漸遠的二十世紀是一個「泛政治化的世紀」，知識份子生此百年中，生活即是是政治，政治即是生活。是以，本書的寫作雖從日常生活入手，祈望「輕逸一躍」（卡爾維諾語）脫離正統意識形態的束縛，讀者諸君卻未始不可以把它視為政治史的隱晦一面來讀。

原版和增訂版的書名，都來自魯迅在《華蓋集》裡談到中國歷史的一句話，先生這句話大意是說，歷史上都寫著中國的靈魂，指示著將來的命運，只因為塗飾太厚，廢話太多，所以很不容易察出底細來，「正如通過密葉投射在莓苔上面的月光，只看見點點的碎影。」兩番引用先生此語，只是為了一申通過寫作獲得真相的志向，在此一併說明。

是為跋。

二〇一二年七月十六日

新銳文學22　PG0892

新銳文創
INDEPENDENT & UNIQUE

莓苔上的月光
——二十世紀南方文人生活側影

作　　者　趙柏田
主　　編　蔡登山
責任編輯　王奕文
圖文排版　陳姿廷
封面設計　秦禎翊

出版策劃　新銳文創
發 行 人　宋政坤
法律顧問　毛國樑　律師
製作發行　秀威資訊科技股份有限公司
114 台北市內湖區瑞光路76巷65號1樓
電話：+886-2-2796-3638　傳真：+886-2-2796-1377
服務信箱：service@showwe.com.tw
http://www.showwe.com.tw
郵政劃撥　19563868　戶名：秀威資訊科技股份有限公司
展售門市　國家書店【松江門市】
104 台北市中山區松江路209號1樓
電話：+886-2-2518-0207　傳真：+886-2-2518-0778
網路訂購　秀威網路書店：http://www.bodbooks.com.tw
國家網路書店：http://www.govbooks.com.tw

出版日期　2013年02月　初版
定　　價　450元

Printed in Taiwan

國家圖書館出版品預行編目

莓苔上的月光：二十世紀南方文人生活側影 / 趙柏田著. --
初版. -- 臺北市：新銳文創, 2013.02
面； 公分
ISBN 978-986-5915-43-8（平裝）

1.作家 2.傳記 3.中國當代文學

782.248 101024731

讀者回函卡

感謝您購買本書，為提升服務品質，請填妥以下資料，將讀者回函卡直接寄回或傳真本公司，收到您的寶貴意見後，我們會收藏記錄及檢討，謝謝！
如您需要了解本公司最新出版書目、購書優惠或企劃活動，歡迎您上網查詢或下載相關資料：http:// www.showwe.com.tw

您購買的書名：＿＿＿＿＿＿＿＿＿＿＿＿＿＿＿＿＿＿＿＿

出生日期：＿＿＿＿年＿＿＿＿月＿＿＿＿日

學歷：□高中（含）以下　□大專　□研究所（含）以上

職業：□製造業　□金融業　□資訊業　□軍警　□傳播業　□自由業
□服務業　□公務員　□教職　□學生　□家管　□其它＿＿＿

購書地點：□網路書店　□實體書店　□書展　□郵購　□贈閱　□其他

您從何得知本書的消息？

□網路書店　□實體書店　□網路搜尋　□電子報　□書訊　□雜誌
□傳播媒體　□親友推薦　□網站推薦　□部落格　□其他＿＿＿＿＿

您對本書的評價：（請填代號　1.非常滿意　2.滿意　3.尚可　4.再改進）

封面設計＿＿　版面編排＿＿　內容＿＿　文／譯筆＿＿　價格＿＿

讀完書後您覺得：

□很有收穫　□有收穫　□收穫不多　□沒收穫

對我們的建議：＿＿＿＿＿＿＿＿＿＿＿＿＿＿＿＿＿＿＿＿

＿＿＿＿＿＿＿＿＿＿＿＿＿＿＿＿＿＿＿＿＿＿＿＿＿＿

＿＿＿＿＿＿＿＿＿＿＿＿＿＿＿＿＿＿＿＿＿＿＿＿＿＿

＿＿＿＿＿＿＿＿＿＿＿＿＿＿＿＿＿＿＿＿＿＿＿＿＿＿

請貼
郵票

11466
台北市內湖區瑞光路 76 巷 65 號 1 樓
秀威資訊科技股份有限公司 收
BOD 數位出版事業部

（請沿線對折寄回，謝謝！）

姓　　名：________________　年齡：________　性別：□女　□男

郵遞區號：□□□□□

地　　址：________________________________

聯絡電話：（日）________________　（夜）________________

E-mail：________________________________